목소리 문집

우리들의 이야기

◇光州高 舊 本館/ 사진 : 尹汝正

목소리 문집

우리들의 이야기

宋萬基

■책머리에

冊 쓰기를 試圖하며
(2022. 8. 26)

'글쓰기'를 시작하여 〈다음 카페 K23〉에 게재한 글이, 어느덧 6~700여 篇에 이른다. 그 中 筆者의 自作 글은 얼추 절반 정도이다. 나머지는 친구들이 '카톡'에 띄운 珠玉같은 글과 사진을, 수정·보완·편집하고 댓글과 사진을 덧붙인 것이다.

70줄을 바라보는 나이에 뭔가 남기고 싶은 바람이 없지 않다. 최근 申鉉君이 詩集을 發刊했다. 冊을 편찬하는, 예삿일이 아닌 일을 해낸 그의 功力이 대단하다. 그의 작품의 풍부한 감성과 번득이는 재치에 박수를 보낸다. 著書를 發刊한 친구가 생각보다 많다.

〈高光燮·金光暎·金晟模·김청규(麗水)·金弘燮·朴秉聖·박원식(淸州)·申鉉君·梁春承·李在儀·權 現·尹汝正〉(이상 12명) 등이 얼른 기억이 난다. 筆者가 모르는 著者群도 엄청 많으리라 思料된다. 더 늦기 前에 빨리 그 열차에 同乘하고 싶은 것이다.

'PC'로 글을 쓰기 시작하면서, '개인 블로그'를 만들어 볼까 하는 생각도 했다. 워낙 無名이어서 讀者가 거의 없을 것 같았다. 그나마 기본 讀者를 확보 하고 있는 '카페'는 좀 나을 것 같았다. '카페'도 '카톡'의 간편함과 신속함에 밀려서인지, 글의 好惡을 떠나 讀者가 거의 없다.

하물며 '종이'로 된 신문·冊·잡지 등은 말할 나위도 없다. 그러나 世上萬事 는 돌고 도는 법이다. 어느 순간 'PC'와 '종이'를 찾을 때가 반드시 오게 될 것이다. 요즈음 중국과 유럽의 가뭄으로 말라 버린 강바닥에서, 1억 년 前 岩石에 새긴 遺跡이 이제야 발견되지 않는가.

'글쓰기'와 '冊 쓰기'는 여간 번거롭고 힘든 일이 아니지만, 무엇보다도 자기의 內面을 발가벗는, 어쩌면 '스트립쇼'와 같은 부끄러운 일이다. 이러한 부끄러운 일을 試圖하고 있다고 公表하고 있는 것으로 보아, 筆者도 어지간히 낯짝이 두꺼운 인간인가 보다.

'冊 쓰기'는 급한 일이 아니어서, 세월아 네월아 하며 언제 발간할 것인지 전혀 定한 바 없다. 그때까지 江湖諸賢의 따뜻한 指導와 따가운 鞭撻을 기대한다.

2024년 1월

宋萬基

■跋文

목소리 역사 文集
(2023. 6. 17)

宋 芝 昱

아빠의 글은 '목소리 문학'을 닮았다. 아빠는 그냥 '文集'이라고 하는데, 나는 읽어 보는 내내 '목소리 문학'이 떠오른다. '벨라루스'의 소설가 '스베틀라나 알렉시예비치'가 노벨 문학상을 받으며 주목받은 '목소리 소설'이란 장르다.

이 작가는 제2차 세계대전에 참전한 여성 200여 명을 찾아가 직접 인터뷰하고, 그 생생한 목소리를 소설처럼 읽기 쉽게 기록한다. 작가 덕에 누구도 알지 못하고 사라질 수 있는, 그녀들의 '경험·감정·사연'은 영원히 기억될 수 있었다.

그 목소리를 통해 듣는 전쟁의 비극과 참상은 어떤 소설보다 가슴 아팠고, 어떤 역사서보다 정확했다. 어쩌면 이제는 역사가 되어 버린 그 시절 그 사람들이 그 당시 삶 속에서 다 말하지 못한 일상의 이야기가, 精

製된 표현과 단어를 통해 고스란히 되살아난다.

아빠가 '듣고·쓰고·모은' 글들은 '너와 나, 그리고 우리들에게' 그저 가슴 뭉클해지는 단순한 추억 놀이뿐만은 아니다. 이 목소리들은 격동의 대한민국 현대사를 충실히 살아낸 일반 사람들의 현대의 기록서이다.

제각각의 '어린 시절·학창 시절'의 굵직한 사건에 대한 자신만의 회고를 통해, 젊은 우리들은 '아버지·어머니·그리고 조상'을 조금이나마 더 이해할 수 있고, 和解할 수 있다. 또 시간이 조금 더 지난다면, 누군가에겐 촘촘한 그 현대의 단면 또한 엿볼 수 있는 중요한 매개가 될 것이다.

무엇보다도 아빠의 글은 짧고 간결하다. 몇 줄 글 안의 漢字들을 긴장하며 읽어내는 묘미도 있다. 또 내가 알지 못한 옛 표현들을 보면 새로워 신기한 마음도 든다. 글 한 편 한 편은 주제나 소재에 따라 그 모습이 달라지기도 한다. 단지 아빠 혼자만의 이야기가 아니라, 그와 관련한 다양한 사람들의 갖은 이야기와 所懷를 같이 담은 것이다.

그러면서 내용은 더 풍부해져 가고, 표현은 더 깊어졌다. 茶 한잔 마시며, 술잔을 기울이며 그냥 지나가듯 했던 얘기일 텐데, 아빠의 부지런함과 기록에 대한 애정이 말에 '글'이라는 영구한 생명력을 불어넣은 것이다.

떠올려 보면 아빠와의 기억은 많지 않다. 그래서 더 또렷하다. 쉬는 날에는 '행주산성'이라도 놀러가 가족끼리 꼭 똑같은 길을 올랐고, 중학교 등굣길에는 어김없이 그 시간이 되면 말없이 출발하는 기차처럼, 작은 검은색 ‘프라이드’ 뒷좌석에 나를 태워 등교를 시켜 주었다.

미주알고주알 속내를 다 털어놓는 母女 사이 같지는 않은지라, 나는 아빠에 대해 아는 것이 그리 많지 않았다. 어린 딸은 먼저 여쭤 볼 생각도 하지 못했다. 그렇게 시간이 흘러 아빠에게 세월을 함께한 취미가 있다는 것을 알게 되었다. 아파트 앞 큰 화분에 알록달록 피는 예쁜 꽃 대신, 길쭉한 ‘土卵’이 심겨져 있는 것이 참 신기했는데, 아빠가 그 事情을 담아 직접 쓴 글 한 편을 보내 주기도 했다.

오랜 시간 켜켜이 기록되어 추리고 추린 글은, 한 가지로 定義하기 어렵다. 때로는 詩 같고, 때로는 수필 같으며, 때로는 역사서 같지만 그것이 전부는 아니다. 아빠 글의 장르는 아마 〈목소리·역사文集〉이라는 이름이 어울릴 것이다. 그리고 그 끝이 없는 영원한 이야기가 되기를 소망한다.

■跋文

흐르는 강물처럼
(2023. 6. 24)

梁 容 汶

생각해 보니 作家와 因緣을 맺은 지 어언 14년이란 세월이 흘렀다. 함께하는 동안 변화도 많이 겪었다. 처음 만난 건 〈李明博 정부 시절〉 공공기관 통합에 따라, '코레일트랙·코레일전기·코레일엔지니어' 3개 공공기관이 '코레일테크(Korailtech)'로 합병되면서부터이다.

합병 당시 作家는 '크레일트랙(大田)'에서 근무했고, 筆者는 '코레일엔지니어링(釜山)'에서 근무했다. 부서의 업무는 달랐으나, 勞使 회의 時 등 會議 때마다 만날 수 있었다. 그 당시 합병 회사는 회사의 운영 체계 등이 어설픈 회사였다. 당시 作家는 학력·경력 등으로 볼 때, 경영 관련 지식이 해박하다는 것을 알았고 기회 있을 때마다 그와 관련된 이야기를 나눈 적이 있었다.

作家도 이젠 '흐르는 강물처럼' 세월이 흘러 칠십 줄에 접어들었다. 엇

그제 만날 때가 오십 줄이었는데, 정말 '흐르는 강물처럼' 빠르게 지나간 것 같다. 예전에 '作家의 號는 무엇입니까?'라고 물으니, '흐르는 강물처럼'이라고 했다. 그때 號가 너무 길어, 다른 號로 지어드린 기억이 있다.

원래 수필 등 글쓰기를 좋아하는 줄은 익히 알고 있었고, 光州高 23회 동창회 카페 〈시선/ 宋萬基 코너〉도 운영하고 있다는 것을 알았지만, 作家가 執筆한 '듣고·쓰고·모아' 게재한 글이 600~700여 편이라고 하니 정말 놀라울 따름이다.

장르도 다양하며 作家가 생각하고 生活하는 모습이 그려지는 듯하다. 筆者가 본 作家는 항상 겸손하고, 나보다 남을 먼저 생각하는 사랑과 情이 흠뻑 젖어 있는 사람이란 걸 다양한 장르에서 느낄 수 있다. 作家의 글처럼 '더도 말고 덜도 말고 漢江의 흐르는 강물처럼 살아갈 수 있으면 좋겠다'라는 바람처럼 되지 않을까 싶다.

차 례

글쓰기

故鄕

長項線

時論

봄

가을

겨울

노래

아파트

코로나

光州·全南

K23

羅州 金川南 初等學校

金川中學校 등

光州高等學校

기록물로 남긴다는 것
(2021. 3. 5)

술안주 좋고 분위기만 좋다고, 좋은 술 좌석은 아니다. 거기에는 '스토리'라고 하는 풍부한 안주가 있어야 한다. 화제가 빈약한 사람과의 대화는 지루하다. 화제가 풍부하고 다양한 추억을 갖고 있는 사람과의 대화는, 재미가 있어 시간 가는 줄 모른다.

과거의 '스토리'가 없는 사람과의 대화는, 앙꼬 없는 찐빵이다. '스토리' 가 쌓이면 '히스토리'가 된다. '히스토리'가 없는 나라는 文明國이 아니다. 또한 국민소득만 높은 富裕國이라고, 선진국 또는 文明國인 것은 아니다. 요즘 유행하는 美食 旅行처럼 음식 맛 타령만 주저리주저리 늘어놓는 것도 한두 번이다.

어느 친구는 오래 前부터 일상생활의 小小한 일을, 메모나 일기 형식으로 '기록'해 왔다고 한다. 메모지·수첩·노트·다이어리 등, '종이' 이기만 하면 무엇 이든지 괜찮다. 비록 메모일지라도 그 속에는 당연히 본인의 느낌과 판단, 유용한 情報로서의 가치 판단이 포함되어 있을 것이다.

하루에도 수십 통의 '카톡'과 TV·PC·신문 등에서 珠玉같은 글을 만난다. 그곳에서 일상생활의 소소한 일과, 온 나라·온 세계에서 벌어지는 갖가지 뉴스, 요즈음처럼 싱싱한 초봄의 향기로운 봄 내음과, 신앙생활 中의 참회의 기도 등을 접할 수 있다.

그것은 세월이 가면 흐르는 강물처럼 스쳐 지나가거나, 안개처럼 사라져 버린다. 참으로 아까운 일이다. 그 시절의 소중한 추억을 '기록물'로 남기지 않은 것이 아쉽기만 하다. 설령 약간의 '기록물'을 남겼다손치더라도, 다시 꺼내 보는 절차가 복잡하면 곤란하다. 그래서 옛날의 기억이 새록새록 떠오르지도 않을 수도 있다.

아무리 '미니멀리스트'라 하더라도, 일기장 노트 몇 권, PC 1대 정도는 보유하고 있을 것이다. 어찌 凡夫의 筆力이나 文才를 탓하랴. 그리고 '카톡'처럼 번개 같은 속도를 바라는 것도 아니다. 중요한 것은 소중한 일과 추억을 '기록'하고, '보관'하는 것 그 자체다.

거의 無限大의 용량을 가진 '카페·블로그·홈페이지' 등에 '보관'해 두기만 하면 끝이다. 어느 날 '冊'으로 펴내도 좋고, 그냥 두어도 아마 포털 회사의 보존 年限이 없을 것이다. '카페'에 올리면 그 열람자는 사실 손가락으로 꼽을 정도이다.

설령 '冊'으로 펴낸다고 해도 인기 베스트셀러가 아닌 이상, 어느 누가 구입은커녕 눈길 하나 주지 않는 것이 茶飯事이다. 그래도 '기록'은 해 두어야 한다. 그것이 자기가 살아온 人生의 '스토리'고, 나아가서는 자기 人生의 '히스토리'이기 때문이다.

일터
(2020. 7. 20)

간밤부터 장대 같은 장맛비의 연속이다. 출근길을 좀 배려해 주나 했더니 여전하다. 어릴 적 겪었던 3년 旱害의 고달픈 기억을 되새기며, 아랫도리가 젖는 것도 기쁨으로 알고 '일터'로 향한다.

장맛비 머금은 길가의 樹木만 제 세상을 만난 듯하다. 조금 걸어 도착한 곳은 나만의 '일터'이자, '쉼터'인 국가 운영 공공시설이다. 숲속의 광활한 부지에 대학의 본관같이 생긴 웅장한 건물에 아늑한 편의 시설, 어느 것 하나 모자람이 없다.

요즈음 '코로나'로 운영이 제한되어 次善의 선택을 하는 데는 약간의 비용이 든다. 반겨 주는 곳은 半坪도 안 되는 'PC 박스', 'PC'와 메모지·볼펜·안경이 전부다.

죽어서는 이보다 훨씬 좁고 이런 물품도 없는 곳에서 永眠할 것이다. 하루 종일 하는 일이라고는, 'PC'에서 검색하고 字板 치는 것이다. 어느 누가 읽어 보지 않고 댓글도 달아 주지 않으며, 有名人士가 아닌 까닭에 원고료도 없이 골만 때리는 작업이 아닐 수 없다.

때는 '프리랜서의 시대'라고 한다. 의사·변호사는 말할 것도 없고 '메인트넌스 분야' 등에서 '士字 자격증'으로, 자기의 전문성과 自尊感을 드러내는 시대다. 농사꾼이 '농장관리사'나 '주말농장관리사'로 化粧을 하는 것이다. 그런데 그들의 수입과 비용은 어떻게 조달되고 운영되는지 궁금하다.

사용자의 입장에서는 死活이 걸릴 만큼 부담이 큰 최저 임금, 그것이 자기의 수입이면 그것으로 지출을 커버해야 하지 않은가. 결코 타는 금액이 적지 않고 잘 들여다보면 함부로 對할 것도 아닌 국민연금.

이제는 '공무원연금·군인연금'에 비해 적다고 아우성이다. 퇴직연금이 없는 직장이 없지만, 이제는 수익률이 형편없다는 원성이다. 人生 100세 시대를 살아갈 새로운 인생 설계 및 근로 방식은 무엇일까. 나이 먹어 가는 모든 이의 공통 과제일 것이다.

그것은 모질고 악착같으며, 새로운 생활 패턴을 요구하는 것이 아니다. 아직 많이 남은 人生을 자기 스타일로 자신만의 일을 하면서, 끊임없이 재설계하며 쉬지 않고 일하는 것이 아닌가 싶다.

일과 놀이
(2020. 7. 25)

나이 좀 먹은 사람이 할 수 있는 '일'이란 무엇일까. 요즘 같은 청년 실업 시대에 청년들에게 몹쓸 '일'을 하는 게 아닌가 할 정도로, 의외로 많은 中老年들이 '일'을 하고 있는 것을 발견하고 놀란다.

많이 늙지 않은 나이에 일하는 즐거움을 누리고 있는 당신을 부러워하며, 오래도록 록 건강하게 그 기쁨을 이어가기 바란다. 그런데 이 시대에 꼭 '등에 지게 지고·힘든 곡괭이질'만 가리켜 '일'인 것인가.

草創期 인터넷이 급속히 확산될 때, '홈페이지·블로그·카페'를 개설하는 것이 유행이었다. 글깨나 쓰는 사람, 손글씨나 筆體가 좀 사나운 사람, 자기의 존재감을 좀 드러내 보이고 싶은 인물이나 단체 등이 너도나도 앞다투어 사이트를 개설했다.

어떤 머리에서 그런 글이 나오고 어디에서 퍼오는지 모르지만, 훤하고 널찍한 화면을 가득 채운 流麗한 글과 사진이 부럽기만 했다. 그런데 이제는 핸드폰의 시대다. 손바닥만 하게 생긴 게 번개같이 빠르고, 꾀돌이처럼 영리하고 야무져서 못 하는 것이 없다. 그런 핸드폰이 'PC'를 대번에 제치고 말았다.

有名人士의 페이스북은 말할 것도 없고 누구나 간편하게 쓸 수 있는 카카오톡, 손가락 하나면 안 되는 일이 없는 시대다. 특히 핸드폰 값의 오르는 속도 이상으로 향상되어 가기만 하는 카메라의 기능 등이 놀라울 뿐이다.

핸드폰으로 보내온 신속하고 깔끔한 메시지, 하지만 그 壽命은 단 하루 단 한 시간을 넘기지 못한다. 바람처럼 '휙~' 날아가 버리는 珠玉같은 글과 사진이 아깝다. 이것이 핸드폰의 한계이자, 'PC'나 출판물이 필요한 이유이다.

이름도 없는 평범한 글과 사진을 누가 거들떠보기나 하겠는가. 원고료 수입은 고사하고, 홈페이지 비용이나 도서 출판 비용만 부담할 뿐이다. 그 代案으로 '카페'다. '카페 가입자'라는 고정 讀者가 있고, 비용도 들지 않는다.

日記로부터 시작하여 틈틈이 써온 글이 적지 않은데, 그 사이에 어디론가 모두 사라지고 없다. 방금 前의 메시지도 썩 괜찮았는데, 금방 사라져 버렸다. 아깝다. 도망가지 않게 잘 '保存'하는 것이 중요하고, 그것 또한 '일'이기도 하다.

자신의 관심사에 따라 자유롭게 에세이·사진·칼럼 등을 올리고 카친·블친과 共有하고 保存하는 '일', 그것은 한가로운 사람만이 할 수 있는 재미있는 '놀이'이자 '일'이다. '일'과 '놀이'는 別個가 아니다. 中老年들에게 '일'의 시간은 줄이고, 재미있는 '놀이'의 시간을 늘리는 지혜가 필요하다고 하겠다.

共感 가는 글쓰기
(2020. 9. 5)

말하고 글을 써 '카톡'에 띄우고(초벌구이), '카페'에 정리(완성품)하여 다시 '카톡 앱'으로 내보내는 일, 그런 일은 안 쓰고 안 보내면 그만인데 왜 굳이 하는 것인가. 게다가 公表된 말이다 보니 좀 삐딱한 농담 비슷한 말을 했다가는, 나중에 된서리 맞을 일이 생길 수도 있다.

쓴 글을 나중에 또 읽어 보면, 대체로 뒤꼭지가 간지러운 경우가 茶飯事다. 그것이 말하고 글 쓰는 행위의 결과물이다. 말하는 것과 글 쓰는 것은 같다. 말을 青山流水와 같이 잘하고 싶지는 않지만, 말을 하지 않고 살고 싶지도 않다. 말 하지 않고 사는 사람살이란 있을 수 없다.

글을 쓰지 않고 살 수는 있지만, 글로 남기지 않은 말은 곧바로 사라져 버린다. 나중까지 남는 것이 없다. 아무리 돈이 많아도 現金을 은행 창고에만 쌓아 두고, 아파트나 토지 같은 不動山이 없으면 허전한 것과 같다.

말과 글은 재미있고 맛깔스러워야 한다. 재미와 맛깔스러움이란 억지 춘향 웃음이나, 요리 프로의 요리 솜씨 같은 것을 말하는 것이 아니다. 素材나 레퍼토리가 다양하고 풍부해야 하며, 무엇보다 간이 입에 맞아야 한다.

素材가 빈약한 사람과의 대화는 지루하다. 노래방에 가서 맨날 부르는 18번 노래 달랑 한두 曲으로 때우는 사람과 같다. 얼굴만 반지르르하다고 美人은 아니다. 몸매가 섹시하면 좋지만, 더욱 필요한 것은 '氣品·센스·유머 감각'이다. 筆者가 만일 취업생 면접 시험관이라면, 취업생의 '유머 감각 비중'을 높여 평가하겠다.

아무도 자기에게 '共感'이 가지 않은 話者의 말과, 筆者의 글에 시간과 에너지를 제공하지 않을 것이다. 共感이 없는 말과 글은 말짱 헛것이다. 共感이란 모든 관계의 要締다.

'共感'은 어디에서 오는 것인가. 그것은 상대방에 대한 關心과 사랑이다. 그것이 없이는 무엇을 말하고, 글로 써 봐도 헛것이다. '共感'은 '話者·筆者·視聽者·讀者' 모두에게 주어진 課題다. 특히 글쓰기의 키포인트다.

自讚 글쓰기 100篇
(2020. 10. 2)

오늘로 '카페'에 게재한 글이 近 100여 篇에 이른다. 장르와 筆者를 不問하고 닥치는 대로 게재한 것이다. 다방(카페) 마담이 손님을 가리지 않고, 遊廓의 妓女가 '첫 손님·마지막 손님'을 구별하지 않듯.

7~80년대에는 페이퍼로 된 '대학의 學報·교회의 週報·회사의 월간 社報'를 발간 하는 것이 꽤나 일반적이었다. 돌이켜 보면 대학의 學報나 직장의 社報에 寄稿한 雜文들이 적지 않은데, 지금까지 간직하고 있는 것이 하나도 없다.

큰맘 먹고 찾으면 그 中의 일부라도 찾을 수 있겠지만, 찾고 싶지도 않으면서 그냥 아깝기만 할 뿐이다. 묵은 두엄을 쌓아 두거나, 어릴 적에 쓴 헌 일기장 등을 잘 보관하는 것은 소중한 일이다.

日記 내용의 玉石과 秀拙을 가리거나 論하지 않는다. 그저 자기가 직접 쓴, 본인 人生 스토리의 역사적 기록물이기만 하면 일단 OK다. 영양가가 하나도 없는 '꼴'을 베어 '두엄 자리'에 켜켜이 쌓아 두고, 썩기만을 기다려 나중에 퇴비로 쓰려는 농사꾼의 마음이면 된다.

요즈음 '카톡'에 떠도는 글과 사진 中에는 참신하고 珠玉같은 작품이 많다. 하지만 '카톡'의 글과 사진은 아무리 秀麗해도, 이내 소소리바람처럼 '휙~' 하고 사라져 버린다.

참으로 아깝다. 이 아까운 것을 붙들어 매어 '카페'에 올린다. 다소 편집은 하지만, 筆者나 사진 작가의 생생한 모습의 原本을, 가능하면 그대로 살리려고 애를 썼다. 정리한 것은 '다음 앱'으로 다시 '카톡'에 뿌린다.

〈5·18, 그날의 證言, 2020. 5. 15〉는 '카톡'에 올라온, 그날의 기가 막히고 억장이 무너지는 듯한 生生한 증언을 놓치지 않고, 마치 현장에 있는 리포터나 從軍 記者마냥 정리하여 '카페'에 게재한 것이다. 가히 카페 글의 白眉로 꼽을 만하다.

오늘 100여 篇으로 '글쓰기' 旅程의 어느 중간 경유지쯤에 도달했지만, 살아 숨 쉬는 그날까지 더 많은 기록물을 남기고 싶다. 사실 글을 쓰다 보면 쓸데없는 만연체나 長廣舌이 되는가 하면, 억지 춘향의 '글쓰기'를 하는 경우가 허다하다.

'글쓰기란 초반의 번득이는 奇拔한 發想도 중요하지만, 모름지기 처음에 쓴 글을 추후에 얼마나 성실하고 끈질기며 치열하게, 고치고 다듬는가 하는 '推敲 작업'에 그 성패가 달려 있다고 할 것이다. 부디 江湖諸賢의 따뜻한 격려와 따가운 편달을 기다린다.

아름다운 우리말·언어의 다양성
(2015. 3. 31)

'한국전력' 본사의 羅州 이전을 앞두고 어느 신문 記事를 보고 가벼운 쇼크를 받는다. 이사해야 할 韓電 직원의 자녀가 이른바 '사투리'를 배울까봐, 서울에 사는 선생님을 초빙한다거나 자녀와 함께 근무지로 가지 않는 것을 고려한다는 것이다.

'사투리'가 어째서인가. '사투리'야말로 살아 있는 아름답고, 순수한 우리말이 아닌가. 틈만 나면 우리말 사전을 검색하여 각 지방에서 사용하고 있는 아름다운 우리말 찾아보기에 재미를 붙인지 제법 된다.

서울을 포함하여 어디든 '사투리'가 없는 곳이 없지만, '전라도·제주도·경상도·북한 지역'에서 더 많이 발견된다. 특히 북한 지역은 순수한 우리말을 잘 보존하고 있다는 느낌이다.

요즘 매스컴은 전국의 맛집 찾아다니기로 바쁘다. 아무도 서울의 음식 맛에 비추어, 지방의 음식 맛이 좋다 어떻다고 하지는 않는다. 본래 표준 음식 맛이란 없을 뿐더러, 맛이란 당연히 개인 취향이니까.

서울의 보통 사람이 사용한다고 '표준말'이라 하고, 지방이나 농어촌 사람이 사용하는 말을 함부로 비하·천대·괄시하는 듯하게, '사투리' 라 부르는 것이 합당한 일인가.

국제화·세계화도 요란스럽게, 영어라면 만사 OK 시대다. 반면에 漢字 한문은 외국어로 취급하는 분위기다. 삼국 시대에 한반도에 유입되어 東아시아의 국제어로서, 우리말의 70% 이상을 차지하고 있는 것이 漢字語인데도, 한글이 아니라는 이유로 漢字·한문을 버린 것은 크나큰 난센스가 아닐 수 없다.

나아가 역사에 남는 크나큰 失策이다. 하루라도 빨리 잘못된 정책을 바로잡아야 한다. 한글 專用 정책의 오류에 대해서는 이미 많은 이가 개탄해 마지않고 있다.

영어는 물론 중국어·일본어 등 세계적 언어를 많이 알수록 경쟁력이 있다. 세계 공용어라는 영어 하나만이라도 제대로 하면 되는데, 그것이 어디 쉬운 일인가. 극소수를 제외하고 외국어를 제대로 구사하기란 사실상 불가능한 일이다.

또한 굳이 全 국민이 많은 시간과 노력을 들여 그렇게 할 필요도 없다. 진짜 경쟁력은 영어가 아니고, '國語 실력'이다. 언뜻 보면 國語로 '말하기·듣기·쓰기' 등이 쉬운 일처럼 보이지만 사실이 정말 그러한가.

'國語 실력의 척도'는 아름다운 우리말과, 한자말을 적절히 混用하는 것이다. 함축되고 뜻깊은 표현은 漢字語에 많이 있다. 물론 아름다운 우리말의 寶庫는 '사투리'에 있다. 韓電 직원 자녀들이 아름다운 우리말인 '사투리'를 배울 수 있는 絶好의 기회를 놓치는 것은, 미국에 가서 영어를 쓰지 않고 고집스럽게 한국어만 사용하는 것과 같다. 음식 맛과 사람 얼굴이 각기 다르듯, 서로 다른 것을 함께 담아내는 것은 가치 있는 일이다.

倭色調니 하며 선배들이 배우고 쓴 일본식 언어도, 무조건 排斥하는 것은 바람직한 일은 아니라고 생각한다. 슬프지만 짬뽕된 말도 우리 것이고, 우리의 역사인 것이다.

언어도 '適者生存의 법칙'이 작용하여 알아듣기 힘들거나, 아름답지 못하면 스스로 소멸한다. 인구의 이동·도시화 등으로 '사투리'가 점차 소멸되고 있어 아쉽다.

下待하는 듯한 '사투리'라 하지 말고, '아름다운 우리말·살아 있는 고장 말·보존해야 할 고장 말' 등으로 고쳐 부르는 것을 제안한다. 다양한 언어의 존중은 정서적·문화적으로 풍요롭고, 선진화된 사회의 바로미터이기도 하다.

어머니의 편지
(2005. 10.)

※ 〈K23 月報 2005. 11月號〉에 게재한 글

“잘 있냐. 밥도 잘 먹고. 이웃집 애는 제대하고 인사 왔던데, 너도 몸 성히 잘 있다 와라잉.” 이런 정도의 간략한 ‘어머니의 편지’가 〈宋 이병〉의 내무반까지 도착한 것은, 편지를 보낸 지 퍽이나 지난 後였다.

어머니가 직접 손으로 쓴 편지를 군사우편 담당 사병이, 편지 봉투의 주소와 이름 을 알아보기 어려워, ‘1군단~공병여단~공병대대’를 몇 번이나 轉轉하다가 마침내 임자를 찾은 것 같다.

30여 년 前 당시 대학에 다니는 친구들보다 좀 빨리 군대에 갔다. 그 시절에 통신 수단이란, 유일하게 ‘군사우편 사서함’뿐이었다. 받은 편지의 내용이야 안부를 전하는 정도로 뻔했다.

알아보기 힘든 편지의 몇 줄을 읽으면서 어찌나 가슴이 저미던지, 그 생각으로 아 침 驅步 도중 앞뒤 사람의 통일화에 발꿈치가 걸리기도 했다. 닳을 만큼 읽고 또 읽으면서 新兵의 나약한 모습만 보이는 것 같아, 독한 마음을 먹고 「어머니의 편지」를 재래식 화장실의 깊숙한 곳으로

'툭 ~' 던져 버렸다.

한국의 남자들 둘만 모이면 군대 이야기라는데, 그것보다는 '아날로그'의 強力한 힘을 말하고 싶다. 近者에 '디지털 디지털' 하면서, 오래되어 친숙하고 불편함이 전혀 없는 '아날로그'가 무시당하는 것 같아 억울하다.

인간의 心像을 '아날로그'와 '디지털'로 구분하는 자체가 난센스다. 아직까지 '아날로그' 式 전달 방법이 훨씬 마음에 들어하는 사람도 많다. 소위 '쉰 세대'가 많다는 것이다.

깊어 가는 가을밤에 수북하게 쌓인 은행나무 잎을 밟으며, 그리운 이에게 편지 한번 써 보자. 그리고 본인도 그러한 손 편지 한 통 받고 싶다.

친구들 아들 中에는 상당수가 군대에 가 있을 텐데, 군인 간 아들에게 편지 한 장 써 보는 것은 어떨까. 제대한 아들이 수십 년이 지난 어느 날, 부모님이 보낸 편지를 다시 꺼내 보며 돌아가신 부모님을 그리워할 것이다.

五十而 知天命
(2003. 8.)

※〈23 會報, 2003. 9月號〉에 게재한 글

오늘날 '四十而 不惑 五十而 知天命 六十而 耳順'과 같은 문자 쓰기는 시대 감각에 어울리지 않는 일이다. 다만, 이 말로 '五十 안팎'에 있는 여러 가지 형편에 처한 친구들을 생각하며, 인사말로 갈음하고자 한다. IMF 失職 친구, 늦은 나이에 외국인과 결혼한 친구, 우즈베키스탄 韓人會長, 친구 부인의 기고문 등을 〈23 會報〉를 통해 읽고 있다.

오랜만에 얼굴을 내민 자리이니만큼 잠시 본인 소개 좀 하려고 한다. '한국증권거래소(오늘날 한국거래소)'에 첫 취직하고, 'LG증권'으로 移職하여, IMF 와중에서 퇴직하게 되었다. 좀 놀다가 지금은 Korail 산하 子회사에 취직하여 다니고 있다.

놀다 보니 어찌나 지겨운지, 북한산·관악산 등 서울 근교의 山을 뻔질나게 오르내리는 山行會와 동창회 날짜나 기다리는 신세가 되었다. 덕분에 나뭇잎 부대끼는 소리마저 귀에 들어오는 애늙은이가 되어 버린 것이다.

계림동산에서 뜻을 세우고 사회에 나와 잠깐 사이에 失業者가 되고 보니, 이 세상 어떻게 살아가야 할지 막막하기만 하다. 달랑 아파트 한 채와 쥐꼬리만 한 명퇴금은 있어 당장 露宿者 신세는 아니지만, 길어진 壽命에 새털 같은 나날을 어떻게 보낼까. 봇물처럼 쏟아져 나오는 失業者 천지 세상에 자르기 바쁜 시절에 누가 채용해 줄 것이며, 설령 채용해 준다 해도 지긋지긋한 봉급쟁이 생활을 더 하고 싶지도 않다.

顧客은 돈을 벌든 말든 결과적으로 수수료나 챙기면 된다는, 증권 브로커리지 업무도 더 이상 하고 싶지 않다. 10이면 6~7이 1년 이내에 아웃된다는 自營業 하기도 겁나고, 무엇보다도 재주나 의욕도 없다. 할 수 있는 일이라곤 하늘이나 쳐다보며 '人生이란 무엇인가'라고 하는 등, 싱겁고 객쩍으며 실없이 '개똥哲學' 얘기나 주절대는 것밖에 없다.

그 '개똥哲學'의 중심에 '五十而 知天命'이 있다. 나이 '五十'이면 어느 것에 크게 집착하지 않고, 마음 씀씀이에 치우침이 없어야 한다는 것이다. 제기랄 무슨 건덕지가 있어야, 무엇에 집착하지 않고 치우치지 않을 수 있는 것 아닌가.

적지는 않지만 그렇다고 많지도 않은, '五十' 안팎의 나이에 참말로 대책이 없다. 이 나이에 天命을 알고 그에 順應해야 할 텐데 말이다.

심플 라이프
(2005. 9.)

※〈23회보, 2005. 10月號〉에 게재한 글

〈KBS, TV 冊을 말하다〉 프로에서 〈리영희 漢陽大 명예교수〉를 만났다. 7~80년대의 인기도서 『전환 시대의 논리』의 著者인, 〈리 교수〉의 새 著書인 〈對話〉를 소개하는 시간이다.

冊 마지막 부분에 실린 著者의 座右銘 소개가 퍽 인상적이다. 'High Thingking~ Simple Life', 그분의 名聲에 걸맞게 진실을 파헤치려는 치열한 노력과, 진실의 의미를 '과거의 역사·현재의 생활·미래의 비전'에 연결하려는 고민이 여실히 드러난다.

사물의 현상을 진실되게, 있는 그대로 파악하려는 노력이 'High Thingking'스러워 보였다. 요즘 'Well Being'이 인기 테마다. 그것의 要諦는 쓸데없는 것을 떼어냄으로써, 몸과 마음을 '단순화'한다는 것이다.

몸과 마음이 온갖 쓰레기로부터 自由를 회복하는 것이다. 이것은 꽤나 비용이 싸게 먹히는 합리적이고 경제적인 선택이기도 하다. 높은 생각은 단순한 생활에서 나오고, 생각이 높은 경지에 이르면 단순한 생활로 돌아간다는 것이다.

'High Thingking+Simple Life'의 조합, 이를 본받고 싶다. 우선 복잡한 곳으로 부터 피할 것이다. 책상의 어지러운 종이부터 치우고, 가능하면 컴퓨터·TV·소파도 치우는 것이 과제다. Simple한 생활 속으로 여행을 떠나 보자.

正答은 없다
(2006. 8. 20)

한여름 끝자락의 무더운 날씨다. 반바지 차림에 슬리퍼를 신고 가는 곳은 집 앞동산이다. 이런 날씨 자체가 無氣力이다. 無氣力하게 世上萬事는 세월 따라 자연스럽게 흘러가는 것인가.

시냇물이 졸졸 흘러 이윽고 바다에 이르는 것처럼. 중간에 바윗돌이 있으면 비껴 흐르고, 옆 개울물이 다가오면 더불어 모아, 江이 되어 마침내 바다로 흐르는 것이 아닌가.

매년 '8·15, 6·25, 5·18'과 같은 우리 역사상 굵직한 날들이 가까워오면 반복되는 이벤트性 TV 프로, 실제로 TV 프로 제작 기획자가 의도한 만큼 효과를 내고 있는 것인가. 뻔한 의도된 연출에도 불구하고, 역사는 제 스스로 가야 할 곳으로 흘러갈 뿐인데.

격정적인 활동이나 필사적인 투쟁이 필요한 것인가. '正答'을 찾으러 열심히 修道했지만, '答'이란 것은 고작 한 줄기의 빛이라든가, 발바닥에 밟히는 한 톨의 자갈이라 하지 않는가.

무엇을 어떻게 할 것인가. 나의 시간·돈·건강에 맞는 일은 무엇인가.

그리고 내가 하고 싶은 일이란 도대체 무엇인가. 시간적으로 아직도 일에 파묻혀, 정신을 차릴 수 없을 정도로 바쁜 것인가.

돈, 그것은 내 人生을 다 쏟아 부을 정도로 그렇게 많이 벌어야 하는가. 나의 건강이 이 정도면 됐지, 스포츠 선수마냥 그렇게 되어야 하는가. 아무튼 하고 싶은 것을 하고 마음 편하게 살며 시간을 보내는 것이다.

있지도 않은 '正答'을 찾는데, 너무 많은 정열을 쏟지 말 것이다. 흘러가는 방향에도 너무 신경을 쓰지 말 것이다. 물 흐르는 대로 흘러가도록 내버려두는 것도 필요하다. 그것이 사람 살아가는 理致인가 싶다.

흐르는 강물처럼
(2014. 11. 4)

舊 京春街道를 타고 南楊州 마석을 지나 화도 금남리와 합류하는 삼거리를 조금 지나면, 대학생들이 MT를 많이 가는 곳이 있다. 北漢江이 내려다보이는 곳에 있는 '대성리 유원지'. 京春街道가 좋은 것은 길 옆의 北漢江과 주변의 풍광, 간혹 보이는 오래된 식당이나 民家에 있기 때문이다.

경춘선 전철이 개통되기 前에는 한 달에 몇 번씩 京春街道를 지나가야 했다. 대성리驛 부근에는 모텔이 제법 많은데, 그 中에 '흐르는 강물처럼'이라는 모텔의 상호가 눈에 띈다.

낙엽 지는 어느 날, 스텐레스에 새겨진 그 간판을 발견했다. 라디오나 '내비'도 없고 옆·뒷자리가 모두 비어 있는, 호젓하고 외로운 드라이브 中에 그 간판이 선명하게 눈에 들어온 것이다.

그것은 몇 해 前 노벨 문학상 수상 후보에 오른 바 있는 브라질 출신 〈파울로 코엘료〉의 작품명이고, 〈로버트 레드포드 감독〉의 영화 제목이기도 하다. 대성리驛이 북한강을 배경으로 하고 있어, 모텔도 그런

연유로 고상한 이름의 상호를 붙였나 싶다.

세상에 어디 詩人이 따로 있느냐 하며, 나름대로 외로움도 달랠 겸 詩心에 젖어 보기도 한다. 北漢江을 만나 흐르는 강물을 힐끗힐끗 바라보며, '흐르는 물' 생각을 한다.

〈茶山 丁若鏞〉이 벗과 함께 '南楊州 조안면 능내리 수종사~楊平 서종면' 구간을 오가며, 쓴 글도 퍼뜩 떠오른다. 강물은 바닥 面을 만나기에 따라서 폭포수가 되기도 하고, 호수 같은 잔잔한 水面이 되는가 하면, 잘 흐르지 못하면 오염수가 되기도 한다.

요즘 출퇴근 時 한강대교 변의 漢江水를 보고 다닌다. 워낙 넓어 江이라기보다 湖水라는 느낌이다. 강물은 흐르도록 내버려 두어야지, 가두어 두니 바닥이 썩어 오염수라는 汚名이 늘 붙어 다닌다.

漢江水는 한강대교에 오기까지, 작은 시냇물에서 시작하여 폭포수(청평댐·팔당 댐)가 되는 등 여러 과정을 거친다. 기나긴 旅程 사이에 많은 사람의 목을 적셔 주고, 논밭을 살찌우는가 하면 유원지의 터전이기도 한다.

마침내 西海 바다로 흘러간다. 더도 말고 덜도 말고 한강의 '흐르는 강물처럼' 살아갈 수 있으면 좋겠다. 달음박질치듯 달려오다 보니, 어느덧 목적지인 '春川'에 다 왔다.

地空居士
(2019. 12. 27)

竹林 山中에 漢詩나 좀 하면서, 한가롭게 지내는 노인을 일컬어 '居士'라 한다. 이제 '公認 地空居士 자격증'을 취득하고, 무료 지하철을 타는 고소한 맛을 즐기고 있다. 체크기가 '삐삐~' 하고 반겨 주는가 했더니, 이내 승차 대기 승객의 기나긴 줄이 기다린다.

사실 걸어갈 수도 있고 마을버스를 타면 빙 돌지 않아 훨씬 가깝지만, 이 고소한 '地空 카드'를 쓰고 싶어 일부러 지하철을 탄다. 아직 이른 퇴근 시간인데도, 이렇게 기다란 줄이라니. 1~2번 패스한 열차 안은 발 디딜 틈조차 없이 미어터질 것만 같다.

잘 차려 입고 명품 가방 든 貴婦人, 목덜미가 퍽 아름다운 아가씨, 헤어스타일 좀 낸 여대생 할 것 없이 틈새 후비기 전쟁이다. '地空 카드'가 없을 때는, 이렇 게 붐비는 시간帶에는 지하철을 별로 타지 않았다.

요금도 내지 않는 사람이, 他 승객에게 민폐를 끼친 것 같다. 이런 복지 혜택을 꼭 주어야만 하는가. 그 무서운 '票' 때문에, 아무도 관련 법규를 손볼 생각조차 못 한다는 것이다.

의료 보험도 그렇다. 자기의 건강은 자기가 책임지는 것이 원칙인데도, 국가가 책임져야 한다는 사고 방식. 筆者가 가장 필요로 하는 '치아 의료보험'만 빼고, 안 되는 부분이 거의 없을 만큼 완벽하게 되어 있는 것 같다.

'고지혈증 대사증후군'이 무슨 말인지도 모르면서, '금주·금연·운동, 고기는 가능하면 적게 먹고, 채소는 많이 먹고…'라는 등, 귀신이 씻나락이나 까먹는 의사의 상담 소리를 듣는다. 도대체 그 상담 비용은 누가 부담하는 것인가.

어느 분은 일부러 '地空 카드'를 안 쓰고, 일반 교통카드를 쓴다고 한다. 한번 생긴 복리 후생 제도, 한번 올린 최저 임금, 한번 단축한 병역 기간 등은 다시는 되돌릴 수 없다. 왜냐하면 하늘이 내려준 선물이라니까.

시청자를 가르치려 드는 어느 앵커. 국가가 국민을 요람에서 무덤까지, 키우고·가르치며·생계를 책임져야 한다는, 허황된 말을 과연 믿어도 되는가. 자기의 '교통·건강·교육·생계' 등은 天下에, 자기밖에는 지켜 줄 者가 없는 것이 엄연한 현실이다.

하지만 내일도 즐거운 마음으로, '삐삐~' 하고 울려대는 '地空 카드'를 열심히 사용하려 한다.

심플라이프·斷捨離
(2020. 2. 11)

일상생활에서 불필요한 것을 끊고(斷)·버리고(捨)·집착으로부터 벗어나는(離), 삶을 지향하는 방식으로 꽤나 알려진 '斷捨離'. 간소하고·검소하며·가볍고 ·쾌적한 삶을 바라지 않는 이가 있으랴만, 자신도 모르게 複雜多端하고 무거운 짐을 등에 지고 힘들어하는 자신을 발견한다.

값싸고 편리한 전철·버스가 있는지 알면서도 운전대를 잡는 것. 부킹 등 복잡한 절차가 무척 신경이 쓰이는데도 필드에 나가야 직성이 풀리는 것. TV에서 경쟁이나 하듯 온 국민 食道樂家 만들기.

귀촌·귀농이 현대 도시 생활의 돌파구라도 되는 듯한 TV 프로. 신제품 마케팅의 표적이나 된 듯한 인공지능 자동차를 타고 조마조마하느니, 차라리 안전벨트를 멜 필요 없는 열차를 타는 편이 낫지 않은가. 비용이 만만치 않은데다가, 스코어 스트레스도 장난이 아닌 골프를 계속해야만 하는가.

食道樂은 어쩌다 여행·출장·회식 때나 찾는 것이지, 평소에는 구내식당 또는 일반 식당의 백반 定式이 훨씬 알뜰하고 마음이 편하다. 시골 출신 아닌 이가 누가 있으랴만 귀촌·귀농이 현대인이 돌아가야 할 歸

着地는 아니다. 무엇보다도 시골 생활이 생각보다 심플하지 않아서다.

몇 달 前 어느 친구가 하는 말, '요즘 책 한 권 값이 3~4만원씩이나 하는데 사자마자 면도칼로 몇 토막으로 쪼갠 後 다 읽고 이내 버린다'고 한다. 보관하기도 힘들 뿐더러, 필경 다시는 보지 않을 것이기 때문이라고 한다.

불필요한 것을 버리지 않는다. 술·담배를 끊지 못한다. 60대 중반의 나잇살에 뭔가 이루지 못했다는 아쉬움과 自愧感의 집착에서 자유롭지 못한다. 그렇다고 '斷捨離'가 정답은 아니다.

온갖 불편함을 감수하는 극단적인 '미니멀리즘'도 止揚하고 싶다. 要는 단순히 버리고 비우는 것이 아니라, 그 과정을 통해 자기에게 진짜로 소중하고 가치 있는 것이 무엇인가를 늘 헤아리고 분별하는 것이다.

'斷捨離'를 위한 '斷捨離'가 아닌 必要 最小主義를 추구하는 것, 必要한 最小限의 것만 소유하고 이를 더 아끼고 사랑하는 일, 이를 통해 궁극적으로는 삶이 더 따뜻하고 잔잔해질 것이다. '斷捨離'를 실천하면서 단순한 생활을 지향함으로써, 더 가볍고 쾌적한 삶을 살아가고 싶다.

봄날 아침
(2020. 4. 27)

창밖에 우짖는 새 소리에 눈을 떠
몸을 일으켜 커튼을 열어 젖히니,
봄날의 찬란한 아침 햇살이다.

'東窓이 밝았느냐, 노고지리 우지진다. 소 치는 아이들은 상기 아니 일었느냐. 재 너머 사래 긴 밭을 언제 갈려 하나니.'

라는 時調가 절로 떠오른다. 농사 짓는 분, 나잇살 좀 든 분, 일찍 자고, 일찍 일어나는 잠자리.

창밖에는 봄 햇살, 등에는 봄바람, 귓가에는 까치 우짖는 소리,
건넌방에는 아직 자고 있는 손주 녀석.

눈이 부시도록 찬란한 봄날 아침 햇살에 번뜩 눈이 떠진다.

출근길 아침

(2020. 5. 11)

무심코 보이는 파란 하늘과 뭉게구름.
무심코 보이는 푸르른 나뭇잎.
무심코 보이는 잘 차려입은 行人.

오늘따라 눈에 잘 들어온다.
이처럼 좋은 날이 일 년에 며칠이나 될까.
이 날을 기다리며 일 년을 살아 왔다.

조금 더 걸으면 전철역,
이젠 敬老席에 살며시 걸터앉아도
괜찮은 나이가 되었다.
살다 보니 이런 날도 있다.

무심코 다가오는 小小한 平和,
그냥 즐거운 5月의 출근길 아침이다.

미니멀리스트
(2020. 6. 4)

마눌한테 또 혼난다. 前에 그 물건 어디다 두었으며, 필경 누가 버렸을 거라면서. 군대 시절 녹슬고 덜커덩거리며 고장난 철제 캐비넷에 가득 찬, 보존 기한 6월~1년짜리 '가리방'* 인쇄 공문을 폐기했다가 혼쭐이 났다. 선임하사님의 적극적인 庇護로 간신히 남한산성 영창行은 면했다.

옷장에는 몇십 년 된 먼지만 둘러쓴 옷이 가득하다. 그 옷 때문에 다른 옷을 집어넣고 꺼내기만 힘들다. 언제부터 소파·침대를 썼다고, 그 떡대 큰 놈이 거실·안방의 주인 노릇을 한다.

책장에는 全集類 수십 권, 무겁고 자리만 차지하며 사용하지 않는 피아노도 있다. 여행 프로를 보면 유럽·일본의 오래된 驛 대합실에 기증 피아노가 있어, 열차를 기다리는 여행객이 한 번씩 두드리고 간다.

쓰지도 않는 물건은 기증하고 필요한 물건은 빌려 쓰면 되지 않는가. 有名人士들의 인터뷰는 으레 수많은 책으로 가득 차서, 제대로 運身조차 할 수 없는 좁은 방에서 한다. 방이 좁은 게 아니라 책이 많기 때문이다.

어느 친구는 3~4만원씩이나 하는 책을 사자마자 면도칼로 분리한 後, 다 읽으면 버린다고 한다. 필경 다시 보지 않을 것이며, 그 책은 책장의 공간만 차지하는 짐이나 쓰레기가 될 것이기 때문이다.

많은 물건 때문에 運身할 수 있는 공간이 너무 좁다. 정작 넓게 써야 할 '티잉 그라운드'는, 오히려 좁게 써 '쪼로'가 나고 만다. 좁은 공간을 가능하면 넓게 쓸 것이며, 반면에 넓은 공간을 옹색하고 좁게 쓰지 않기를 바란다.

너와 나 그리고 우리에게는, 마주할 더 넓고 환한 空間이 필요하다.

*가리방 : 등사판 원지를 긁는 철판.

메인트넌스의 시대
(2020. 6. 19)

15년 된 아파트(주택), 5년 된 컴퓨터, 3년 된 핸드폰, 60년 이상 지난 몸뚱아리, 10년 된 임플란트 등 좀 오래된 것을 이제는 유지·보수해서 사는 시대가 되었다. 아직까지도 '새마을운동'의 의미를 명쾌하게 이해하지 못하지만, 1970년대에는 하여튼 '창조·건설·혁신'이 언제나 국가의 제1번 지상 과제였다.

낡은 것은 뜯어 버려야 직성이 풀렸고, 곳곳에 도로·철도·공항 등 SOC 공사가 완공되는 날에는 온 나라가 축제 분위기였다. 사실 우리나라가 결코 좁지 않은 국토에 적지 않은 인구지만, 국토는 늘 좁고 인구는 적게만 느껴졌다. 확장 개발 건설로 외양 확대가 선결 과제가 될 수밖에 없는 이유였다.

그렇게 수십 년이 지나다 보니, 어느새 새것이 헌것이 되어버려 交替의 처지가 되 고 말았다. 交替가 아니라 낡은 것을 좀 보수·수리해서 써도 될 텐데, 꾸역꾸역 바꿔치기를 해야 하다니. 뿐만 아니라 보수·수리 비용도 장난이 아니다.

알고 보면 병원이라는 사업장도 사실은 인간 신체의 '메인트넌스 작업장'이다. 아픈 부위를 도려내고 잘라내어 붙이고 끼우며, 기계에 윤활유를 주입하듯 의약품을 투입하는 전형적인 '人體 메인트넌스 작업'인 것이다.

건강보험으로 많은 부분이 보험 처리가 되어 비용 부담이 크게 줄긴 하지만, 치과 등 보험이 안 되는 부문은 본인 부담이 크다. TV나 路上에서 하도 요란해서 LTE가 뭔지도 모르면서도 신제품으로 바꿨는데, 바꾼 지 3년도 채 안 되어 또 5G 폰이란 것이 나온다고 한다.

아직도 2G 폰을 쓰는 분들도 있는데. 부족한 부분이 있으면 보완하고 웬만하면 견디며 살 것이지, 허구한 날 바꾸어 사람만 피곤하게 하고 비용은 비용대로 나가고 있다.

바꾸는 것은 정말 질색이다. 이제 좀 고쳐 쓰고, 없이도 사는 시대가 되면 좋겠다. 청년 실업 걱정을 많이 하는데, 청년의 직업 선택의 포인트는 '메인트넌스' 분야다.

유지·보수의 핵심에 가장 접근하는 엔지니어의 진단과 손끝의 기술에 청년의 미래가 있다. '메인트넌스'야말로 과거와의 단절이 없이 역사의 연장선상에서 인류의 삶을 연결해 주는 분야다.

이노베이션·혁신, 이제 지겹다. 지금 있는 것을 잘 고치고, 개선해 써도 충분하다. 근간을 흔들어 놓는 대규모 제도 개혁에 신중해야 한다. 지향하고자 하는 것은 當代의 행복이지, 불확실하고 아득한 미래의 새 역사를 창조하는 것은 아니다.

초등학교 입학
(2021. 3. 3)

生日은 음력으로 11月 하순, 양력으로 치면 크리스마스를 포함하여 年末이거나, 작년처럼 '공달(윤달)'이 낀 해는 이듬해 1月 初가 生日일 때가 茶飯事다. 왜소한 체구에다가 힘이 없어 보이고 영양실조로 혈색조차 누렇게 떠 있어, 별명으 로 '황시리(황석어)'라 불리기도 했다.

3月 初 동네 아이들을 따라 인근 국민학교에 간다. 동네의 어린이 모두가 국민학교에 가버린 뒤, 혼자 남아 할 것이라고는 아무것도 없기 때문이다. 하릴없는 소년은 입학도 하지 않은 채, 매일같이 학교에 따라다녔다.

집에서는 '애먼 살'을 먹어, 아직 어린것을 학교에 보내는 것은 생각지도 않고 있었다. 3~4개월씩이나 따라다니던 6~7月 어느 날, 우박 같은 소낙비가 주룩주룩 내린다. 혼자 운동장에서 놀다가 급히 校舍 처마 밑으로 비를 피한다.

그것도 여러 번 하다 보니 이윽고 어느 선생님의 눈에 띄게 되었다. 선생님이 유리창을 열고 손짓으로 들어오라는 신호를 하여, 교무실로 불려 들어갔다. 마침내 출석부에 이름이 올라가게 된다.

그날부터 입학식도 없고, 남들보다 3~4개월 늦었지만 어엿한 '국민학생'이 되었다. 비록 왜소하지만 이제 다른 어린이들과 어깨를 나란히 하는, 당당한 '국민학생'이 되었구나 하는 뿌듯한 기분이었다.

교실은 비좁은데다가, 책상·걸상도 없다. 모래가 자욱한 교실의 마루 바닥에 그냥 주저앉아 수업을 받는다. 한 교실에 몇 십 명인지도 알 수 없는, 초기 '베이비 부머'의 어린이들로 가득 채워져 있었다. 지금으로 보면 수용소 같은 곳이다.

本校에서 분리된 지 얼마 안 되는 分校인 처지에 그것도 感之德之다. 등교를 하여 오전 中에는 학교에서 1km쯤 떨어진 河川 바닥에서 신주머니로 모래를 담아 와, 진창진 운동장에 까는 것도 日課 中의 하나였다. 그 해는 유달리 비가 많이 왔다.

나중에 알고 보니 惡名 높은 태풍 '사라號'였던 것이다. 지은 지 그리 오래되지 않았는데도 적은 예산으로 대충 지은 校舍인데다, 워낙 비가 많이 오다 보니 천장에서 주룩주룩 새는 빗물을 받는 양동이를 비우기에 바빴다. 책상·걸상도 없이 맨바닥에 주저앉아 있는 어린이들은 어디로 가야 하는가.

머지않아 손주 녀석이 초등학교에 입학할 것이다. 할아버지는 할아버지대로의 추억을 가지고 초등학교를 다녔듯, 손주는 손주대로의 느낌을 가지고 초등학교에 다닐 것이다.

■故鄕

◇모내기하는 날/ 사진 : 梁祥秀

모내기하는 날
(2020. 6. 1)

모내기할 물 찬 논과, 지게에
모판을 지고 누런 황소를 몰고 오는
형님 같은 아저씨가 보인다.

지금은 누런 황소와 함께, 모내기할
논에서 쟁기질을 하고 있다.

저쪽에는 새참거리를 머리에 이고,
논둑길을 조심스럽게 걸어오는
형수씨 같은 아낙네도 보인다.

요즈음 보기 힘든, 빛바랜
黑白 사진을 보는 듯하다.

지붕에서 미꾸라지가

(2020. 8. 8)

아침부터 장대비가 주룩주룩 좍좍 내린다.
안산(앞산) 앞 '고라실논'은 홍수 물로 가득하다.

어디가 논이고, 어디가 길인지 구분이 안 된다.
'水天一色 水地一色', 세상이 온통 누런 물바다다.

초가지붕에서는 우박 떨어지듯 누렇고, 날렵하게
생긴 '미꾸라지'가 툭툭 투두둑 떨어진다.

마당에 벌레처럼 꿈틀거리는 시커멓게 많은 '미꾸라지',
대빗자루로 한참 동안 쓱쓱 쓱쓱 쓸어낸다.

그걸 모아 '추어탕'이나 끓여먹을 엄두도 나지 않았다.
지금 아스팔트 도로에 '미꾸라지'가 떨어진다면,
바로 사망 교통사고일 것이다.

그것은 홍수 물을 거슬러, 힘겹게 집 마당까지
헤엄쳐 온 미꾸라지였다.

*고라실논 : 門前沃畓, 집 가까이에 있는 기름진 논을 말한다.
특히 가뭄 걱정이 없는 논이다.

그리운 외할머니
(2021. 4. 24)

박윤식(글·사진)

외할아버지는 뵌 적이 없지만,
외할머니는 항상 차분하고
인자한 모습으로 기억됩니다.

외할머니가 그립습니다.
오랜만에 예전의 사진 한번 보세요.

◇그리운 외할머니

省墓하는 날
(2021. 4. 24)

돌아가신 부모님이 누워 계신, 羅州市 茶道面 덕동리에 있는 家族墓를 찾았다. 무르익을 대로 무르익은 화창한 봄 날씨다. '省墓'를 마치고 모처럼 가까운 친척들이 한자리에 모여, 나무 그늘 밑에서 정성스럽게 마련한 음식을 나누어 먹는다.

'省墓' 兼, 오랜만의 친척 모임 兼, 봄나들이 兼 三手兼將이다. 이런 날이 없다면 언제 '羅州湖' 인근 이곳에 올 수 있을까. 참으로 귀한 '省墓길'이다.

그동안 羅州 金川面에 뿔뿔이 흩어져 있는 가족 묘소를, 13년 前 '羅州 혁신도시'가 들어서는 바람에, 이곳으로 옮겨 '통합 家族墓'를 조성한 것이다. 겸해서 나 죽어 묻힐 곳까지 제공받게 되었다.

◇洪州宋氏 判尹公派 14世 昌植 家族墓

2022 省墓
(2022. 4. 9)

벚꽃이 흐드러지게 滿開한 날, 이제는 봄바람에 못 이겨 흰 눈발처럼 꽃비처럼 벚꽃이 휘날리고 있다. 羅州 혁신도시와 豊山 洪氏 집성촌인 '도래 한옥마을'을 지나, 羅州湖 조금 못 미친 곳의 '羅州 茶道面 덕동리'다.

陽地바르고 전망 좋은 곳, '통합 가족 묘' 선영을 찾았다. 엊그제가 淸明·寒食이니, 이때를 맞춘 '省墓' 행사다. '省墓'하는 날이면 언제나 날씨가 좋다.

羅州의 최고 기온 24도, 화창한 날씨에 벚꽃·배꽃·복사꽃, 봄꽃이라는 꽃 모두를 눈이 시리도록 본다. '省墓' 하는 날이 있어 '省墓'도 하고, 고향도 방문하고, 여러 친척들도 만나고, 羅州의 봄꽃 구경도 한다. 三手兼將, 조상님께 여러모로 감사한다.

◇洪州宋氏 判尹公派 14世 昌植 家族墓

■長項線

6月의 長項線
(2019. 6. 14)

◇익어 가는 쌀보리/ 사진 : 金光暎

長項線邊에는 벌써
보리가 누렇게 익어 있다.

보리밭 가생이에는 동네
과부댁 유혹하는 밤꽃이
흐드러지게 피어 있다.

틈틈이 내려준 봄비 덕택에,
禮唐平野가 흥건히 젖어
벼 자라기에 절로 좋다.

山野의 무성한 草木들이
어찌 6月을 빼고,
5月만 계절의 女王이라
하는가라고 말하는 듯하다.

長項線 풍경화
(2019. 11. 19)

봄날 산벚나무·산딸나무 꽃 피어 온 산을 띠 두른 자리에, 이제는 이름 모를 단풍 든 나무들로 빽빽하다. 산자락에는 억새 무리 흔들거리고, 농가 텃밭에는 김장 날 기다리는 튼실한 배추와 늘씬한 무가 시집 갈 날만 기다리고 있다.

일손이 달린 것인지, 열차 승객의 눈요기를 위한 서비스인지, 아니면 저렇게나 많이 '까치밥'으로 일부러 남겨 둔 것인지, 주먹만 한 감이 밤하늘의 별처럼 주렁주렁 매달려 있다.

겨울만 재촉할 뿐 아무짝에도 쓰잘데없는 늦가을비가 내려, 禮唐평야는 모내기하려는 논처럼 물에 잠겨 있고, 수확이 끝난 볏집 덩어리만 논바닥을 덩그러니 지키고 있다.

누가 10月의 단풍만 단풍이라 했는가. 단풍의 진국은 11月의 단풍이다. 5月의 新綠보다 6月의 綠陰이 더 빵빵하듯. 오늘 長項線 열차에 스쳐 지나가는 풍경화다.

반가운 겨울비
(2020. 1. 9)

오늘이 小寒인데도 내일까지 '겨울비'가 내린다고 한다. 小寒과 大寒의 추위 다툼을 비웃기나 하듯이. 비는 비일 뿐인데, 계절마다 '겨울비(눈), 봄비(꽃비), 여름비(우박·태풍), 가을비(우산 속 비)' 등으로 달리 부른다.

오랜만에 '겨울비'가 내려 주니, 계속된 겨울 가뭄으로 산불 걱정·올 농사 걱정도 쑥 들어갔다. '미세먼지, 대기 오염, 환경 미화'에 비만 한 특효약이 없다. 이 특효약을 항상 내려 주는 것이 아니고 절호의 찬스 때만 준다. 다만 철로에는 빗물이 고여 '열차 떨림 현상'이 발생하고 있다는 안내 방송이 나온다.

강물이 '내비'를 보면서 흐르는 것은 아니다. 그냥 높은 곳에서 낮은 곳으로 흐르다 보니, 댐 위에서 잠시 쉬어 가는가 하면 댐 밑까지 폭포수가 되기도 하고, 漢江에서는 유람선의 뱃길이 되기도 하여, 金浦半島 위 너른 곳에서 臨津江과 만나 이윽고 西海 바다로 간다.

어렵고 복잡한 문제가 아니다. 하늘이 이루는 자연스러운 造化일 뿐이다. 비는 때로는 하늘의 災殃이라고 할 수도 있지만, 대체로는 하늘이 주는 선물이다.

지금 열차가 지나고 있는 이곳 天安에도, 따뜻한 방안에서 낮잠이나 자라는 듯 지긋하고 차분히 '겨울비'가 내려 주고 있다. 사람들의 낮잠까지 배려해 주는, 착하고도 알뜰한 당신의 小寒 '겨울비'다.

小寒 추위에 미니스커트 차림의 아가씨가 얼어죽고, 大寒이 小寒이네 집에 놀러 와 凍死했다는 말은 이제 없다. 땅속 깊은 곳에서는 '겨울비'의 선물을 받고, 다가올 봄을 준비하는 수많은 생명체가 기다리고 있다.

길어진 낮 시간
(2020. 2. 7)

온 나라가 '코로나'로 난리다. 立春이 엊그제인데 기다리던 봄을 맞이해, 가슴이 설렌다는 말을 듣기 어렵다. 푹한 겨울 날씨 탓인가. 이러다가 갑자기 강추위가 닥치는 날이면, 정말 봄을 기다릴 것인가.

확실히 해가 많이 길어졌다. 엊그제만 해도 새벽에 잠을 깨어 다시 눈을 붙여도 아직 어둡고, 점심 後 눈만 잠시 붙였는데도 이내 어둑어둑해졌는데. 이제 부쩍 길어진 해 덕택에 여유가 만만해졌다.

시계를 쳐다보며 열차 시간·귀가 시간 확인에 한결 느긋하다. 올 겨울 강추위에 얼어죽고, 스키장에 사람 몰린다는 말을 듣지 못했다. 오히려 푹한 날씨로 원유 값이 떨어진다고 한다. 기후 변화론자의 반응이 궁금하다. 올 농사가 걱정된다는 말에는 고개가 끄덕여진다.

늘 그렇듯이 날씨는 제 뜻대로인데, 이를 대하는 인간의 반응만 그때그때 다를 뿐이다. 뜨거운 여름날 찬바람 부는 겨울을 그리워하고, 北風寒雪 몰아칠 때 따뜻한 봄날을 얼마나 기다렸는가.

變化하는 것은 날씨지만, 不變하는 것은 해와 달의 길이의 변화와 그것이 반복된 다는 사실이다. 훨씬 '길어진 낮 시간', 엊그제가 설이었는데 벌써 낼모레가 보름이다.

세상事 모두 날씨처럼 바뀐다. 해와 달이 길어지고 짧아지듯, 때가 되면 다시 그 자리로 돌아오는 것 아닌가. 세상事 결국은 잊혀지고 사라지는 것, 영원한 것은 없다. 너무 간절히 기다리지 말고, 아쉬워하지도 말 것이다.

비 내리는 長項線
(2020. 4. 20)

어제가 穀雨, 이날 비가 오면 풍년이 든다는데, 오늘까지 '長項線'에 촉촉이 비가 내린다. 봄비에 온 禮唐平野가 신바람이 나 있다. 올 겨울은 별로 춥지 않 았만, 그래도 기다리던 봄이 와 일제히 새 옷으로 갈아입고 패션쇼를 進行中이다.

겨우내 그토록 자랑하고 싶던 깊은 속살 드러내기 시합이다. 행여나 남의 눈에 덜 띌까 봐, 애교 살 경쟁이 치열하다. 수십 장의 봄꽃 사진을 '카톡'에 올리 고, 野生花 전문가에게 꽃 이름을 물어 보는 것이 유행이다.

'개불알꽃·며느리밑씻개꽃·변산바람꽃·애기똥풀·각시붓꽃…', '연분홍빛·연둣빛·초록빛·우윳빛…', 아름다운 봄꽃 이름과 그에 적합한 꽃 색깔의 표현을 알기가 쉽지 않다.

봄꽃은 축제를 하는데 '코로나'로 집에만 있으라 하니 참으로 답답한 노릇이다. 비 내리는 '長項線' 연변 禮唐平野·平澤평야의 드넓은 들판과, 나지막한 野山은 온통 봄으로 가득 차 있다.

이 봄꽃이 다 지기 前에, 이 봄바람이 다 지나가기 前에, 이 봄이 다 가기 前에, 온몸으로 이 봄을 즐길 때다.

5月의 長項線
(2020. 5. 22)

엊그제 봄장마처럼 내린 비로 '長項線'변 平澤平野의 논이 흠뻑 물에 잠겨 있다. 이앙기가 부지런히 왔다 갔다 하며 모내기에 바쁘다. 논둑에 해오라기 두어 마리가 혹시 먹잇감이 될 만한 게 없나 하고 두리번거린다.

'코로나 방콕대학'에 다니는 사이에, 山川은 몰라보게 달라져 있다. 누가 뭐래도 '5月의 본디 모습은 바로 이것이야'라고 말하는 것 같다.

예년 이맘때면 미세먼지와 황사로 온 나라가 시끄러웠다. 올 5月의 봄 하늘은 눈이 부시어, 차마 쳐다보기조차 힘들다. 철로변의 나무들이 저마다 자기 몸매와 드레스, 칼라를 뽐내기에 바쁘다.

자기보다 더 멋드러진 연놈이 있으면, 나와 보라고 말하는 듯하다. 5月의 오늘 같은 날을 얼마나 기다렸는가. 5月의 이날이 가면, 이 풍경을 언제 다시 만날 수 있을까.

또 1년을 기다려야 하는가. 1년 中 해 떠 있는 시간이 길고 몇 날밖에 안 되는 밝고 훤한 날, 오늘 이 시간이 스르르 지나가 버리는 것 같아 안타깝기만 하다.

長項線 타는 날
(2020. 11. 19)

얼마 前까지만 해도 이 시간이면 훤하고 활기찬 시간인데, 해가 짧아져 벌써 어둡고 묵직한 시간이다. 게다가 겨울을 재촉하는 잔잔한 늦가을 비까지 더한다. 서리다운 서리가 안 내려 그런지, 아직 나뭇잎이 붙어 있는 나무가 많다.

平澤平野·禮唐平野의 가을걷이는 다 끝나 온 들판이 휑하다. 볏짚 덩어리만 하얀 고인돌처럼 논 가운데 덩그러니 남아 논을 지키고 있다. 100여 년 前의 '長項線' 철길을 100여 년 後에도 그 길 그대로 지나간다.

바뀐 것이라고는 기찻길 옆의 騷音이 심한 줄 알면서도, 철길 옆에 병풍을 두르듯 늘어선 아파트群이다. 기차의 요란한 기적 소리는 없어졌지만, 기차 바퀴 돌아가는 소리는 여전하다.

마치 '대가리 속에 자갈 굴러가는 소리'처럼 요란하다. 시냇물 흘러가는 소리가 시끄럽다는 부류가 있는가 하면, 기차 지나가는 소리가 정겹다는 부류도 있다.

좀 왁자지껄할 것 같은 待合室과 客室 안은 쥐 죽은 듯 조용하다. 그 수효를 알 수 없을 정도로 엄청나게 확산된 미국과 유럽의 코로나, 우연히 감염자의 옆에 있었다는 이유로 한동안 자가 격리를 해야 하는 세상이다.

코로나 또한 계절이 바뀌듯, 언젠가는 물러나리라 의심하지 않지만 좀 으스스하다. 이 가을이 끝나고 함께하게 될 올 겨울, 작년처럼 푸근하면 좋겠다. 기후론자들 의 걱정도 있지만 아무튼 배부르고 등 따신, 뜨뜻한 날씨가 좋다.

그리고 미세먼지 걱정을 단칼에 끊어 준 '겨울비'가 좋다. '長項線'을 타는 날이면 어김없이 비가 내린다. 그래서 '長項線'을 타는 날은 언제나 즐겁다.

長項線 일부 구간 複線化 개통
(2021. 1. 3)

'長項線 일부 구간의 複線化 공사 완공'으로 구간 개통되었다. '서천 長項驛 ~保寧 대천역' 구간이다. 개통 축하 겸 업무 인계 인수 관계로 개통 첫날 長項線行. KTX 시대에 새삼스럽게 웬 複線化라니 좀 생소하고 촌스럽다.

문득 高校 시절 湖南線 複線化가 왜 이다지 힘들고 오래 걸리느냐고 불평한 기억이 있다. 무려 17년의 기간이 걸린다. 그런데 100여 년 된 長項線(이제는 龍山~益山 구간)은 世紀를 달리하여 21세기에 일부 구간이 複線化가 된 것이다.

아직도 '아산~禮山~洪城~保寧 대천' 구간은 單線 구간이다. 많은 구간이 高架 철로 또는 터널로 이루어진다. 특히 터널이 많은 것은 地上에 건설하는 것보다 오히려 비용이 적게 들고, 민원도 적으며 工期도 단축된다니 고개가 갸우뚱해진다.

일반 도로도 그렇지만, 철도의 터널 지나기를 좋아하는 사람이 있을까. 照明이야 밝지만 조만간 땅속으로 들어갈 텐데, 미리 터널 속으로

旅行을 떠나고 싶지는 않 을 것이다.

고속도로의 주변 風光도 좋지만 철길 옆 風光은 훨씬 멋지다. 철도는 대개 오래 되어 주변 風光이 오랫동안 숙성된 김치 맛이다. 그래서 그 맛을 찾는 愛好家나 사진 작가도 적지 않다. 아무튼 바쁜 사람에게 빠른 것보다 좋은 것이 있을까.

忠南에는 到處에 가볼 만한 곳이 많은데, '아산~당진~서산~泰安(安眠島)' 라인에는 철도가 없어 아쉽다. 중학 시절 경상도와 전라도를 잇는다고 '慶全線'이라는 철도가 敷設된다. 그 線도 아직까지 대부분 單線이다. 조속히 複線化 및 선로 개량 사업이 이루어지기 바란다.

고속도로도 좋지만 철도는 철도 나름대로 고유한 기능이 있다. 다양한 교통 수단 을 갖는 것은 다양한 '신발'을 신는 것과 같다. 기회를 만들어 새로운 '신발'을 신고, 새로운 長項線의 風光이 주는 맛을 감상해 보기를 추천한다.

長項線 안녕
(2021. 12. 15)

◇洪城 廣川 토굴 새우젓갈시장

年末로 끝나는 직장 생활의 '시마이 세리머니'를 갖는 날이다. 남은 人生에서 언제 다시 '長項線'이 다니는 구석구석을 뻔질나게 헤집고 다닐 수 있을까. 그곳에는 멀리 群山港이 바라다보이는 '서천 長項'이 있고, '大川 해수욕장'을 찾는 요란스러운 관광객을 만날 수 있다.

젓갈 냄새 자욱한 洪城 '廣川 토굴 새우젓갈시장'이 있는가 하면, 고인돌처럼 논바닥에 널부러져 있는 '禮唐평야'의 하얀 볏짚 덩어리가 있다. 무엇보다도 全羅道 말씨와 비슷하면서도 다른, 忠淸道 말씨를 쓰는 순박한 아저씨들을 만날 수 있다.

이슬비 된 겨울비가 촉촉히 내리는 '長項線' 철길 옆 山川은 여전하다. 金煥基 畵伯의 〈언제 어디서 무엇이 되어 다시 만나랴〉처럼, 나 언제 이곳에 무엇이 되어 다시 오려나. 나 언젠가 이곳을 만나러, '長項線'을 타고 다시 오리라. '長項線'아, 그때까지 잘 있기 바란다. 안녕, '長項線'.

◇시골驛/ 사진 : 徐貴宗

시골驛

(2022. 4. 3)

어린 시절에 본
시골驛 그림이다.

少年과 강아지가,
호기심 어린 표정으로
열차를 응시하고 있다.

少年의 童心 어린 표정을
담은 모습이
情感을 불러일으킨다.

■時論

일본이 敵인가
(2019. 8. 13)

일본이 '敵'인가, 아니면 '敵'으로 삼아야 할 나라인가. 또한 일본 입장에서도 한국이 '敵'인가. 너무나 가까운 이웃이 일본이고, 일본 입장에서도 너무나 가까운 이웃이 한국 아닌가.

아무리 8·15가 가까워 온다고 해도, 일본이 수출 규제를 한다고 해도, 지나친 反日 감정이나 행동은 自制되어야 한다. '求存同異', 의견 상충 부분은 인정하고, 뜻이 맞고 이익이 있으면 우선 추구하는 것 아닌가. 상대방이 무엇을 어떻게 생각하는지, 곰곰이 짚어 보는 지혜가 아쉽다.

일본은 한국의 '友邦'이다. 과거의 일로 反日 감정을 조장해서는 韓·日 서로의 國益만 해친다. 위안부 문제는 솔직히 말해 우리가 잘못했다. 양국 정부간 합의한 사항을 다음 정부가 일방적으로 파기한 것은 법적·도의적으로 잘못된 일이라고 사료된다. 국내 정치에 德 좀 보려고 국민감정을 자극하는 양국 정부의 대처는 賢明하지 못하다.

한국이 과거에 비해 비약적인 발전을 한 것은 사실이다. 그러나 모든 面에서 일본을 앞섰다고 판단하기에는 아직은 멀다. 이제는 겸허하고 냉정한 입장에서 배울 것은 배워야 한다. 그것만이 克日의 길이다.

그토록 哀切하고 多事多難한가
(2019. 12. 20)

長項線에 또 몸을 싣는다. 금년의 마지막 旅程이다. 아직 黎明인데도 '新道林 驛'은 늘 북적대는 환승객들의 달음박질 소리로 요란하다. 그리고 年末만 되면, 입에 달고 다니는 말이 '多事多難'이다. 그런 싱겁고 객적으며 심지어는 食傷하다고까지 할 만한 소리를, 매년 반복해서 들으며 살아온 지가 언제부터인가.

한국 詩에도 녹아 있다. 본인, 가정, 사회, 국가에 대한 처절하고 애달픈 심정이 곳곳에 담겨 있다. 최근에는 많이 완화되었지만, 지하철 스크린도어에 붙어 있는 詩, 중·고교 교과서에 실린 글의 섬칫섬칫함, 지은이의 근심과 애달픔, 굴곡지고 험악한 시대 상황과 개인 사정이 안타깝기는 하지만, 이제는 거기에서 졸업할 때가 되지 않았나 싶다.

몇 년 前 하버드大 어느 교수가 '正義란 무엇인가'라 하면서, 이른바 '正義 신드롬'을 일으켰다. 그런 일은 일찍이 〈플라톤〉의 B.C. 시대에도 있었다. '新道林 驛'의 바쁜 환승객들이 달음박질이나 하고, 애달픈 詩人이 잠을 못 이룬다고 正義가 실현되는 것은 아니다.

발 빠른 正義 실현을 위한 熱情的인 노력은 평가하지만, 역사가 말해 주듯 作品이란 세월이 가야 나오는 것이다. 10달이 되어야 제대로 된 아기가 나오는 법. 이제 좀 덜 심각하고, 좀 덜 哀切하기 바란다. 현실이 그렇더라도 표현만은 좀 더 소프트하고 유머러스하기를 바란다.

금년은 '多事多難'이 아니라, '少事少難'하기를 바란다. '恨 많은 대동강'이 아니라, '지금 당장 즐거운 한강'이기를 바란다. 눈이 부시게 푸르른 아침 햇살, 하얀 서리가 덮인 野山·들, 그리고 그 사잇길, 長項線 열차 창 밖을 스쳐가는 선로변 풍경처럼. '少事少難'한 새해, 庚子年이 기다려진다.

휴대폰 쏠림 현상
(2019. 12. 24)

평소에 '革命(Revolution)'이란 말을 별로 신뢰하지 않는다. 프랑스 革命·시민 革命·산업 革命, 심지어 촛불 革命까지. 그 말의 '자극성·단기성·단편성·무책임성·감정적' 등의 이미지 때문이다.

오늘 전철 안의 풍경을 보며 '아, 이를 두고 진짜 革命이라 하는가 보다'라고 느꼈다. 가득 찬 승객 한 사람 한 사람 中 '휴대폰'을 보지 않는 사람이 없다.

몇 년 前 '無價紙'라 하여 '기존 신문'보다 종이 사이즈와 글씨가 작은 '무료 신문'이, 지하철 입구에서부터 도배한 적이 있었다. 전철 안은 '무료 신문'을 읽는 승객으로 북적댔다. 시렁에는 읽고 난 '무료 신문'으로 수북하고, 폐신문을 수거하는 분들의 손길과 발길만 바빴다.

언제부터인가 태풍이 지나간 듯 '무료 신문'이 자취를 감추었다. 말할 것도 없이 책이나 '일반 신문'을 읽는 승객도 찾을 수 없다. 더욱이 他 승객에게 걸리적거리는 노트북을 펴놓은 사람도 없다. '휴대폰'이 그 자리를 떠억 차지하게 되었다.

'휴대폰'이 기능이나 속도 면에서 'PC'보다 부족하다고는 말할 수 없다. 오히려 어느 부분에서는 'PC'를 능가한다. 사용하는 시간帶나 상황에 따라 달리 사용될 뿐이다.

'휴대폰'이 엄청난 속도로 進化하는 것과는 반대로, 신문과 잡지는 오히려 감퇴다. 세상이 이런데도 筆者는 수십 년 前부터 지금까지도 신문을 2개씩이나 구독하여, 매주 재활용품 배출 時 무거운 짐이 되고 있다. 요즘 재활용품 수거장에는 배출된 신문이 눈에 띄게 줄었다.

1,000萬 부에 가까운 〈讀賣新聞(요미우리)〉, 구독 부수는 적지만 아직도 여전히 세계적인 영향력을 행사하고 있는 NYT나 WSJ 등과 비교해 볼 때, 우리나라 신문의 현주소를 되돌아보게 된다.

정보의 전달과 창출은 미디어의 속도만이 전부가 아니다. 특히 요긴한 정보 창출에는 적어도 최소한의 제작 시간이 필요하다. '휴대폰' 정보의 '휘발성·순간성·단기성'을 커버하기에는 'PC'만 한 것이 없다. 더욱이 글자가 크고 화면이 안정적이며, 정보를 오래도록 보관해 준다.

몇몇 '保守 신문'의 악다구니 써대는 행태에 食傷한 '신문 구독자'들이 하나둘씩 이탈해 가는 현상이 무척이나 안타깝다. 媒體는 다양할수록 좋은 것인데, 이와 같은 革命的인 '휴대폰 쏠림 현상'은 바람직하지 않다. 그래서 '革命'이라는 말을 별로 신뢰하지 않는다.

5·18, 그날의 證言
(2020. 5. 15)

■白福洙

5·18, 그날의 기억이 아직도 생생하게 떠오른다. 1980. 5. 16日 光州 시가지를 3개 코스로 나누어 경찰의 에스코트를 받으며(불순 세력의 방화 등 침투를 막아달라는 박관현 全大 학생회장 요청), 시가 행진을 하고 도청 앞 분수대에서 5·16 화형식까지 마친 後, 새로운 세상이 올 줄 알았다.

자고 나니 확대 계엄령, 全大와 朝大에 무장 군인들이 투입되었다. 全大 정문 앞 신안동 자취방에 살면서 5月 17日 오전 光州驛 철도에서 계엄군과의 투석전을 목격했다. 군대 가서 교회에 다닌 後 5月 18日, 도청 앞 금남로에 있는 중앙교회 8층에서 복학생으로 대학부 예배에 참석했다.

금남로에 배치된 계엄군과 충장로와 금남로를 왔다 갔다 하는 데모대와의 투석전과, 닭장차 강제 연행을 오후까지 내려다보았다. 불안하고 안타까웠다. 全大 앞 자취방 주인이 '학생이 집에 있는 것이 불안하다'며 피신을 종용하여 두암동 〈金泰勳〉 집으로 피신했다.

두암동으로 피신한 주일 오후부터 계엄군과의 잔인한 충돌이 벌어졌다. 月·火요일 極에 달한다. 전혀 보도조차 되지 않자 市民이 흥분하여 火요일 저녁 방송국과 세무서가 불타기 시작했다.

역사의 뒤안길에 숨은 사연이 많고 세월이 흘러 여기까지 왔다. '산者여, 따르라.' 삼가 〈박관현〉을 비롯한 5·18 영령들의 영전에 머리 숙여 참배 드린다.

■林鍾植

40년 前 5·18 열흘 전후 全南大 학생회관 앞 잔디밭에 앉아 있는데, 평소 고무신을 신고 지나는 〈박관현〉을 〈萬基〉가 불러들여, 10~20분간 자리를 같이했다.

"서울의 전국대학 학생회장 모임 등에 참석하지 않고 왜 여기에 계시냐."고 〈萬基〉가 묻는다. "그들의 방식에 동의하지 않아 함께하지 않는다"는 등 여러 가지 소신 있는 얘기를 나누는데 그저 듣고만 있었다. 직접 옆자리에서 〈박관현〉을 接한 처음이자 마지막 자리였다.

5·18日 前까지 모든 시위에 빠지지 않고 뒤따라 참여했다. 5·19日 아침 계엄 확대나 대학 등교 정지가 있게 되면, 학교 정문으로 나오라는 학생회 지침에 따라 17번 시내버스를 타고 정문 쪽으로 갔다. 도로의 살벌한 분위기 때문에 가까운 후배의 하숙집에 잠시 머물다가, 주변 분이 시내 나가는 길에 승용차로 계림파출소 근처에 내려 주었다.

시내 상황을 살피러 시민관 쪽으로 가려고 대인시장 안으로 들어가니, 대학생인 줄 알고 상인이, '잡아가니 절대 가지 말라'고 해서 和順으로 도망치듯 빠져나왔다. 이후 和順에서 사태의 두려움으로 숨어 지냈다. 교통이 풀린 9월 初 그 사이 현장에 계속 있었던 〈萬基〉를 만나 그간의 光州 이야기를 전해 들었다.

무리하게 시민을 추격하다가 공수부대 本隊에서 이탈되어, 수많은 시민에게 포위당한 공수부대원 2명이, 광주천 고수부지에서 시민에게 맞아 거의 죽어 가는 장면. 그 공수부대원을 구출하고자 긴급 출동한 헬기에서 총기 亂射.

시민들은 총탄 앞에 순식간에 바람처럼 해산. 그 後 상황은 모른다. 그 공수부대원들은 구출되었겠지만, 重傷 내지는 사망 추정 등의 이야기. 光州민주화운동 과정에서 늘 부끄러운 죄인의 심정으로 지내고 있다.

■辛永壹

군대 갔다 와서 全大 4학년 재학 中인데, 저녁마다 공중에서 헬기가 서치 라이트를 비추면서 경고 방송하고, 공설운동장 근처에서 저녁 내내 시민의 함성과 계엄군 총소리가 쟁쟁했다.

20日, 21日인가, 아침에 아세아자동차(現 기아자 동차) 공장에서 태극기를 꽂고 일렬로 시내로 질주하는, 시민군의 '찝차·트럭·버스'를 보고 얼마나 감격스러웠는지 모른다.

상황이 끝나고 며칠 후 시내에 나가 보니 사람 하나 없고, 폐허 상태에다가 도로에는 핏자국도 일부 있었다. 눈물만 나오고 살아 있다는 것이, 부끄럽고 미안한 마음뿐이었다. 벌써 40년이 흘렀다.

국민은행 신입행원 면접 時 은행장이 직접 하는 질문이, '광주사태 때 데모했느냐, 왜 했느냐, 지금은 어떻게 생각하느냐'였다. 2명씩 면접하는데 옆 慶北大 출신에게는 지원 사유 등 일반 사항을 질문했다. 당시는 1차 필기 시험으로 뽑을 인원만 뽑아 합격이 가능한 듯하다.

■金台中

마지막까지 함께하지 못한 '비겁한 도망자'라는 생각에, 5月의 하늘에 부끄러워진다.

■羅昌燁

40년이 지나 이렇게라도 가신 임을 추모하고 위로하니, 조금은 덜 미안하고 살아남은 者로서 얼굴을 들 수 있을 것 같다. 역사는 勝者의 기록이라 하지만, 정의로운 者가 이기고 마는 승리의 場이기도 하다.

하느님이 이 정도라도 우리에게 기회를 주심에 감사한다. 5月 그날의 아프고 답답한 기억이 어느덧 승리의 함성으로 되살아나는 역사의 숙연함과, 이를 이루게 해준 모든 분께 감사한다. 그래서 인생은 살 만한 것이 아니겠는가.

■高在南

17日 저녁부터 21日까지 현장에 있었는데, 끝까지 같이하지 못해 마음 한구석에는 항상 빚이 있다.

■金光暎

뭇사람의 피땀으로 민주주의가 이루어지면 민주 투사를 탄압하고 학살한 者는 민주주의 제도의 혜택을 받고 살아남아, 王政復古까지 도모하는 일이 되풀이되는 것이 인류 역사의 비극이다.

군 복무를 마치고 복학, '서울의 봄' 때 관악 캠퍼스에서 영등포를 거쳐 마포대교 건너 광화문 앞까지, 다음날도 서울역 앞 시위 현장에 합류. 서울의 대학가 분위기는 비폭력 평화시위였다. 그 때문에 서울역 앞 모임이 해산되었다. 〈심재철〉이 해산에 결정적인 역할을 했다.

'간접 선출 학생회장'이었지만, 12,000여 명의 시위대이니만큼 발언권이 컸다. 나중에 교통 사고로 죽어가는 것을, 자기 母校 출신 의사가 살려 놓으니 뒤통수치고 변절했다. 지팡이 짚고 과도하게 절뚝거리며, 은근히 〈DJ 선생〉 코스프레하는 꼴이란.

할머니가 위독하여 5·20日 서울에서 기차 타고(나중에 알고 보니 끊기기 前 마지막 기차) 가다가, 할머니의 고향인 영산포역에서 홍어 좀 샀다. 木浦 시위대가 영산포 파출소에서 나온, 카빈 소총을 지급받는 장면을 목격했다. 교련복을 입고 초롱초롱한 눈빛을 한 그들을 아직도 잊을 수 없다.

■李仁宰

5·18 직후 '金大中 내란음모사건'으로 〈심재철〉이 수배될 때, 5·24日경 자취방에 찾아온 〈심재철〉을 데리고, 약 2주 동안 함께 피신한 적이 있다. 그때까지만 해도 〈심재철〉은 정신이 똑바른 사람인 것 같았다.

그의 인품 자체는 변질될 속성이 있어 보였다.

어제 대통령이 '5·15 서울역 회군'을 대신하여, 光州에서 대규모 희생을 치르게 됐다고 평가했다. 假定하여 그때 회군하지 않고 끝까지 버텨 효창운동장에서, 대기 中인 군인과 싸웠다면 역사는 어떻게 바뀌었을까. 光州에서 민주주의 수호를 위해 싸우고 헌신한 사람이 진정한 愛國者다.

■梁春承

〈심재철〉의 短見이다.

■宋正烈

아무리 권력욕에 눈이 먼 무자비한 군인 집단이라 하더라도, 全 국민을 상대로 학살극을 벌일 수는 없을 것이다. '6月 항쟁'처럼 全 국민의 단합된 투쟁력이 전제되어야 한다.

■申錦澈

민주 영령의 極樂往生을 축원드린다. 티끌만큼도 반성하지 않는 쿠데타와 학살 주범의 흉악한 몰골 좀 보자. 반란의 수괴를 너무 일찍 사면하여 죄의식을 갖지 않게 만든 것도 역사적 과오라는 생각이 든다.

■李正洛

솟구치는 분노와 기맥힘과 먹먹함이다.

■全公權

〈노먼 소프〉는 당시 '전단지·성명서·외신 기사 자료' 등을 대한민국 정부에 기증하면서, '5·18 민주화운동'은 대한민국의 민주화를 향한 길고 긴 투쟁의 일부분이다. 앞 세대가 자유선거를 확립하고 민주주의를 꽃피우려 얼마나 많은 어려움을 겪었는지, 지금의 젊은 세대가 배우고 진심으로 감사하길 바란다.'고 기증 취지를 밝혔다.(2021. 5. 6)

최초로 이 사진의 소재를 제보해 준 〈李在儀 5·18 기념재단 연구위원〉은, '당시 진압 작전 직후 도청 상황을 가장 생생하게 엿볼 수 있는 소중한 자료다. 향후 舊 보안사 등 軍 당국이 도청 현장을 기록 했을 것으로 추정되는 사진 자료도 조속히 공개하면 좋겠다'고 말했다.

■朴秉聖(사진·글)

△ 사진 (上) 이 사진만 보면 가슴이 먹먹해진다. '퓰리처賞' 감이 아니고 무엇인가. 장갑차와 군인 곤봉의 무력 앞에 무릎을 꿇고 사느니, 서서 죽겠다는 불끈 쥔 주먹에 담긴 결연한 시민의 의연함에 숙연해진다.

△ 사진 (下) 그대 얼굴을 보니 1980년 악업 後부터 그대의 삶은 생지옥일 것이다. 그대의 나라카(奈落). 이 땅에서 오래오래 더 살아라. 온갖 공포와 모멸과 비웃음과 굴욕 속에서 제발 치매도 걸리지 말고.

'光州' 말만 나와도 학을 떼며 하나씩 하나씩 망가지고 무너져 마지막 숨이 끊어질 때, 그대 비양심의 썩은 피눈물 나눠 마셔 가며 가거라. 눈꼽 만큼일망정 맺힐 양심의 눈물이라도 남거든, 그대를 추종하는 후예에게 사람이 되긴 힘들어도 괴물 만은 되진 말라 일러라.

◇아 친구여, 무릎 꿇고 사느니, 서서 죽겠다고 주먹을 불끈 쥐고 있다.

◇全斗煥과 李順子

담배는 내 친구
(2020. 5. 20)

주위의 빈축(嚬蹙)을 무릅쓰고 아직도 담배·술을 계속한다. 요즈음 '담배'는 그 빈축의 度가 특히 심하다. 심지어 '현대의 야만인'이라는 말까지 듣는다. 몇 년 前 징벌적인 담뱃값 인상으로 경제적 부담도 만만치 않다.

그런데도 왜 끊지 못하고 그 난리인가. 그것은 뭔가의 '효용성'이 있기 때문 이 아닌가. 담배(술)만큼 어느 한 순간 욕구 충족의 필요성을 느끼고, 이를 즉각 충족시켜 주는 耆好品을 발견하지 못한다. 이것이 '효용성'이다.

아다시피 그 폐해도 많다. 자기의 경제적 부담은 물론이고, 자기의 건강 폐해와 타인에게 끼치는 폐해다. 이를 최소화하고자 禁煙을 권장하는 것이다. 그러나 흡연족이 말하는 담배에 손이 가는 상황, 그 상황 그 자체가 생활이고 人生인 것을 어떡한단 말인가.

이것은 時代 탓인 것만은 아니다. 주변의 공기가 나쁘면 좋은 공기를 찾고 배가 고프면 음식물을 찾듯, 필요한 부분이 있으면 충족되어야 하는 것이다. 충족하는 수단이 무엇인가가 문제다. 그 수단이 담배·술 등으로 제한되어 있어 안타깝다.

새로운 嗜好品을 개발할 수도 있으나, 사람의 嗜好가 쉽사리 바뀌는 것은 아니다. 누구나 進步的·保守的 사고나 행동을 할 수 있지만, 여전히 保守論者도 많고 세칭 '샤이 보수'까지 합치면 그 포션이 결코 작지 않다.

'담배'도 그렇다. 흡연 인구의 비율이 어느 정도인지, 딱히 말할 수는 없어도 결코 작지는 않다. 각종 캠페인 등으로 흡연을 억제하려는 정부의 노력에도 불구 하고, 흡연자는 크게 줄지 않고 있다.

이것은 사회적으로 어느 정도 그 영역을 認定·認容해야 함을 말하고 있다. 금연자·흡연자가 어느 정도의 불편함과 불이익을, 認定·認容할 것인가는 默示的인 사회적 합의 사항이다.

물 들어온다, 배 띄워라
(2020. 5. 24)

한여름 소나기 내릴 때 '꼴' 베는 사내, 쌩쌩한 날을 두고 게으름만 피우다가 하필이면 소나기가 내릴 때면 논두렁·밭두렁의 꼴을 벤다. 한겨울 눈 내릴 때 '갈퀴나무' 하는 사내, 쌩쌩한 날을 두고 게으름만 피우다가 하필이면 눈이 내릴 때 '갈퀴나무'를 한다.

아니다. 그가 게으른 것이 아니다. 소나기 내리는 날이야말로 꼴 베는 낫발이 제대로 먹히는 날이다. 물기를 가득 머금은 풀을 '조자룡이 헌 칼로 무 베듯', '꼴'을 벤다.

소나기가 개고 꼴이 마르면 마른 꼴만 걷어 오면 된다. 눈 내리는 날 '갈퀴나무'를 해야, 솔잎이 잘 뭉쳐지고 먼지도 안 난다. 잘 뭉쳐진 '갈퀴나무' 솔잎은 벽돌처럼 단단하다.

흑산도 홍어를 가득 실은 나룻배가 '영산포'까지 오는 것은 ('영산강 河口堰'을 막지 않았을 때) 힘겹게 櫓로만 저어 온 것은 아니다. 물 들어올 때(滿潮) 바닷물과 바닷바람에 나룻배를 맡겨 힘 안 들이고 들어오고, 물 나갈 때(干潮)까지 영산포 장거리에서 싣고 온 魚物을 팔고 또 쉬기도 한다. 그들은 놀면서도 섬찟할 정도로 예리한 눈으로, 滿潮·干潮의 물때와 기회를 엿보고 있다.

아직도 삐라가
(2020. 6. 14)

지금도 휴전선 부근에서 '삐라'가 뿌려지고 있다고 한다. 그때마다 北은 신경을 곤두세우고 긴장 상태를 고조시키고 있다. 군대 시절 〈朴正熙 대통령〉의 골프 행사 대비 지뢰 탐지 및 '삐라' 수거차, 매주 토요일 새벽 高陽 원당의 '한양 CC' 全 코스를 한 바퀴 도는 것이 임무 中의 하나였다.

당시 인기 女배우로 파리에 살고 있는 〈윤정희〉의 소식, 중세 유럽의 도시처럼 고색창연한 北韓 원산항의 칼라 사진 등을 힐끔힐끔 훔쳐보고, 수거하여 보안대에 제출한 '삐라'였다.

요즘은 광고 전단지 등이 현저히 줄었으며, 신문 號外版은 아예 자취를 감춘 지 오래된다. 읽어 보는 사람도 없거니와, 폐기물 처리가 골칫거리가 된다. 北韓 주민도 거의 다 갖고 있다고 하는, 컴퓨터만큼이나 성능이 우수한 이 핸드폰 시대에 아직도 '삐라 날리기'를 하다니.

첨단 무기 시대에도 전통적인 무기의 효능은 여전하다. '죽창·식칼·몽둥이·곤봉·카빈총'과 같은 원시적 무기가 尙存하고 있는 이유다. 아무도 쳐다보지 않고 효과도 없는, '삐라'를 그토록 날리려고만 하는 것인가.

상대방을 실컷 욕하여 약을 올림으로써, 자기들의 스트레스를 해소하자는 것인가. 통일이 지상 명제도 아니고, 南北의 체제·제도 등을 상대방에게 강요할 일도 아니다.

그것은 어디까지나 南北 주민들의 선택의 몫인 것이다. 쓸데없이 '삐라'나 뿌려대는 일을 하다니 참으로 한심스럽고·개탄스럽고·어리석고·미련하며·어처구니없는 짓이 아닐 수 없다.

이런 형태로 有史 이래로 인류는 전쟁을 계속해 왔다. 국가간·사회계층간·지역간·회사간, 심지어 가족간에도 싸움의 연속이다. 진정 이를 막아 주는 장치나, 賢人은 없는 것인가.

KBS 9시 뉴스
(2020. 11. 11)

국군 장병이 步武도 堂堂하게 개선하는 것처럼 요란한 시그널 뮤직과, 視聽者의 간담을 서늘하게 하는 충격적인 畵面과 함께 시작하는 KBS 저녁 9시 뉴스. 畵面 하나하나에 숨을 죽이고 볼 수밖에 없는 시간.

대학 강당의 교단보다 더 높고 목사 說敎臺보다 더 엄숙해 보이는 저쪽의 먼 강단에서, 정장을 차려입은 묵직하고 有識해 보이는 앵커의 뉴스가 시작된다. 記者나 논설위원이 적어준 멘트를 앵커만 보는 畵面을 그대로 읽으면서도, 마치 대학 강의처럼 有識하고, 聖經에나 나올 것 같은 警句를 거침없이 쏟아내는 데는 고개가 갸우뚱해진다.

그 앵커는 有名稅로 정치 1번지에서도 금배지를 다는 것이 그리 어렵지 않았다. 심지어 大選 후보까지 된다. 그는 데스크 출연자에게 인상까지 써가며 혼을 내 주거나 가르쳐 주는 演技力을 보인다.

숨을 헉헉거리며 취재 현장을 뛰어다니는 열정적인 취재 記者의 모습과 살아 숨 쉬는 듯한 현장 畵面 때문에, 그 시간帶에는 다른 일을 하지 못하게 하는 魔力이 있다. 이는 거의 대부분 '演出의 효과'에 기인한다.

방송사가 의도한 시나리오에 視聽者가 제대로 빠져 준 것이다. 그것도 수십 년씩이나. 신설된 綜編 방송을 포함하여 수십 개가 넘는 채널과 인터넷·핸드폰을 통한 다양한 뉴스를 접할 수 있는 시대인 지금도 옛 이야기가 통할 수 있을까.

演出된 과장뉴스, 현실성이 떨어진 현장 畵面, 視聽者를 충격에 빠뜨리고자 하는 의도된 시나리오에 視聽者가 계속 빠져 주기만 할 것인가. 아예 뉴스를 안 본 지 가 상당히 되는데도 전혀 불편함이 없다.

오히려 사물을 조용히 객관적으로 볼 수 있는 眼目이 생기는 것 같다. 여러 채널 中 그나마 KBS의 오래된 프로가 내 입맛에 간이 맞다. 다만, 이제는 뉴스 프로에서 앵커의 데스크 높이도 좀 낮추고, 또 뻣뻣하게 서서 視聽者에게 긴장감을 주지 말고, 의자나 소파에 편히 앉아 진행하면 좋겠다.

아니 굳이 데스크가 꼭 필요한 것인가. 그리고 강의나 說敎하듯 하지 말기를 바란다. 팩트만 자분자분 알려 주면 그것으로 충분하다. 그 시간帶는 저녁밥을 먹거나 먹고 나서 소파에 기대어, 조금 後면 잠자리에 들 料量으로 畵面을 보고 있는 視聽者에게 자극을 주지 말기 바란다.
우리 사회에 그처럼 자극적이고 충격적인 사건·사고가 많은 것도 아니고, 그 대책을 火急하게 마련하여 해결할 수 있는 것도 거의 없다.

담뱃값 引上說
(2021. 1. 29)

머지않아 담뱃값이 10,000원 정도로 인상된다고 한다. OECD 국가 평균 값 수준으로 갑자기 역겨운 생각과 함께 禁煙해 버릴까 하는 충동이 생긴다. 市中에서 소주 한 병에 5,000원은 기본이고, 10,000원 하는 식당도 어렵지 않게 찾을 수 있다. 담배 한 갑에 10,000원과, 소주 한 병에 20,000원 하는 시대가 가까이 온 것 같다.

어느 분이 몇 년 前 미국 여행 時 겪은 이야기다. '뉴욕州'는 담뱃값이 비싸 담뱃값이 싼 이웃 州로, 담배를 사러 가는 차량이 長蛇陣을 이룬다는 것이다. 국민 건강과 대기 오염 방지라는 취지와 지향성은 존중한다. 그러나 過하다는 느낌이다.

군대 시절 그 추위에 3月 1日만 되면 규정상 칼같이 前方 내무반의 '갈탄 난로'를 철거해 버리는 일, 水質 악화의 원인이라며 '4大江의 洑를 폭파해야 한다'는 일부 시민단체들의 위험한 주장, 원자력 발전소의 核 위험 때문에 이미 공사 中인 발전소 건설을 중단시키는 일, 최저 임금을 일시에 두 자릿수 이상으로 인상해 버리는 일.

고교 3학년 때 '교련 시범 학교'로 지정되어, 많은 시간을 그 예행 연습에 할애하는데 그 中에 사열식 연습도 있었다. 사열대 앞을 지나가면서 어찌나 웃음이 나오는지 참지 못하고, 엄숙한 사열대 앞에서 웃었으니 엄청나게 큰 罪를 지은 것이다. 사열대에 앉아 있는 교무 주임 〈文 선생님〉께 불려 나가, 눈에서 번갯불이 번쩍번쩍 튀도록 귀싸대기를 얻어맞은 기억이 있다. 그 나이는 신작로에 자갈만 굴러가도 깔깔 웃는 때가 아닌가.

정부가 앞장서서 담뱃값 인상을 부추기는 것은 아닌것 같다. 萬事가 그러하듯 동전의 兩面처럼 逆기능과 順기능은 항상 따라다니기 마련이다. 담배도 逆기능이 많지만, 그에 못지않게 順기능도 적지 않다. 지금 가격도 호주머니가 부담이 되는데다, 한 개비라도 피울라치면 온갖 눈치를 보아야 한다.

마땅한 흡연실도 없고 설령 있다고 하더라도, 한 사람씩만 들어가서 피워야 하는 등 애로 사항이 한두 가지가 아니다. 이런 상황 下에서도 고집스럽게 피워대는 흡연가가 참으로 안타깝다. 그런데 그들이 엄청나게 큰 罪를 짓고 있는 것인가.

무슨 일이 있어 잠시 마스크를 벗기라도 하면, 주위 사람의 눈이 휘둥그레지고 怒氣가 잔뜩 서린 고리눈과 째려보는 듯한 따가운 視線이 너무나 野俗하다. 또한 작금의 '태극기 부대'가 바람직하지는 않지만 그들의 주장에도 귀를 기울이고, 그들이 정말로 원통해하는 이유가 무엇인가를 곰곰이 생각해 보는 것도 필요하다.

세상은 여러 사람이 모여 사는 곳이며 돌고 돈다. 긴 人類의 역사로 보면 人生이란 100년도 채 안 되는 세월 동안 살다가 떠나는 짧은 旅程에 불과하다. 순식간에 바꾸고 변화시켜, 황홀한 유토피아와 같은 파라다이스가 되는 것은 아니다. 더불어 즐기고 길게 참고 기다리며 함께 살아가다가, 마침내 짧은 生을 마감하는 것이 아닌가 싶다.

노먼 소프와 在儀의 만남
(2021. 5. 7)

이팝나무꽃 지고 아카시아꽃 문드러지며 부처님 오신 날이 가까워지면, 어김없이 5·18도 다가온다. 그리고 그날과 함께 살아온 〈李在儀〉도 나온다.

이번에는 그의 친구 〈노먼 소프〉와 함께다. 〈노먼〉의 손에는 200여 장의 5·18 미공개 사진이 쥐어져 있었다. 그 사진은 이미 〈KBS 뉴스〉에 방영되고, 사진의 스토리는 〈시민의 소리〉에 게재되어 있다.

짧은 기간의 스토리를 活動寫眞처럼 그려낸, 〈在儀〉의 筆力은 '世紀의 저널리스트'를 방불케 한다. 관심 있는 분은 〈시민의 소리〉를 검색해 보기를 권한다.

충북 진천의 여인을 부인으로 삼을 만큼, 한국을 그토록 사랑한 미국인 기자 〈노먼〉, 그는 자기의 목숨조차 위태로운 그 참담한 현장에서 《아시안 월스트리트 저널》 외신 기자의 이름으로, 실제로 從軍 記者가 되어 光州의 실상을 全 세계에 打電한다. 全 세계인이 그의 글과 사진을 보고 경악한다.

〈노먼〉과 〈在儀〉의 만남, 이 시대의 가장 멋진 '자이언트 저널리스트' 들의 해후다. 40여 년을 하루같이 5·18의 '기록·기록, 또 기록'만을 일 삼는 〈在儀〉는, 소름 끼치도록 무서운 '앙팡 테리블(무서운 아이)'이다.

부디 그의 뜻이 현실로 실현되고, 역사에도 길이 남기 바란다.

[全公權] 〈노먼 소프〉는 5·18 당시의 '전단지·성명서·외신 기사 자료' 등을 정부에 기증하면서, '5·18은 민주화를 향한 기나긴 투쟁의 일부분이다. 앞세대가 자유 선거를 확립하고 민주주의를 꽃피우려고 얼마나 많은 어려움을 겪었는지, 지금의 젊은 세대가 배우고 진심으로 감사하길 바란다'라고 기증의 취지를 밝힌다.

최초로 이 사진의 소재를 제보해 준 〈李在儀〉 5·18 기념재단 연구위원은, '당시 진압 작전 직후의 道廳 상황을 가장 생생하게 엿볼 수 있는 소중한 자료다. 향후 舊 보안사 등 軍 당국이, 道廳 현장을 기록했을 것으로 추정되는 사진 자료도 조속히 공개하면 좋겠다'고 말했다.

人事의 公正性
(2021. 9. 19)

바야흐로 大選 시즌이다. 온갖 예비 후보가 자기 알리기 매스콤 퍼레이드로 요란하지만 그들의 외침에 시민과 나는 무덤덤한 것 같다. '정책·與野·男女·老少·지역' 등 다양하지만, 나의 관심은 한 가지, 그들의 〈人事에 대한 견해〉이다.

1970년대 입대하여 工兵隊(당시는 '골병대'라 불렸다.)의 말단 소총수로 근무하다가, 그 당시 卒兵으로서는 감히 쳐다보지도 못하는 '陸本'에 근무한 경험이 있다. 그것은 한국군의 월남 철수로 '코브라'와 같은 무장 헬기 등 최신 무기가 다량 도입되어, 창설 부대가 많은 덕분이었다.

전국에서 士官學校에 많이 가는 것으로 유명한 高校를 나왔지만, 정작 軍복무 기간 中 단 한 사람의 同門 장교를 만난 기억이 없다. 반면에 陸本의 소속 부대에 신규로 전입한 士兵들의 눈빛에서, 언제·어떻게 알았는지 나와 同鄉 또는 同門 출신자가 그렇게 많다는 걸 그때 알았다.

장교의 진급 또는 보직 이동 때면 특정 지역 출신에 쓸만한 人材가 없다고 한다. 어항 속에 물고기의 '씨'가 말라 있는데 물고기가 없다는 것이다. '씨'가 말라 있는 어항에는 물고기의 '씨'를 뿌려 키워야 하고, 피와 눈물로 뒤범벅이 되어 버려진 곳에도 배려를 해주는 것이 人事上의 公正性이다. 대통령은 국군 통수권자이자, 국가의 人事權을 쥐고 있는 자리다.

말로는 公正한 人事를 하겠다고 한다. 어설픈 '능력주의·人事 탕평책' 등 교과서적인 言辭만으로는 곤란하다. 균형잡힌 人事 哲學이 없어서는 안 된다.

조금도 배려하지 않는 사람에게, 무엇 때문에 언젠가 위기에 몰릴 때 앞장서서 救援하려 할 것인가. 작은 배려가 결국은 자기가 살아남는 길이고, 모든 이가 더불어 살아가는 길이기도 하다.

자기의 소박하고 진솔한 의견
(2021. 2. 21)

'大選'에 관한 한 국민 누구나 나름대로의 견해가 있을 것이다. 모두 존중받아야 하고, 또 존중해야 한다. 그것이 민주주의의 뜻이기도 하다.

우리 사회에는 분명히 소위 '保守'라고 하는 무리와, '進步'라고 일컫는 세력이 共存하고 있다. 바람직하든 안하든 그것을 겸허하게 수용하고 받아들이는 자세가 중요하다.

주위분들의 이야기나 매스콤의 論調, 인기투표 등으로 나름대로 當落의 感을 가질 수 있다. 이와 편승하여 자기의 진솔한 생각보다는 市中에 떠도는 확인되지 않은 가짜 뉴스를 針小棒大하여, '카톡'에 띄워 읽는 이로 하여금 心氣를 불편하게 하는 경우가 있다.

'카톡'에 정치·종교 등 첨예한 事案을, 절대로 게재해서는 안 된다고 생각하지는 않는다. 다만 다른 사람이 써 놓은 글의 퍼오기가 아닌, 자신이 직접 쓴 '자기의 소박한 의견과 진솔한 이야기'여야 한다는 것이다.

국민연금 받는 날
(2022. 5. 25)

오늘 25日은 은행 통장으로 '국민연금'을 받는 날이다.
가정의 달 5月, 家族의 의미를 생각해 본다.

家族은 모든 것을 이해해 주리라는 믿음 때문에
그 소중함을 잊고 지낸다.
그리고 '孝子'도 생각한다.
이 대목에 '국민연금'이 자리잡고 있다.

참말로 믿음직스럽고 수말스런,
우리 '孝子 국민연금'이다.

■봄·여름

눈앞에 새싹이
(2018. 4. 8)

문득 창밖을 쳐다보니, 잔뜩 흐린 하늘에
봄비가 차분하고도 가지런히 내리고 있다.

보이는 것은 저쪽의 아파트와,
그 뒤를 감싸고 있는 야트막한 牛眠山,
그곳에는 앙상한 나무들만 어둡게 덮여 있다.

집 앞 庭園의 나무에 다가가 보니,
듬성듬성 새순이 달려 있다.
돋은 지 얼마 안 되는, 봄비에 함초롬히 젖은 새순이다.

주위를 둘러보니, 나무라는 나무에는
모두 새순이 돋아 있지 않은가.
눈 앞의 가까운 곳에 새싹이 있다.

멀리 보이는 앙상한 牛眠山의 모습과,
가까이 보는 庭園의 새순 돋은
나무의 모습이 너무나 다르다.

5月의 바람

(2019. 5. 21)

5月은 참 좋은 계절이다.
잎이 진 삭막한 山野에
다시 新綠이 우거지고,

아직까지 미처 못 핀 봄꽃들이
서둘러 피어나는 때다.

아카시아꽃·밤꽃이 진한 향기를 내뿜으며,
뭇사람을 유혹하는 때, 5月이다.

아카시아꽃·밤꽃의 향기에 취해,
바람난 이는
빵빵한 과부댁뿐만은 아니다.

손주와 놀고 있는 애늙은이나,
하늘과 나무나 쳐다보고 있는
中老年 신사도 매한가지인 것이다.

雨水
(2020. 2. 18)

◇눈 녹아 비 되는 날, 雨水

내일은 雨水,
창밖 산수유 나무의 꽃망울이
제법 통통 하고 노르스름해졌다.

이미 목련의 꽃봉오리는
엄지손가락만 하다.

양지바른 나뭇가지 사이로
봄새들이 바쁘기만 하다.

굴짬뽕 한 그릇

(2020. 3. 10)

봄비 촉촉히 내리는 날 점심은, '굴짬뽕 한 그릇'이 참 좋다. '코로나' 때문인지 그리 넓지 않은 홀을 듬성듬성 1인용으로 꾸며 놓아, 홀로 먹기에도 어색하지 않은 孤獨한 美食家用 중국집이다.

봄이 왔다고 요란하지만, 朝夕으로는 썰렁하여 아직 두꺼운 외피를 벗지 못하고 있는데, '굴짬뽕 한 그릇' 비우며 땀 좀 흘린다.

몇 번 간 집이어서 그런지, 後食으로 '모치'까지 서비스한다. '모치'는 좋은데, 내주면서 손님의 얼굴이나 한번 쳐다보며 건네주면 더 좋으련만, 좋아하는 꼬막은 한철이 지나고, 지금은 '굴철'이라고 한다.

아직 점심 못 한 분은 가까운 중국집에서, 뜨끈뜨끈한 국물이 있는 '굴짬뽕 한 그릇' 권한다.

봄길을 지나며
(2020. 3. 18)

길가의 담장에 梅花가 허옇게 피어 있다.
조금 지나 언덕배기에는
노란 산수유가 있고,

또 울타리 너머 저쪽에는
목련이 푸른 하늘에 누에고치 매달리듯,
통통하고 촘촘하게 주렁주렁 몽오리져 있고,
금방이라도 봉오리를 터뜨릴 것만 같다.

눈이 번쩍 뜨인다.
갑자기 가슴이 두근거린다.

봄이 눈앞에 왔다
(2021. 2. 25)

출근 채비를 하면서 內服 한 꺼풀을 벗는다. 아침 최저 기온이 0度이고, 바람도 없다니까. 하기야 雨水 지난 지가 제법 되니 그럴 만도 하다. 대중목욕탕에서 때를 벗기고 나온 기분이다.

전철 안은 여전히 적막강산, 가득 찬 열차 안에서 행여나 옆 승객에게 침이라도 튀길까봐, 관광객이 뚝 끊긴 濟州에서 한갓지게 初春을 즐기고 있다는 친구의 사진 보내 오는 소리가 요란하다.

남녘 마을의 양지바른 곳에 벌써 할미꽃·福壽草가 머리를 내미는 사진도 있다. 동네 길섶에 혹시나 머리를 내미는 봄꽃이 있나 하고, 아무리 찾아봐도 보이지 않는다.

보이는 것이라곤 머리 위로 목련나무 꽃봉오리만, 커 가는 계집애 젖몽오리만큼 굵게 매달려 있다. 그토록 기다린 봄이 이제 눈앞에 가까이 왔다.

아무런 하는 일 없이 그저 기다리기만 했는데, 살그머니 다가와 준 것이다. 올봄에는 무엇을 하여 이 봄 손님을 맞이할 것인가.

落花
(2021. 4. 3)

◇꽃비가 내린다/ 사진 : 羅炳喆

봄비가 주룩주룩 내리는데, '사전 투표'를 하고 오는 길이다. 무척 많은 사람들이 투표를 한다. 투표장인 인근 학교 정원에 벚꽃이 허옇게 떨어져, 빗물에 휩쓸려 흘러내리고 있다.

벚꽃이 지는 날이면, 늘 조지훈의 「落花」가 생각난다. '촛불을 꺼야 하리 꽃이 지는데… 다시 촛불을 켜고 새로운 탄생을 기뻐하리라.' 나머지 詩句는 전혀 기억이 나지 않는다.

그냥 봄비에 젖은 꽃잎이, '때가 되니까 제자리 찾아가는구나.'라는 것만, 아침에 피었다가 저녁에 지고 마는 나팔꽃처럼, 짧은 만남이 아쉽지만 내년을 다시 기약한다. 이어지는 빗속을 뚫고, 얼른 집에 가 모닝커피나 한 잔 하고 싶다.

아카시아꽃 향기
(2021. 5. 11)

'팝콘'같이 생긴 것은
이팝나무꽃이 아니라 아카시아꽃이다.

동네 野山 비탈의 아카시아꽃이
이제 때가 되었는지,
서서히 문드러져 가고 있다.

사람들이 아무도 봐 주지 않아,
걍 지려는 것 같기도 하다.

멀리서 바라보기만 할 뿐
일부러 아카시나무를 가까이 찾아,
그 향기를 맡으러 다가가지 않는다.

5月 바람에 실려 온 향기만 즐길 뿐이다.
과부는 물론, 온갖 암컷과 수컷을
바람나게 하는 그 향기를.

梅實이 익어 간다
(2021. 5. 27)

'梅實'이 어서 빨리 익기를 재촉이나 하듯, 봄비가 끈질기게도 추적추적 내린다. '光陽 홍쌍리 梅實'은 종종걸음으로 익어, 벌써 출하한다고 한다. 모든 농사가 前보다 조금씩 빨라진 것 같다.

엊그제 경부선에서 보니 논이란 논은 거의 모내기가 끝나 있었다. 前에는 논보리를 수확하고 나서, 모내기를 하는 논이 많아 모내기가 늦었다.

서울의 '梅實'이 半쯤 익은 것을 나만 모르고 있는 것 같다. 어릴 적에는 '우메보시'가 무엇인지 몰랐고, 또한 지금처럼 그렇게 '梅實'을 찾은 기억도 없다.

■金光暎

水原 근린공원에 노인장들이 지난 週부터 '梅實'을 따느라 바쁘다. '梅實'은 과육이 안 익었을 때 따야, 열매의 속껍질이 단단하고 술을 담든 효소를 담든, 맛이 좋고 영양이 滿点이다.

일본인들은 살구처럼 누렇게 익을 때 따서, 소금에 절인 엄청 짠 장아찌, 소위 '우메보시'를 만들어 먹는다.

'오이시이 데쓰네'를 연발한다. 나는 '졸라 짜다 데쓰네'다. 1980년대 初 某 대기업 근무 時, 히다치社 직원이 가지고 온 '우메보시'가 뭔지 몰라, 일본어 설명서를 찾아보기도 했다.

봄을 재촉하는 비
(2022. 2. 26)

어둠 속에서 을씨년스럽게 썰렁한 비가 내린다. 한동안 가물어 푸석푸석해진 정원을 제법 촉촉이 적셔 준다. 아직 그늘진 곳에 듬성듬성 남아 있는 殘雪도 말끔히 녹여 준다.

바람도 엊그제의 매서운 그것과는 사뭇 다르다. 때가 때인지라 '봄을 재촉하는 비'임에 틀림없다. 남녘땅 潭陽 水北 〈亮勳〉의 마당에서 잠자고 있을, '크로커스·福壽草·중의 무릇'은 꽃대를 쑥 올렸나 싶다.

■趙亮勳(글·사진)

며칠간 집을 비워 두고 서울에 다녀온 사이, 크로커스와 福壽草가 활짝 피어 있다.

◇활짝 핀 크로커스

봄눈 내리는 날
(2022. 3. 19)

코로나가 3번이나 봄을 빼앗아 가고, 3月 하순에 눈 좀 왔다고,
'봄은 왔건만 봄이 아니다(春來不似春)'라고 말할 수 있는가.

하늘 가득 날리는 봄눈을 녹여, 꽃눈을 틔운 梅花도 있다.
봄눈이 눈을 가려 정원의 나무를 당최 구분할 수 없다.

오늘은 눈길이 가는 곳마다,
꽃이 피는 날 이자 봄눈 내리는 날이다.

◇장수梅 : 원래 매실나무가 아니라, 명자나무를 원예종으로 개량한 것/ 사진 제공 : 朴秉聖

구례 화엄사 紅梅花
(2022. 3. 30)

◇紅梅花 핀 화엄사/ 사진 : 金泰勳

구례 화엄사의 '紅梅花', 그 붉음이 어찌나 찐한지, 붉다 못해 검은 빛을 띤다고 한다. 그래서 '黑梅花'라고도 한다.

■白福洙
'紅梅花'의 고매한 자태와 드높은 기품이, 천년 고찰 화엄사와 스님과 잘 어울린다.
[高光燮] 봄바람에 살포시 검붉은 梅花 꽃잎 날리는, 언덕배기 돌담 곁에 스님 둘이 서 있다. 得道에 힘겨울 스님도 때로 衆生을 그리워할까. 마치 우리가 지나간 청춘을 그리워하듯.

■鄭光喆
『詩經』에 '좋은 詩는 詩 속에 그림이 보이고, 좋은 그림은 그림 속에 詩가 있다'라고 했다. 사진 속에 詩가 있고, 詩 속에 사진이 보인다.

갈 길 바쁜 봄꽃
(2022. 4. 12)

뭣이 그다지도 바쁘다고
봄꽃이 '담박굴쳐'* 내뺀다.

봄꽃은 봄볕 陽地가
그다지도 싫은 것인가.

*'달음박질치다'의 전남 지방 방언. '담박질치다'라고도 한다.

◇지고 있는 紫목련/ 사진 : 金光暎

'立春 字' 친구
(2023. 2. 4)

오늘이 '立春'이라 하지만,
봄은 아직 좀 멀리 있는 것 같다.

봄볕도 봄꽃을 재촉하기에는
아직 力不足이다.

다만, '立春'의 '봄 春·설 立 字'만으로도,
봄을 기다리는 사람들의
따뜻한 친구가 되고 있다.

◇順天 왕지동 紅梅/ 사진 : 李啓杓

處暑
(2019. 8. 23)

한결 가빠진 매미 우는 소리에
문득 하늘을 올려다보니,

눈이 시리게 푸른
가을 하늘이 늙은 여름 구름을,
處暑라는 이름으로
몰아내고 있다.

◇매미가 오줌을/ 사진 : 朴秉聖

접시꽃
(2020. 6. 16)

키는 멀대처럼 껀정,
흔들리며 피는 꽃 접시꽃.

옥수수 잎에 빗방울 내리고,
6, 7月 뙤약볕에
머리 벗겨지는 날
함께한 접시꽃,

낙엽 지고 찬바람 불 때까지
얼마 남지 않았나 보다.
짧아진 날 길게 써야 되겠다.

◇아름다운 정원 '화수목'/ 사진 : 白福洙

夏至 감자
(2020. 6. 23)

일 년 中 해가 가장 높이 뜨고 낮의 길이도 가장 긴 절기 '夏至', 이 날은 잘 여문 감자를 수확하는 때이기도 하다. 내일부터 장마가 시작된다고 하니 장맛비 맞기 前에 얼른 캐내야 한다.

첫 감자는 '햇감자'라는 고운 이름을 얻는다. '햇감자'는 어릴 적 고향집을 생각나게 한다. 또 〈진성〉의 구슬픈 〈보릿고개〉의 노랫가락도 聯想된다.

'아야, 뛰지 마라. 배 꺼질라. 가슴 시린 보릿고개 길, 주린 배 잡고 물 한 바가지로 배 채우시던 그 세월을 어찌 사셨소. 草根木皮에 그 시절 바람결에 지워져 갈 때 어머니 설움…'

넘기 힘든 보릿고개를 넘겨 준 救荒食 감자, 〈진성〉과 그의 어머니·동생들, 그 시대의 사람들은 '햇감자'를 먹고 보릿고개와 뜨거운 여름을 넘었다.

감자의 다양한 요리법에 대해 TV에서 봤는데, 특별히 어렵지 않은 것 같다. 푹 삶아 껍질이 툭 터지고 살살 갈라진 겉모습, 밤처럼 속이 포실포실한 갓 쪄낸 감자는 보기만 해도 배가 부르다. 밥 대신에 열무김치와 소금에 찍어 한두 개만 먹어도 금세 뱃속이 든든해진다.

우리 고장에서는 '夏至'(음력 5월경) 때 캐 먹는 감자라 하여, '夏至 감자' 또는 '北감자'라 했고, '고구마'를 그냥 감자라 했다. '夏至 감자' 캐기 좋은 햇볕 좋은 날, 갓 캔 감자나 삶아 점심이나 때우고 싶다.

장대비 내리는 아침
(2020. 8. 3)

◇남실남실 한강, 물에 둥둥 떠있는 여의도
/ 사진 : 朴秉聖

엊저녁부터 내린 장맛비가,
오늘 아침에는 장대비 되어
주룩주룩 주루룩 좍좍.

어릴 적 겪었던 3年 旱害를
되새기며, 늘 비를 좋아했는데
이번 비는 좀 지겹다.

어디선가 豪雨 피해 알리는 소식,
물 사태·산 사태를
경고하는 소리가 요란하다.

8月도 初日이 시작되었으니
이 달도 半이 가 버린 셈이다.
이 장마 끝나는 날, 8月도
올 여름도 끝나 있을 것이다.

눅눅 축축, 밖에 나가기 힘든
날, 주룩주룩 주루룩 좍좍,
장대비 내리는 아침이다.

七月七夕
(2021. 8. 14)

오늘은 陰曆으로 된 '七月七夕', 카렌다에만 덩그러니 기록되어 있을 뿐 아무도 쳐다보지도 않고, 무슨 행사도 없고 이 날을 기억하는 사람도 거의 없는 것 같다.

어릴 적 이 날은 여름 방학 기간 中이고 여름밤 마당에 모깃불을 피워 놓고, 平牀 위에서 가족끼리 또는 동네 사람끼리 모여 앉아 무더위를 식히는 시간이었다.

여름의 밤하늘에는 형광등보다 더 밝고 또렷또렷한 수많은 별들이 있었다. 거기에는 銀河水가 있고 별똥별(流星)도 가끔 떨어져 내렸다. 銀河水를 건너 애틋한 견우와 직녀가 만난다는 날이 바로 '七月七夕'이 아닌가.

뜻도 모르고 한자말을 한글로 專用하다 보니, 의미 파악이 힘든 경우가 不知其數다. 日本도 밑도 끝도 없이 '陽曆 專用'을 하다 보니까, 과거와의 단절은 물론 계절 감각에도 맞지 않는 경우가 허다하다.

본디 陰曆으로 된 '七月七夕'을 陽曆으로 쇠면, 도대체 '七夕'의 계절적 의미가 무엇이 될까. 일본 青森県을 비롯한 東北 지방에서 '네부타 축제'라 하여, '七夕'을 기리는 행사가 오래前부터 있어 왔다.

作詩 문병란·작곡 박문옥·노래 김원중, 〈직녀에게〉, 1985

이별이 너무 길다. 슬픔이 너무 길다.
선 채로 기다리기엔 세월이 너무 길다.

말라붙은 銀河水 눈물로 녹이고,
가슴과 가슴에 노둣돌 놓아 그대 손짓하는 연인아.

銀河水 건너 오작교 없어도 노둣돌이 없어도,
가슴 딛고 다시 만날 우리들.
연인아 연인아, 이별은 끝나야 한다.
슬픔은 끝나야 한다.
우리는 만나야 한다.

*〈김원중〉은 〈李文昌〉의 사촌동생.

이제 정말 여름인가
(2022. 6. 4)

週末이 하도 많아,
週初인지·週中인지·週末인지
구분이 제대로 안 된다.

울타리에 걸쳐 늘어져
피어 있는 장미꽃은 너무 붉어,
담장 아래 다소곳이 피어 있는
野生花를 덮어 버린다.

6月의 초록이 5月보다 좋긴 한데,
아침부터 사람을 늘어지게 한다.
이제 정말 여름인가 보다.

■徐貴宗

아직도 세월 가는 것을
세고 계신가.

그저 흐르는 강물 타고 흘러가듯,
無時로 週末인 듯 사시게.

밤꽃 香氣 진한 날
(2022. 6. 8)

밤꽃 마을에는
엉덩이 여문 처녀애는 없고

수컷 내 나는 밤꽃 香氣가
온 마을을 덮는다.

저 밤꽃나무,
과부댁 옆에 있으면 큰일난다
바로 바람이 난다
당장 낫으로 베어 버려야 할 것이다

◇밤꽃 香氣/ 사진 : 金泰勳

■가을

가을비 추적추적
(2018. 11. 8)

겨울을 재촉하는 가을비가
추적추적 내리고 있다.
왠지 그 비에 젖고 싶다.

이 비가 지나면
겨울이 되는 것인가.

기다리지는 않지만,
다가오는 겨울과
친하게 지내야 되겠다.

이제 촉촉히 젖는 것에
졸업할 나잇살이 되지 않았나.

아, 가을인가
(2019. 8. 31)

아, 이제 가을인가.
하늘과 바람과 나무는
가을과 하나가 된 것 같은데,

나만 가을과 멀리 있는 것 같다.
저 구름 떼는
맑은 하늘이 있는
가을로 가고 있는데…

◇가을스러운 하늘/ 사진 : 趙亮勳

가을 타는 남자

(2019. 9. 19)

눈이 시리게 푸르른
가을 하늘과 햇살에,

가을 타지 않는 남자가
어디 있을까.

저 멀리 설악산에는
가을 단풍 재촉하는
성화가 대단하다지만,

이곳 天安 하늘에 떠 있는
한 조각 가을 구름은
한가롭기만 하다.

白露

(2021. 9. 8)

오늘이 白露인가.
어쩐지 아침저녁으로 제법 썰렁한 바람이 불어와,
등허리가 꽤나 허전하다고 했다.

'모기 침이 부러진다'는 處暑가 지난 지가 제법 되는데도,
아직 침이 부러지지 않은 모기가 있어,
야밤에 어깨와 손 운동을 좀 하고 있다.

'가을바람은 총각 바람, 봄바람은 처녀바람'이라 하는데,
가을바람에 모기들 쫓아 버리고,
더 늦기 前에
진짜 가을바람이나 마음껏 피워 보기 바란다.

◇南山 뷰/ 사진 : 朴明洙

南山 뷰
(2022. 8. 25)

어스레해진 주택을
눈과 발 아래 두고,
南山 위에 펼쳐지는 夕陽을 바라본다.

시커멓게 짓은 하늘이
어째, 금방이라도
소나기 한둘금 뿌릴 것만 같다.

오늘이 저물어 가고,
올 여름도 다 간 것 같다.
남은 것은 가을뿐

가을 바람
(2022. 8. 29)

가을보다 먼저 쓸쓸해지는 내 마음.
가을 나뭇잎보다 먼저 물드는 내 마음.

五穀百果 익어 가는 황금빛 들판의
풍족함을 느껴 본 後,
쓸쓸해져도 괜찮지 않은가.

찬바람 불면 봄이 가깝지 않은가.
센치는 길이 재는 단위 아닌가.

◇靑玉山 육백 마지기/ 사진 : 金鍾燦

야무진 가을 햇살
(2022. 9. 8)

무더위와 태풍은
이제 그만하면 됐다.

그래도 더 야무지게 익으라고,
야물게 여물으라고,

가을 햇살이
따갑게 다그친다.

그리운 시래기국
(2022. 11. 9)

무청을 말린 '시래기'로 끓인 '시래기국'이 그리운 계절이다.
아침 해장국으로 시래기국만 한 것이 없다.
시래기국을 넘보거나 대들 놈이 없다.

■李啓杓
'실가리'는 '시래기'의 전라도 방언이다.
나는 무청을 말린 시래기로 끓인 '시래기국'이 그리운 촌사람이다.
南道는 아직 따뜻하다.

◇실가리라고도 하는 무청 시래기/ 사진 : 徐貴宗

■겨울

첫눈 내리는 아침
(2018. 11. 24)

진눈깨비 첫눈이 추적추적 내리고 있다.
우산을 빼들고 집을 나섰다.

오솔길은 첫눈에 반한 사람이
총총 걸음으로 지나간 자국이 선명하다.

아무도 가지 않은 길을
강아지와 함께 먼저 지나간 자리다.

점차 질척질척 내리는 것으로 보아,
금방이라도 녹아 버릴 것 같다.
벌써 진눈깨비로 우산이 묵직하다.

이 눈이 녹기 前에 올겨울을
激하게 맞이해야겠다.

大寒 추위
(2019. 1. 21)

춥지 않은 小寒 없고
푹하지 않은 大寒 없다지만,

어제가 大寒인데
오늘은 마치 小寒 추위 같다.

아닌 게 아니라
추위 맛 한번 제대로 보라는 듯
새벽 바람이 칼날 같다.

좀 지나니
역시 푹한 大寒 노릇을 한다.

남녘 마을에서
봄이 다시 찾아온다는 소리가,
어서 들리기만을 기다린다.

겨울비 내리는 날
(2019. 2. 3)

메마른 가지에,
푸석푸석한 野山 길에,
깡마른 마당에
겨울비가 내려 준다.

겨울비 후두기는 아침,
우산을 받쳐 들고
반가운 비를 맞이하러
집을 나선다.

이 겨울에 눈이 되지 못하고
비가 되어 찾아왔다.
눈이건 비건 모두 물은 물이다.

오래 기다린 비는
더욱 반갑고 사랑스럽다.

누그러운 겨울 날씨
(2019. 12. 18)

어떤 이는 겨울은 겨울답게,
北風寒雪 몰아치고 장꽝에
장독 깨지는 추위여야 제맛이라 하지만,

오늘처럼 따숩지는 않아도,
밝은 햇살 내비쳐 주는
푹하고 누그러운 겨울 날씨가 좋다.

내일 아니 오늘 저녁,
장독 깨지는 寒波가
올지라도,

*누그럽다: 몹시 추워야 할 날씨가 따뜻하다.

오지게 내리는 눈
(2021. 1. 7)

모처럼 어젯밤부터
내리는 눈이
아주 오지게,

화끈하게, 야무지게,
눈앞이 컴컴하게 내린다.

'小寒의 겨울 눈 맛은
본래 이런 것이여'라고
보여 주기나 하듯이,

맘먹고 내린다.
째지게 내린다.
배 터지게 내린다.
허벌라게 내린다.

가로등 밑 첫눈
(2021. 11. 10)

눈을 떠 보니,
벌써 첫눈(初雪)이 흩뿌리고 있다.

첫눈이 아파트 앞 가로등 밑을
바삐 스치고 지나간다.

이제 가로등이 하나둘씩 꺼져 간다.
가로등이 꺼지자 첫눈이 사라졌다.

그리고 아침이 되었다.

■金台中

1月에도 눈이 왔는데,
11月에 오는 눈을 왜 '첫눈'이라 할까.

'거짓'도 모두가 인정하면,
'참'이 되는 것인가.

冬至날 새해
(2021. 12. 22)

일년 中 밤이 가장 긴 날, 더 이상 길어질 밤과 더 이상 짧아질 낮이 없는 날 '冬至날'이다. 남은 것이라곤 무장무장 길어질 해만 있는 날이다.

기나긴 밤은 싫다. 따사로운 햇살이 긴 날이 좋다. 어두운 골목길보다, 드넓은 들판의 파란 하늘과 눈부신 햇살이 좋다. 햇살은 언제나 가슴을 설레게 한다. 점심만 먹었다 하면 어두워지기 시작하는 날은, 몸과 마음도 덩달아 바쁘다.

누가 1月 1日을 새해로 정한지 모르지만, 새해는 해가 점점 길어져가는 '冬至날'이어야 마땅하지 않을까. 해가 무장무장 길어지기 시작하는 '冬至날'이면 언제나 가슴이 설렌다.

◇冬至죽 한 그릇/ 사진 : 徐貴宗

꼴마리 까고
(2021. 12. 27)

화롯불 앞에서 꼴마리 까고,
이(蝨)를 잡던
그날이 생각난다.

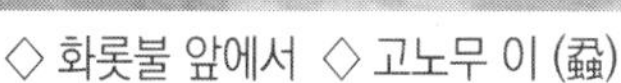
◇ 화롯불 앞에서 ◇ 고노무 이 (蝨)

■노래

오빠 생각
(2020. 5. 5)

前 시대의 동요·詩·가요에 '오빠·누님·형제'가 참 많이 나온다. 가족 中에서 부모 다음으로, 오빠·누님·형제와 늘 가까이 붙어 지냈기 때문일 것이다. 최근에 남자 애인을 '오빠'라고 부르는 축도 상당하다.

다소 어색하다. 대체할 만한 다른 표현은 없는 것인가. 대체할 단어가 없어서라기보다 '오빠'라는 말 속에는 아빠처럼 든든하여 기대고 싶고 만만할 뿐더러, 同世代 느낌의 共有가 있어서가 아닐까 한다.

뜸북새와 뻐꾹새가 우는 날, 北에서 오는 기러기와 귀뚜라미 우는 날, '오빠'를 對象으로 즐거워하고 슬퍼해하기도 한다. 조용필이 부른 〈돌아와요 부산항에〉에서 형제간의 友愛가 그토록 애틋한 것인가.

이것은 비현실적이고 歪曲·과장이 지나치다. 고개가 갸우뚱해진다. 오래만에 '弘燮' 덕분에 논의 뜸북새와, 숲속의 뻐꾹새를 만난다. 동요는 트롯만큼이나 언제나 좋다. 특히 봄노래가 많아 더욱 좋다.

봄날은 간다·보릿고개·핑계
(2020. 5. 22)

금방 떠나가 버릴 것만 같은 '봄날', 돌아가신 어머니의 모습으로 비추어지는 '보릿고개', 〈봄날은 간다〉, 〈보릿고개〉는 너무나도 익숙하고 共感되는 부분 이 많다. 김건모의 〈핑계〉보다 훨씬 쉽게 입에 붙는다. 共感되는 노래·우리의 노래·고향의 노래·한국의 노래·봄날의 노래가 그립다.

△ 봄날은 간다
이처럼 대번에 그리고 쌈빡하게, '가는 봄날'을 아쉬워하는 노랫말이 있을까. 6·25 직후의 民草들의 정신적 피폐를 보듬어 주는 敍情의 노래라고 한다.

〈백설희·장사익 노래〉 '연분홍 치마가 봄바람에 휘날리더라. 오늘도 옷 고름 씹어 가며, 산제비 넘나드는 성황당 길에. 꽃이 피면 같이 웃고, 꽃이 지 면 같이 울던, 알뜰한 그 맹세에 봄날은 간다.
새파란 꽃잎이 물에 떠서 흘러가더라. 오늘도 꽃편지 내던지며, 노새 딸랑대는 驛馬車 길에, 별이 뜨면 서로 웃고, 별이 지면 서로 울던, 실없는 그 기약에 봄날은 간다.'

△ 보릿고개

〈진성〉이 고생하던 無名 시절, 20여 年 前에 써 놓은 글과 曲이라고 한다. 대번에 '어린 시절·어머니·고향' 생각이 번쩍 든다.

진성 노래·작사·작곡, 〈보릿고개〉 '아야, 뛰지 마라. 배 꺼질라. 가슴 시린 보릿고갯길. 주린 배 잡고 물 한 바가지로 배 채우시던, 그 세월을 어찌 사셨소…'

△ 핑 계

내키지 않은 일을 피하려고, 일부러 거짓말하지 말라고, 〈김건모〉가 노래한다. 90년대 初 'LG연수원(人和苑)'에서 '新世代스러워야 할 요건'으로, 이 노래 배우기를 강요받는다.

엄청 템포가 빨라 무슨 뜻인지도 모르고, 무조건 노래를 수십 번 수백 번 연습했다. 연수원 교실에서, 車 안의 테이프로. 아직도 〈핑계〉의 첫 小節조차 꺼내 부를 줄 모른다. 아무래도 나와는 緣이 맞지 않은 노래인 것 같다.

김건모 노래, 〈핑계〉 '지금도 이해할 수 없는 그 얘기로, 넌 핑계를 대고 있어. 내게 그런 핑곌 대지 마…'

鄕愁
(2020. 10. 11)

1990년대 初 會食만 하면 2차로 노래방 行은 꼭 정해진 코스였다. 그 당시 장승처럼 투박하게 생기고 좀 촌스러운 구석도 없지 않은, 시골 출신의 회사 동료가 즐겨 부른 노래 〈鄕愁〉. 〈鄕愁〉는 가사가 어렵고 길며 가락도 쉽지 않다. 그런데도 그는 별로 좋지 않은 머리에 어려운 가사를 잘도 외우고, 어려운 가락을 밀고 당기며 끊어질 듯 이어질 듯 그 노래를 끝까지 불렀다.

트롯도 좋아하지만 〈宋昌植·양희은〉流의 스타일도 못지않게 즐긴다. 〈鄭芝溶〉의 詩(노래)는 참신성을 넘어, 한국詩 敍情性의 새로운 지평을 열고 표준 나침반이 된다. 고교 국어 시간에 잠깐 들어본 듯한, 월북 (?) 詩人 정도의 개념이 있을 뿐이었다. 〈芝溶〉의 詩는 뭇 詩人이 감히 犯接할 수 없는 獨步的인 敍情性을 갖고 있다.

고향 충북 옥천과 그곳에 사는 아버지·어머니·아내·누이에 대한 애틋하면서도 가슴 저미는 '鄕愁'를, 저리도 곱고 애절하게 한 폭의 그림처럼 노래(詩)로 담아낸다. '그곳이 차마 꿈엔들 잊힐리야'라고, 노래는 〈박인수〉가 悠長하고 莊嚴하게, 曲은 〈김희갑〉, 가히 한국의 대표 선수들이다. 고향과 어머니·아버지에 대한 '鄕愁'는 한국의 모든 이의 영원한 主題曲이다.

〈鄕愁〉를 내 노래로 만들고자 무진 애를 썼다. 하지만 아직도 노래방의 가사 책이나, 화면의 가사 없이는 안 된다. '지금 노래는 안 부르고, 가사를 읽고 자빠졌다'라는 핀잔을 듣기 일쑤였다. 이제는 무르익어 가는 가을, 따사로운 가을 햇살을 등에 지고 콧노래로 읊조리는 것으로 만족한다.

鄭芝溶 詩, 김희갑 曲, 박인수·이동원 노래, 〈鄕愁〉

넓은 벌 동쪽 끝으로 옛이야기 지줄대는 실개천이 휘돌아나가고, 얼룩빼기 황소가 해설피 금빛 게으른 울음을 우는 곳, 그곳이 차마 꿈엔들 잊힐리야 우.

질화로에 재가 식어지면 빈 밭에 밤바람 소리 말을 달리고, 엷은 졸음에 겨운 늙으신 아버지가 짚베개를 돋아 고이 쉬는 곳, 그곳이 차마 꿈엔들 잊힐 리야.

흙에서 자란 내 마음 파란 하늘빛이 그리워, 함부로 쏜 화살을 찾으러 풀섶 이슬에 함추름 휘적시던 곳, 그곳이 차마 꿈엔들 잊힐 리야.

전설 바다에 춤추는 밤물결 같은 검은 귀밑머리 날리는 어린 누이와, 아무렇지도 않고 예쁠 것도 없는 사철 발 벗은 아내가, 따가운 햇살을 등에 지고 이삭 줍던 곳, 그곳이 차마 꿈엔들 잊힐 리야.

하늘에는 성근 별, 알 수도 없는 모래성으로 발을 옮기고, 서리까마귀 우지짖고 지나가는 초라한 지붕,

흐릿한 불빛에 둘러앉아 도란도란거리는 곳, 그곳이 차마 꿈엔들, 꿈엔들, 꿈엔들, 꿈엔들 잊힐 리야.

봄날은 간다
(2021. 3. 7)

봄이 다가오는 소리가 '쓰나미(海溢)'처럼 밀려오고 있는 이때, 뜬금없이 〈봄날은 간다〉는 노래를 하다니 다소 생뚱맞다. 하지만 이 노래를 잘 들어 보면 〈白雪姬〉는 봄의 한가운데에서, 봄을 즐기며 그 기쁨과 슬픔을 함께 노래하고 있다. 〈전영록〉의 어머니로도 잘 알려진 〈雪姬〉가, 1953년에 발표한 曲이다.

아득하게 이름을 들어본 듯한 '유니버설 레코드社'의 첫번째 작품이라고 한다. 〈장사익·이선희·조용필〉 등 이름만 들어도 짜릿짜릿하고, 한국에서 한가락 한다는 綺羅星 같은 歌手가, 앞다투어 리메이크하여 부른다는 노래다. 그녀의 唱法도 좋지만, 더 좋은 것은 〈孫露源〉이 지은 노랫말이다. 6·25 직후의 民草들의 정신적 피폐를 보듬어 주는 '敍情詩'라고 한다.

6·25 때 '너무 환해서, 더욱 슬픈 봄날의 逆說'이, 전쟁에 시달린 사람의 恨맺힌 內面의 風景을 보여 준다고 한다. 하지만 노래 해설이 뭔가 부족하다는 느낌이다. 어느 날 '자기의 간절한 바람이나 타인과의 약속이 잘 이루어지지 않아, 속절없이 흐르는 세월이 답답하고 원망스럽기

만한 심정'을 표현한 것으로 들린다.

좁고 구불구불한 고샅길·골목길·논두렁길·산길로 이어지는 성황당 길, 도로를 새롭고 크게 만든 新作路길, 아직 타보지는 못했지만 버스나 기차가 없던 시절, 新作路 길 위로 부잣집 결혼식 같은 행사용 택시 역할을 한 '驛馬車', 이름만 들어도 대번에 머릿속에 그림이 그려진다.

'연분홍 치마가 진달래꽃처럼, 봄바람에 휘날리더라. 새파란 꽃잎이 꽃편지처럼, 물에 떠서 흘러가더라.'
이처럼 대번에 보는 이의 가슴을 쌈빡하게 사로잡고, 듣는 이의 마음을 싱숭생숭하게 만드는 노래가 있을까.

白雪姬 노래·孫露源 작사·朴是春 작곡, 〈봄날은 간다〉
연분홍 치마가 봄 바람에 휘날리더라. 오늘도 옷고름 씹어 가며, 산제비 넘나드는 성황당 길에. 꽃이 피면 같이 웃고, 꽃이 지면 같이 울던, 알뜰한 그 맹서에 봄날은 간다.

새파란 꽃잎이 물에 떠서 흘러가더라. 오늘도 꽃편지 내던지며, 청노새 딸랑대는 驛馬車 길에. 별이 뜨면 서로 웃고, 별이 지면 서로 울던, 실없는 그 기약에 봄날은 간다.

KBS 가요무대
(2021. 5. 4)

매주 月요일 밤 KBS 9시 뉴스가 끝난 뒤 방영하는 〈KBS 가요무대〉가 1,700회 생일을 맞는다고 한다. 1985년부터니까 36년간을 줄곧 TV로 방영한 것이다. 그 이전에도 라디오(유선 방송)로 〈李美子〉의 노래를 위시하여, 당시의 최신 유행가를 방송한 것까지 합하면 그 年條는 훨씬 깊을 것이다.

1700회 특집 '3040 ('30 ~'40년대) 스페셜'로 제작했다고 한다. 〈황성옛터〉를 시작으로 잊혀질 만하면서도 첫 小節의 曲만 나오면, 금방 따라 부를 수 있을 만큼 친근한 노래가 줄줄이 이어진다.

특히 〈황성옛터〉는 1920년대의 노래 부르는 스타일이어서, 오늘날과는 달라 다소 부자연스러운 느낌이 없지 않다. 마침 〈KBS 珍品名品〉에 가끔 출연하는 국악인 〈박애리〉가 구수하고 구성지며 애달픈 목소리로, 리메이크한 덕에 〈 황성옛터〉 본디의 맛이 오롯이 되살아난다.

'아, 가엾다. 이~ 내 몸은 그 무엇 찾~으려…'라는 대목에서, 선배들의 눈시울을 적시기에 충분한 歌唱力이다.

언제부터인가 〈미스·미스터 트롯〉이라 하여 歌唱力 좋고, 마스크 훌륭한 신인 가수 중심으로 트로트 열풍을 불러 왔다. 열풍이라기보다 본디 가져야 할 트롯의 제자리를 회복한 것이라 하겠다.

그 프로는 송가인·임영웅 등 騎羅星 같은 가수를 배출하는 등 대단한 역할을 했으며, 지금도 진행 中이다.

하지만 아무리 인기가 높은 트롯이라 할지라도, '30~40'의 不朽의 名曲을 감히 넘볼 수나 있는 일인가. 더욱이 고령화되어 가는 시대에 늘어나는 70~80대 노년 세대의 가슴을 사로잡고, 그들을 TV 앞에 꼼짝 못 하게 묶어둘 수는 없는 노 릇이다.

우리 세대는 '30~40노래'를 제대로 부르지는 못하고, 선배들이 부르는 노래를 열심히 듣고 가끔 따라 부르기도 했다. 그 노래를 들으며 우리 선조와 역사에 깊은 아픔과 슬픔을 느낀다. 亡國의 설움은 물론이고, 허리 한번 제대로 못 펴보고 손발이 다 터지도록 피땀을 흘리시는 어머니의 모습등이 저절로 떠오른다.

온 국민을 울음 바다로 몰고갈 수 있는 '30~40노래'가 있는가 하면 '50~60 노래'가 있고, 이어지는 '70~80 노래'도 당연히 있는 것이다. 역사 교과서가 따로 없다. 이런 歌謠가 우리의 역사를 자연스럽게 노래하고 있다.

붉은 찔레꽃
(2021. 5. 13)

‘붉은 찔레꽃’은 별로 본 적이 없는데, ‘붉은 찔레꽃’ 노래 가사가 있다.

‘찔레꽃’ 하면 ’하얀 찔레꽃’인데. ‘찔레꽃’에 대한 추억은 꽃이 아름답거나 향기가 좋다는 것보다, 갓 돋아난 달콤하고 연한 줄기를 꺾어 먹는 것이다.

野地에 내버려져 돌보지 않아도 제 스스로 잘만 자라고, 오히려 가시가 너무 억세서 밭농사에 훼방만 놓고, 지나가는 行人의 바짓가랑이나 붙들고 늘어지는 ‘찔레꽃’.

낫으로 베어내 저만큼 치우고 치워도, ‘찔레꽃의 나무 줄기’는 여전히 억센 가시와 함께 걸려 다시 다가온다. 태워 없앨 때까지 농사꾼과 行人을 괴롭힌다.

이런 ‘찔레꽃’에 아련한 鄕愁를 느끼는 것은 웬일인가. ‘찔레꽃 가시’에 찔린 기억이 너무나 따끔하고 아파서 그것이 鄕愁가 되어 오래 기억되는 것인가.

〈장사익·이연실〉 등 내로라하는 가수가 다른 노래이면서, 같은 이름의 노래 〈찔레꽃〉을 부른다. 그 가수의 노래가 너무나 애틋해 鄕愁를 자극하는 것인가. 억센 '찔레꽃'은 '동백꽃'과 함께 남쪽 마을의 鄕愁 자극제다.

◇붉은 찔레꽃 / 사진 : 李濟興

碑木과 비목나무
(2021. 6. 6)

〈KBS 가요무대〉 6月의 노래 시그널 뮤직으로, 〈碑木〉이 나온다. 6月 호국의 달과 현충일에 잘 어울리는 〈한명희〉의 詩다. 군대 시절 즐겨 듣던 노래인데, 따라 부르기에는 가사가 너무 어려웠다. 지금 들어도 곡조와 가사가 가슴에 와 닿는다.

석양에 지는 해나 바라보다가 달빛 밝은 깊은 계곡으로 들어가, 추억을 새겨 보는 70줄 老兵의 모습이다. 사실, 노래 〈碑木〉과 '비목나무'는 관계가 없다. '비목나무'가 실제로 戰死한 戰友의 '碑(십자가 팻말)'로 쓰였는지도 알 수 없다.

그럼에도 불구하고 현충일만 되면, 노래 〈碑木〉이 생각나고 바로 '비목나무'가 떠오른다. 이름이 그러하니, 걍 '비목나무'가 碑木으로 사용된 것으로 하자.

군대 시절 동료 사병이 노래 부를 기회만 되면, 언제나 이 노래를 불러 뭇 병사들의 가슴을 마구 울려주던 노래 〈碑木〉. 이 노래 나무인 '비목나무'를 無名勇士의 墓域에 심어드리면 좋겠다.

한명희, 〈碑木〉

硝煙이 쓸고 간 깊은 계곡 깊은 계곡 양지녘에 비바람 긴 세월로 이름 모를 이름 모를 碑木이여. 머어언 고향 초동 친구 두고 온 하늘가 그리워 마디마디 이끼 되어 맺혔네.

궁노루 산울림 달빛 타고 달빛 타고 흐르는 밤 홀로 선 적막감에 울어 지친 울어 지친 碑木이여. 그 옛날 천진스런 추억은 애달파 서러움 알알이 돌이 되어 쌓였네.

*硝煙 : 화약 연기, 궁노루 : 사향노루.

◇華川 碑木공원, 無名勇士 墓域(위), ◇비목나무(아래)

피마자·아주까리
(2021. 9. 21)

'피마자'가 '아주까리'라고 한다. 붉은 피마자 줄기, 어른의 손바닥보다 훨씬 넓은 피마자 잎, 피마자 열매를 감싸고 있는 붉은 가시 같기도 하고 꽃 같기도 한 피마자 봉오리가 있다.

피마자 나무와 파란 가을 하늘이 참 잘 어울린다. 어릴 적 마을에서 많이 본 나무라 대번에 鄕愁를 자극한다. 피마자는 기름으로 짜 어머니 머리 기름 또는 호롱불 기름으로 쓰는 것을 본 기억이 있다.

그 外에는 이렇다 할 효용이 없는 것으로 알고 있다. '土卵'과 같이 버려진 땅이나 밭 귀퉁이에 씨만 뿌려 두면 제가 알아서 잘도 자란다. 가로변 화초나 아파트 정원 화초로도 손색이 없어 보인다.

'아주까리' 하면 얼른 하춘화의 '아주까리·동백꽃'이 떠오른다. 노래 제목은 〈아리랑 목동〉이지만 이 가사가 먼저 튀어나온다.
'아주까리'와 동백꽃은 서로 닮지 않았고, 아무런 관련이 없는 나무인데 왜 늘 붙어 다니는가? 두 나무 공히 기름으로 짜서 사용한 까닭인가?

하춘화 노래, 〈아리랑 목동〉

꽃가지 꺾어 들고 소 멕이는 아가씨야.
아주까리 동백꽃이 제아무리 고와도,
몽매간에 생각 삿자 내 사랑만 하오리까.
아리아리 동동 쓰리쓰리 동동,
아리랑 콧노래를 들려나 주소.

◇ 아주까리/ 사진 : 徐貴宗

■나무, 풀

탱자나무·가시나무
(2020. 4. 24)

'탱자나무'를 둘러 심은 산울타리 집에서 나고 자랐다. '가시나무'의 대표자는 '탱자나무'다. '탱자나무'에는 아무짝에도 쓰잘데없는 작은 귤 같이 생긴 누런 탱자 열매가 열린다.

탱자 열매의 주위에는 언제나 험상궂은 탱자 가시가 지키고 있다. 쌀가마니나 꿰매는 돗바늘 같은 무시무시한 가시가 있다.

'탱자나무'는 그 가시를 무기로 농가의 산울타리 노릇을 야무지게 해준다. 또 어찌나 생장력이 좋은지 1년에 한 번은 剪枝(折枝) 작업을 꼭 해 주어야 한다.

剪枝하기는 위험하고 힘들지만, 말려두면 땔감으로는 최고다. '탱자나무 가시' 사이로 개·고양이·돼지 등 덩치가 큰 가축은 접근하기 어렵지만, 참새 같은 작은 새에게는 자유롭게 통과할 수 있는 터널 같은 곳이다.

작은 새가 '가시나무'를 통과하다가 실수로 가시에 찔려 죽었다는 소리를 아직 듣지 못했을 뿐더러, 오히려 가시가 보호막이 되어 작은 새의 훌륭한 안식처 기능을 한다.

내 안에 가시 같은 내가 없으면 '나'라고 할 것이 없다. 내 안에는 가시가 있지만, 향기로운 꽃과 달콤한 꿀도 있다. 가시는 가시대로, 꽃과 꿀은 자기대로의 역할을 하면 되는 것이다.

하지만 '내 속에 내가 너무나 많아, 가시나무 새처럼 가시에 찔리고 외롭고 슬프고 당신이 쉴 곳조차 없겠구나.' 하면서 상대방을 배려해주는 마음이 돋보인다.

※李仁宰 추천
원곡 : 〈詩人과 村長〉, 노래 : 조성모·장한이, 〈가시나무〉

내 속에 내가 너무나 많아 당신이 쉴 곳 없네. 내 속에 헛된 바램으로 당신이 편할 곳 없네.

내 속에 내가 어쩔 수 없는 어둠 당신의 쉴 자리를 뺏고. 내 속에 내가 이길 수 없는 슬픔 무성한 가시나무 숲 같네.

바람이 불면 그 메마른 가지 서로 부대끼고 울어 대고. 쉴 곳을 찾아 지쳐 날아온 어린 새도 가시에 찔려 날아가고.

바람만 불면 외롭고 또 괴로워 슬픈 노래를 부르는 날이 많았는데. 내 속에 내가 너무나 많아 당신은 쉴 곳 없네.

아카시아꽃
(2020. 5. 15)

지나는 길에 문득 '아카시아꽃'을 만났다. 진즉 피었는지 이미 싱싱함을 잃고 이제 끝물인 것 같다. 저 모습에서 '향긋한 꽃 냄새가 실바람 타고 솔솔…' 같은 동요가 절로 나올 것 같지는 않다. 한창 때가 그리 오래되지 않을 텐데 그때 꽃을 봐주지 못해 미안하다.

요즘 野山·휴양림에서 野生花 사진을 찍고, 꽃 이름을 배우는 공부가 상당히 인기다. 많은 野生花나 名所 안내판이 나오지만, '아카시아꽃'을 배경으로 한 사진을 본 적이 드물다. 새롭고 珍貴하며 더 품위 있어 보이는 것만 찾다 보니, '아카시아꽃'은 늘 뒷전이다.

또한 중국산에 밀렸는지, 꿀 소비가 줄었는지, 꿀 채집의 최대 시즌인 '아카시아꽃' 필 무렵이 양봉업자에게도 그다지 신바람이 나는 것 같지 않아 보인다. 하지만 세상 사람의 人心은 늘 변하는 법, 어릴 적의 '아카시아꽃'에 관한 추억이 없는 이가 있을까?

'아카시아꽃'을 激하게 좋아하지는 않아도, 5月에 피는 친근하고 소박하며 향기가 진한 그 꽃을 싫어할 수는 없다. 정원이나 가로수에도 아카시나무를 찾을 수 없다. 野山에 워낙 많아서인가. '樹種 改良'이라는 美名下에 마구잡이로 자르고 함부로 파헤친다. 뿌리가 억세 토양을 薄하게 하고 다른 나무에 악영향을 준다던가, 뿌리가 깊게 박히지 않아 강풍에 뿌리째 뽑혀 轉倒된다는 이유로, 이렇게 함부로 斷罪하여 아카시아를 박멸시켜도 되는 일인가?

아카시나무를 다른 樹木처럼 정성껏 가꾸어 본 적은 있는가? 逆機能이 있는 부분을 개량하고, 順機能이 많은 우리의 樹木으로 받아들이려는 노력을 조금이라도 해 본 적은 있는가?

'아카시아꽃'을 모든 꽃의 으뜸이라고 말할 수는 없어도, 고유한 꽃과 잎의 모양, 꽃의 향기면에서 어느 꽃에도 뒤지지 않는다. 곱고 아담하게 다듬어진 樹形에 탐스럽게 피어 있는 '아카시아꽃'이 머릿속에 그려진다. 잘 가꿔주지도 않고 봐주지도 않은 '아카시아꽃'과 아카시나무가 안타깝고 미안하다.

무궁화 1
(2020. 7. 6)

담장 너머에 '무궁화'가 피어 있다. 벌써 '무궁화'가 피는 계절이 되었나 보다. 요즘 보는 '무궁화'는 예전 같지 않다. 이름이 '槿花'여서 그런지 세태를 타고, 그 榮華가 뒷방 신세다.

6~70년대 朴대통령 시절, 관공서나 공원 등에 필수 식재 품목으로 요란했던 '무궁화'가 아닌가? 이제는 조용히 동산 귀퉁이를 지키고 있다.

'무궁화'가 공식적으로 우리나라 國花라고 규정한 바는 없으나, '무궁화 삼천리 화려강산…'이라는 애국가의 한 小節 자체가, 우리나라의 꽃이라고 웅변으로 말하고 있다.

반면에 '눈에 피나무'라 하여 '무궁화나무'를 많이 보면 눈에서 피가 난다고도 했다. 일본 사람들이 조선의 꽃을 경계하기 위해 의도적으로 퍼뜨렸다는 말도 있었다.

어릴 적에 본 '무궁화나무'는 진딧물이 촘촘히 붙어 있어, 나무 전체가 온통 진딧물 천지였다. 그야말로 '진딧물나무'라 할만 했다. 요즘은 樹木 소독을 잘하여 진딧물이 덕지덕지 붙어 있는 '무궁화나무'를 볼 수 없다.

또한 '무궁화'를 많이 보아 눈에 피가 난다는 이야기도 듣지 못한다. 벚꽃(사쿠라)과 菊花는 일본의 꽃, '무궁화'는 한국의 꽃, 이런 이분법적인 이야기를 듣고 살아왔고 실제로 그런 줄 알았다.

봄이 시작될 때 온 세상을 형광등처럼 밝혀 주는 벚꽃, 깊어가는 가을날 내 누님 같이 생긴 菊花가 어찌 일본만의 꽃이란 말인가? 한여름 쉬지 않고 밝은 미소와 꿈을 주는 '무궁화꽃'을 어찌 한국만의 꽃이라고 할 수 있는가.

이는 일본만의 꽃도, 한국만의 꽃도 아니다. 인류 모두의 꽃인 것이다. 단정하고 우아한 '무궁화꽃', 다른 꽃에 비해 다소 가리고 밀린다고 해서 그 독보적인 아름다움이 훼손되는 것은 아니다.

이름이 '槿花'라고 조금도 주눅들 일이 아니다. 또한 이름을 '無窮花'에서 '有窮花'로 改名할 이유도 전혀 없다. 수많은 花草와 자연의 일부로 이때를 살면서, 정원을 꾸며주는 등 자기의 고유한 기능을 수행하고 있을 뿐인 것이다.

배롱나무꽃
(2020. 7. 23)

장맛비 사이로 피어 있는 붉은빛 '배롱나무꽃', 검붉은 불길을 잡아주기나 하듯 장맛비가 주룩주룩 내린다. 街路에는 이 나무 저 나무, 이 꽃 저 꽃, 워낙 내로라하는 秀麗한 가로수가 많아, 웬만한 자랑거리가 아니면 행인들의 눈길을 끌기가 어렵다.

어릴 적 여름방학 동안 맨날 동네 아이들과 오르던 뒤낭같에, 오래되고 낡은 祠堂 앞의 양쪽에 '배롱나무' 두어 그루가 있었다. 樹齡이 오래되어 그런지 원래 樹種이 그런지, 옆으로 휘어지고 힘이 없어 금방이라도 자빠질 것같이 등이 굽은 곱사등 모양새였다.

'배롱나무' 가지는 벗겨져 닳고 닳아 나무를 잘 타는 원숭이라도, 미끄러질 정도로 반들반들하다 하여 '원숭이 미끄럼나무(사루 스베리)', 또는 작은 접촉에도 금방 반응한다고 '간지밥나무'라고도 했다.

쭉쭉 뻗은 나무는 쳐다보기만 하지만, 옆으로 휘어지고 금방 자빠질 것 같은 나무는 아이들이 붙잡고 놀기에 좋다. 새끼줄을 매달아 그네도 타고 턱걸이도 하는가 하면, 實한 가지에는 원숭이처럼 기어오르기도 했다.

秋夕까지 쉬지 않고 피고 지면서 볏대가 올라오는 것부터 시작하여 벼꽃이 피고 벼가 익을 때까지, '배롱나무'는 벼농사와 늘 日程을 같이 한다. '배롱나무 꽃'이 다 지는 날에는 벼 수확이 임박함을 알려 준다.

100日 동안 꽃이 피어 있다고 '百日紅'이라고도 한다. 南山 아래 '장충단공원'에 많이 植栽되어 있다. 햇볕이 사정없이 내리쬐는 여름날에 피는, 너무나 붉어 검붉게 된 그 꽃을 장맛비 내리는 날 만났다.

그 꽃이 하나둘 뚝뚝 떨어져 가는 날, 벼는 또박또박 익어갈 것이다. '배롱나무'가 얼마 남지 않은 금년을, 벼처럼 또박또박 결실을 거두라고 당부하는 것만 같다.

아카시아꽃·이팝나무꽃
(2021. 4. 29)

도로변에 흰 쌀밥을 고봉으로 담아 놓은 듯, 하얀 눈을 됫박으로 뒤집어쓰듯 꽃 피어 있는 '이팝나무', 눈을 조금만 돌리면 그리 높지 않은 야트막한 野山에 탐스럽게 늘어뜨려 핀 '아카시아꽃'도 있다.

언제부터인가 각 地自體가 너 나 할 것 없이 경쟁적으로 '이팝나무'를 가로수로 식재하는 바람이 불어, 이제는 '이팝나무' 없는 도로가 없을 정도다.

아카시나무는 우리가 태어나기 前부터 우물가·울타리·밭 귀퉁이·뒤낭같 할 것 없이 없는 곳이 없을 정도로 흔하다. 너무 흔해 貴한 줄 모르고 오히려 천대하고, 또 가시가 있어 위험하다고 닥치는 대로 낫으로 베어 내는 일이 너무나 당연시되는 나무다.

반면에 '향긋한 꽃 냄새가 실바람 타고 솔솔…'이라는 동요가 말해주듯 추억거리도 많은 나무다. '아카시아꽃'과 관련된 추억이 없는 이가 있을까?

아카시나무는 땅을 薄하게 하고, 이웃 나무에 악영향을 끼치고, 뿌리가 깊게 박히지 않아 태풍 등으로 뿌리째 뽑혀 轉倒 위험이 있다는 등의 이유로 撲滅 대상이 되었다.

아무도 돌보지 않고 오히려 제거하려고 해도, 아카시나무는 아직 山野를 꿋꿋이 지키고 있다. 단정하게 剪定되고 키도 알맞게 작은 개량된 아카시나무를 보았다.

처음에는 수입 외래종인 줄 알았다. '이팝나무'같이 모두에게 사랑받는 아카시나무가 되기를 바란다. 하지만 흰쌀밥 같은 '이팝나무꽃'도 탐스럽고 향기로운 '아카시아꽃'도 머지않아 어느 순간 사라져 버릴 것이다.

지금이 '아카시아꽃·이팝나무꽃'의 絶頂이다. 이때를 놓쳐서는 안 된다. 무조건 그들을 맞으러 가야 한다. 그러고 보니 母校 뒷동산이 온통 아카시나무 숲이었다. 교실 창문으로 '아카시아꽃' 향기가 솔솔 흘러 들어왔다.

오래된 野山일수록 그곳에는 언제나 아카시나무가 있다. 그 숲속에는 아카시아 꿀을 따는 '孫興民' 같은 養蜂業者가 있는가 하면, '아카시아 클럽'이라는 서클도 있었다는 이야기도 들었다.

칠엽수·마로니에
(2021. 5. 15)

가로수로는 '칠엽수'가 참 품위 있어 보인다. 氣品 있는 분들이 사는 '뒤낭갈(뒷산)'에도 심음직한 나무다. 이제 가로수도 '벚나무·이팝나무·플라타나 스·은행나무·느티나무' 등 一邊倒에서, 樹種을 '칠엽수·백당나무' 등으로 다양화하면 좋겠다.

[白福洙] 뒷산에 있는 氣品 있고 멋진 '칠엽수', '마로니에'로 더 알려져 있다. 동숭동 옛 서울大 자리에 이 나무를 심고, '마로니에 공원'이라 했다. 노랫말로도 유명하다.

[李濟興] 서초동 서울중앙지법 정문 앞 가로수는 '마로니에'다. 열매가 알밤과 흡사하여 밤으로 착각한다. 열매는 '치질·자궁 출혈·소염제' 등으로 쓰인다. 일본에서는 도토리처럼 여러 번 물에 우려내어, 과자의 원료로 쓴다고 한다.

◇서울중앙지법 정문 앞 마로니에/ 사진 : 李濟興

쥐똥나무
(2021. 5. 26)

길을 가다가 문득 고개 위로 보이는 나무가 있다. 학교 울타리에 많이 심어져 있는 나무, '쥐똥나무'다.

열매가 쥐의 똥처럼 꺼멓고, 작은 알갱이 같이 생겼다고 '쥐똥나무'라고 한다.

[金南曉 글·사진] 성남 골프장 안을 산책하다가, 짙은 香氣에 발길을 멈춘다. 이름은 별로인데, 香氣가 끝내준다.

◇香氣 좋은 쥐똥나무

梅實이 익어 간다
(2021. 5. 27)

'梅實'이 빨리 익기를 재촉이나 하듯, 봄비가 끈질기게도 추적추적 내린다. '光陽 홍쌍리 梅實'은 종종걸음으로 익어, 벌써 출하한다고 한다. 모든 농사가 前보다 조금씩 빨라진 것 같다.

엊그제 경부선에서 보니 논이란 논은 거의 모내기가 끝나 있었다. 前에는 논보리를 수확하고 나서, 모내기를 하는 논이 많아 모내기가 늦었다.
서울의 '梅實'이 半쯤 익은 것을 나만 모르고 있는 것 같다. 어릴 적에는 '우메보시'가 무엇인지 몰랐고, 또한 지금처럼 그렇게 '梅實'은 찾은 기억도 없다.

■金光暎
水原 근린공원에 노인장들이 지난 週부터 '梅實'을 따느라 바쁘다. '梅實'은 과육이 안 익었을 때 따야, 열매의 속껍질이 단단하고 술을 담든 효소를 담든, 맛이 좋고 영양 滿点이다.

일본인들은 매실을 살구처럼 누렇게 익을 때 따서, 소금에 절인 엄청 짠 장아찌, 소위 '우메보시'를 만들어 먹는다. '오이시이데쓰네.'를 연발한다. 나는 '졸라 짜다데쓰네.'다. 1980년대 初 某 대기업 근무 時, '히다치社' 직원이 가 지고 온 '우메보시'가 뭔지 몰라, 일본어 설명서를 찾아보기도 했다.

山닥나무
(2021. 7. 12)

◇山닥나무의 여린 꽃

줄기의 껍질을 벗겨 삼베를 짜는 삼나무 (대마초의 원료이기도 하다.)와 비슷한 '닥나무'가 있다. '山닥나무'는 아마 山에서 自生하는 '닥나무'라고 해서 붙인 이름인가 싶다. '닥나무' 줄기의 껍질을 벗겨, '팽이채'로 쓰기도 했다. '딱나무'로 발음했다.

동네 인근에 '닥밭 마을 (羅州 金川面 석전리)'이 있다. 닭을 많이 키우는 동네도 아닌데, 닭밭이라니. 이제 와 생각하니 삼베를 짜는 재료인, '닥나무'가 많이 나는 마을이란 뜻으로 '닥밭'인 것 같다.

[趙亮勳 글·사진] '山닥나무'는 경남 南海의 암자에 자생하는 식물로, 최근 高興邑에서도 自生하는 것으로 밝혀졌다. 山닥나무의 뿌리를 얻어 집 마당에 심어 보니, 이런 여린 꽃이 피었다.

무궁화 2
(2021. 7. 19)

◇환경부 지정 멸종 위기종 2급 무궁화, 濟州 성산읍 식상봉. 함부로 손대면 처벌받는다.

'무궁화'가 우리나라 공식 國花는 아닌 것으로 알고 있다. '무궁화 삼천리 화려강산'의 〈애국가〉에서 보듯, 관습상 대한민국 국민에게 누구나 '무궁화'가 國花인 것이다. 경우에 따라 관습이 실정법보다 우선이다.

'벚꽃(사쿠라)·菊花'도 일본의 공식적인 國花는 아니다. 菊花는 오래前부터 일본 皇室 문양으로 사용되어 왔다. 어릴 적 진딧물이 무궁화 나무 가지에 한 꺼풀 덮듯이 가득 엉겨붙은 모습, 또 '눈에 피나무'라고 하여 가까이하기를 꺼리는 나무이기도 하다.

또 이름이 '무궁화 槿(혜·영)'꽃이라 다소 거리를 두고 싶은 점도 없지 않다. '무궁화'의 입장에서는 얼마나 억울한 일인가.

[金光暎] '무궁화'는 韓半島에 자생한 우리나라의 國花가 맞다. 말레이시아의 國花라는 것은 마하티르 정권 때 공식화한 것이다.

열대성 식물로 우리 '무궁화'와는 한국 人種과 말레이 人種만큼 다르다. 정부 공식 행사의 문양으로 사용되고, 애국가 첫머리에도 나오는

데 공식적으로 지정된 적이 없다? 성문법보다 우선이 관습법이고 不文法이다. 근세 조선 왕실의 상징은 오얏꽃(배꽃)이나, 대한제국으로 입헌군주제 틀을 갖출 무렵 전국적으로 民家에서 사랑받는 '무궁화'가 우리나라의 상징으로 자리잡게 된다.

白衣民族을 상징하는 흰색이나 부부 금슬을 뜻하는 연분홍색을 바탕으로 한다. 변함없는 충절이나 열정의 상징인 빨간색이 심장처럼 자리잡는 모양새라 아열대나 중동 지역의 품종과는 다르다. 백성이 탐관오리 수탈만 없으면 번창하듯, '무궁화'는 진딧물만 퇴치해 주면 아름답고 청초한 꽃을 무궁무진하게 피운다.

조선 후반기부터 자연스럽게 양반·平民 등 모두의 사랑을 받았다. 양반들은 정원에 '무궁화'를 심고 '부용당'이라 부르고, 平民들은 울타리 겸으로 심었으며 가끔 잿물을 뿌려 진딧물을 잡아 주면서 봄부터 가을까지 꽃구경을 했다.

이러한 '무궁화'가 白衣民族의 마음을 한데 모으는 것을 두려워한 일본이 '무궁화'를 가까이하면 '눈에 피(악성 결막염)'에 걸린다는 가짜 뉴스를 小學校를 중심으로 퍼뜨린다.

천황 폐하라고 외쳐대던 先代의 지식인과 국민학교 선생이 그런 인식을 암암리에 퍼뜨린 것이다. 현재는 진딧물에 강한 외래 유사종에 밀려나고 있다. 韓半島에서 '무궁화'가 거의 멸종하고 겨우 남해안과 도서 지역, 山中 마을에만 살아남았다.

추억의 풀·사랑부리
(2022. 6. 1)

'사랑부리풀'은 씀바귀(고들빼기)의 일종이다. 씀바귀는 맛이 쓰다고 붙인 이름이 아닐까 한다. 남부 지방에서는 '싸랑부리' 또는 '싸랑불휘(희)'라고도 불렀다.

잎이나 줄기를 꺾으면 하얀 진액이 나온다. 잎 가장자리에 가시가 없고 미끈하다. 그 쓴 것을 토끼가 무척 좋아한다고 해서 '토끼풀'이라고도 했다.

논두렁이나 길가 등 햇볕이 잘 드는 곳은 어디서나 至賤으로 자라 그냥 雜草로 여겼다. 예전에 애기 젖 뗄 때 사용했다. 藥草로도 쓴다고 한다.

◇추억의 풀, 사랑부리 / 사진 : 李啓杓

◇경남 산청 무릉교 아래 九節草 밭
/ 사진 : 宋河娟

九節草
(2022. 10. 23)

그 시절 길가·논두렁·밭두렁에 至賤으로 피어 있는 꽃이 그냥 잡초인 줄 알았다.

이제 와 보니 그것이 '九節草'다. '쑥부쟁이'라고도 하는데, 구별하기가 쉽지 않다. 지나가는 行人에게 아이처럼 미소 짓는가 하면, 때로는 바짓가랑이를 붙들기도 한다.

'방죽굴'의 논두렁·밭두렁의 양지바른 데 뿐 아니라, 서울의 野山·가로수 옆·길섶·온 동네에 안 보이는 곳이 없다. 초겨울까지 항상 가까이 있는, '九節草'와 함께 올 늦가을을 보낸다.

■박경섭
해마다 이맘때면 밭두렁의 양지 쪽 群落地에서, 하얗게 핀 '九節草' 무리가 제철인 듯 뽐낸다. 아이의 미소를 닮은 모습으로 하늘거린다.

환하게 핀 그 꽃의 모습에서 고향의 모습이 보인다. 가만히 눈을 감으니 더욱 선명히 그려진다. 그때가 어느새 半世紀 前이라니.

土卵
(2020. 6. 8)

아파트의 대형 화분과 공터에 심은 '土卵'이 드디어 손바닥만 한 얼굴을 드러냈다. 나이든 棟 대표의 제안으로, 이름만 그럴싸한 예전의 '이탈리아 봉선화' 대신에 入植한 것이다.

금년 것은 작년의 뿌리를 겨우내 잘 보관하여 자연 발아한 것이다. 며칠 前 '죽순 촉'과 같은 새싹의 모습이 막 보이는가 했더니, 마침내 갓난애기의 손바닥과 같은 잎이 쑥 올라와 있다.

좀 더 예쁜 꽃을 심을 것이지, 하필이면 '土卵'인가라고 말하는 주민도 있다고 한다. '土卵'에 남다른 추억이 있는 것은 아니다. 어린 시절 텃밭의 한켠에는 늘 풍성한 土卵 숲이 있었다.

그때는 그냥 으레 텃밭에 있는 그다지 쓸모없는 식물로만 여겼고, 별로 눈길조차 주지 않는 잡초 같은 것으로만 알았다. 그러나 이제 와 생각하니, 어릴 적부터 늘 보아왔으며 '土卵'은 어떤 환경에서도 항상 힘차게 날갯짓하는 풍성한 잎, 더 넓은 세상을 향해 열려 있는 정열적인 이미지가 있는 '故鄕草'인 것이다.

'土卵'의 자랑은 여름 내내 가을까지 두루 널따랗고 풍성한 잎을 볼 수 있다는 것이다. 오직 넓은 잎과 큰 키, 그리고 土卵 잎에는 '뚝뚝 떨어지는 물방울'의 이미지까지 있다. 〈宋基淑〉은 '눈에 가득 괸 눈물이, 土卵잎에 빗방울처럼 볼을 타고 굵게 흘러내린다.'*고 썼다.

土卵꽃은 거의 피지 않고, 피더라도 사람의 눈에 띄지 않는 깊숙한 곳에 숨어서 핀다. '土卵'의 암꽃은 윗부분에, 수꽃은 아랫부분에 핀다는데, 아직 그런 구별을 할 줄 모른다. 올 여름을 풍성한 土卵 잎과 함께 지내고자 한다.

요리 전문가가 '알土卵·土卵대·土卵잎 무침' 등 '土卵 요리'를 소개한다. 土卵대를 넣은 '추어탕 요리'가 빠져 아쉽다.

*'…土卵잎에 빗방울…'은 宋基淑의 소설『녹두장군』에 나오는 구절이다. 한국 근현대사의 교과서, 참여적 지식인의 표상, 리얼리즘 문학의 본령을 오롯이 지켜 온 교수·작가 〈宋基淑〉.

능소화와 패랭이꽃
(2020. 6. 25)

추적추적 내리는 장맛비가 좀 잦아드나 싶어 잔뜩 구름 낀 하늘을 쳐다보니, 문득 담벼락에 한 무더기로 핀 환한 '능소화'가 보인다. 또 아파트 귀퉁이, 도로, 길섶에는, 바짓가랑이를 스치는 '패랭이꽃'이 피어 있다.

흰색·연분홍색·붉은색 꽃이 섞여 있다. 가느다란 줄기로는 제 꽃 무게가 버거운 듯, 가벼운 바람에도 하늘거린다. 오랜 더위에 지쳐 있는 듯하다.

양반집에만 심었다는 귀한 양반꽃 '능소화', 평민집에 이 꽃 좀 심었다고 관아에 끌려가 곤장을 맞았다는 웃지 못할 스토리가 전하여 내려온다. 고즈넉한 시골집 돌담, 도시의 주택가의 벽돌 담장, 공원에서 만날 수 있다.

前보다 따뜻해진 날씨 탓에 남방한계선이 자꾸 위로 올라와, 요즘은 서울에서도 제법 흔한 꽃이 되었다. 고목이나 철조망·담벽을 타고 끝까지 올라가 수양버들처럼 흔들거리는 꽃,

나팔 모양으로 주황색의 강렬한 이미지의 꽃이다. 아침에 피어 저녁에 금방 지고 마는, 짧은 사랑을 얘기하는 나팔꽃보다, 조금은 더 오래 피는 꽃이다.

여름이 깊어 갈수록 주변은 온통 초록빛 천지다. 푸르름도 너무 오래 지속되면 그 단조로움에 신물이 나, 화사한 여름꽃이 그리워질 때 피는 '능소화'를 보면 중국 唐·宋 시대의 화려한 여인이 연상된다.

'패랭이꽃'은 國寶級 피겨스케이팅 선수 〈김연아〉와 쌍벽을 이룬, 일본의 고개 숙인 가냘픈 선수 〈아사다 마오, 淺田眞央〉의 모습이 떠오른다. 해마다 잊지 않고 찾아와 꽃피어 준, 능소화와 패랭이꽃이 고맙기만 하다.

◇담장 위의 능소화/ 사진 : 李啓杓(왼쪽), ◇아파트 귀퉁이 도로변에 핀 패랭이꽃, 더위에 지친 듯하다..

◇土卵꽃/ 사진 : 李濟興

土卵 꽃피다
(2020. 9. 7)

아파트 정원에 심어 놓은 '土卵'에 꽃이 피었다. 거센 바람과 끈질긴 비에도 끄떡없이 자빠지지도 않고 견디어, 널따란 잎 속에 다소곳이 숨어 한 송이의 꽃을 피운 것이다.

土卵꽃·용설란·가시연꽃·소철나무꽃·대나무꽃·소나무꽃, 100년 만에 한 번 핀다는 6가지 꽃 中의 하나라고 한다. '幸運'을 가져다줄 뿐더러, 만병통치약이라고도 한다. 1年草인 '土卵'이 100년 만에, 단 한 번 꽃을 피운다는 것이 이해하기 힘들다.

〈台中〉이 土卵은 암꽃과 수꽃이 핀다고 일러 준다. 암꽃인지 수꽃인지, 실제로 100년 만에 한 번 꽃이 피는지 여부는 상관없다. 土卵꽃이 幸運을 가져다준다고 하지 않는가.

土卵 캐는 날
(2020. 11. 1)

◇土卵 캐는 날 / 사진 : 李濟興

11月 첫날 아침, 올 봄부터 정원을 꾸며 준 '土卵'을 캔다. 10月의 마지막 밤을 아쉬워하는 듯 가을비답게 가랑비만 조금 내려 주는 날, 먼지도 나지 않고 푸석푸석한 땅은 파기도 쉬워 '土卵'을 캐기에 좋은 날이다.

'土卵'은 뿌리가 깊이 박히지 않아 고구마처럼 큰 삽으로 깊숙히 땅을 팔 필요도 없이 작은 부삽으로도 캘 수 있다. 뿌리에 땅콩보다 조금 큰 것으로 3~4개씩 달려 있는 작은 덩어리. 팀장은 '3남매 4남매' 하며 캐고 있다.

그냥 놓아두면 겨울 추위에 얼어 죽는다고 캐내어, 바람이 잘 통하는 구석에 골판지 박스에 넣어 그대로 두면 越冬 준비 끝. 깨끗이 씻어 말릴 필요도 없다.

‘土卵’과 함께 올 봄부터 6개월 이상 더불어 살았다. 재작년 처음으로 良才洞 꽃시장에서 모종을 사다 심은 것을 작년에 뿌리를 저장하였다가 올해 다시 심은 것이다. 금년에는 마침내 온 庭園이 ‘土卵’으로 덮여 그야말로 '土卵가든아파트'가 되었다.

더 예쁜 꽃도 많은데 하필이면 ‘土卵’이냐고 말하는 주민도 있지만, 동네에 나이든 분이 많아 시골스러운 ‘土卵’을 좋아하는 분이 더 많다. ‘土卵’을 庭園에 심자고 아이디어를 준 분께 감사한다.

‘土卵’은 병충해가 없어 농약을 칠 필요가 없고, 가꾼다고 말할 수도 없을만큼 심어만 두면, 제가 알아서 잘자라는 그야말로 수말스런 作物이자 庭園草다.

요리 프로에 가끔 ‘土卵’이 등장한다. ‘土卵’의 효능이 어떻다고도 한다. 자세히 알지 못하지만 오래 前부터 조상들이 食用해 온 것으로 보아 이미 그 효능이 검증된 것이라고 생각한다.

뿌리는 물론이고 기다란 줄기도 말려 '육개장'에 넣어 먹기도 한다. 줄기는 어느 할머니가 원한다고 하여 드렸다. 약간 毒氣가 있어 쌀뜨물에 담가 말려먹는다고 한다.

다른 예쁜 花草가 많지만 이상하게도 예쁠수록 수명이 짧다. ‘土卵’처럼 수수할수록 수명이 길다. 이것이 人間事 世上事인가? 오랫동안 더불어 살아 온 ‘土卵’에게 감사한다. 내년에도 다시 보고 싶다. 올겨울 추위에 잘 견디어 내기 바란다.

감 한 봉지
(2020. 11. 21)

아침에 눈을 떠 보니 '감 한 봉지'가 있다. 아파트 庭園의 '감'을 수확한 모양이다. 법적 老人인 65세 이상 세대주에게 나누어 주자고 하여, 나에게도 차례가 온 것 같다. '감'은 '홍시감(물렁물렁한 연시)'이 아니고 단감 종류여서, 씨알이 그다지 굵지 않아 한 봉지에 얼추 대여섯 개는 넣은 것 같다.

아무리 감이 많이 열렸다 해도 65세 이상 주민이 많을 텐데, 棟 代表라고 더 많이 넣어 준 것 같다. 서울에 와 수십 년간 아파트에 살아왔지만, 團地에 수많은 과일나무가 있어도 한 번도 먹어 보지 못했는데, 오늘에야 비로소 아파트 과일의 맛을 보게 되었다.

까치가 겨우내 입맛 다실 '까치밥'은 좀 남겨 두었는지 모르겠다. 하기야 요즘 까치들은 워낙 먹을 것이 많아, 웬만한 '감'에는 눈길도 주지 않는다고 한다. 늦가을 선물로 귀한 '감 한 봉지'를 주시어 감사드린다.

한편으로는 아침마다 찾아와 우는 까치가 자기 몫의 '감'이 없어졌다고 다시 날아와 주지 않고, 덩달아서 반가운 손님도 찾아오지 않을까 저으기 걱정이 되기도 한다.

庭園에 퇴비 주기
(2021. 3. 13)

아파트 庭園에 '퇴비'를 주는 모습을 본다.
요즘 간혹 잔비가 내려 토양이 약간 축축한데다가,

다음 주에 또 비가 온다니,
땅에 補藥(퇴비) 주기에 아주 적당한 시기인 듯하다.

반복된 업무에다,
코로나로 여러 가지로 몸과 마음이 위축된 상태지만,
메마른 땅에 '퇴비' 를 주듯,
보약 한 劑 지어 드시고 힘내기 바란다.

아파트 棟代表 임기를 마치며
(2021. 11. 12)

금년 末로 우리 아파트 제7기(2년 重任 포함) '棟代表 임기'를 마친다. 짧고도 긴 4년 동안 여러 가지 일을 하다 보니, 어느덧 자리를 내드릴 날이 가까이 왔다.

흔히 말하는 아파트 생활의 삭막함과 이웃 주민과 소통이 없는 고립된 생활에서 조금이나마 탈피하고자, 棟代表를 自願하여 약간의 노력을 해보았지만 별반 나아진 것 같지는 않다. 이런 것들이 아파트 및 동네 주민과의 커뮤니티가 활성화되어야 하는 이유이다.

그동안 동네 주위 환경은 몰라보게 변화했다. 서리풀터널이 개통되고 음침한 교통섬이 바뀌어 어린이도서관이 되었고, 청년희망주택이 들어섰는가 하면, 앞으로 정보사 부지에는 美術館 등 문화예술 시설과 한국의 실리콘밸리가 들어서는 등(예정) 名實共히 서울의 名門 아파트로 거듭나게 된다.

반면에 지은 지 16년이 지나 크고 작은 改·補修 사항이 발생하는 한편, 보다 쾌적하고 살기 좋은 아파트가 되기 위해 새로운 시설 등을 하게 된다. 노후화된 횡 주관 등의 補修는 물론이고, 각종 누수 방지 시설·정문 자동문 설치·어린이놀이터 바닥 교체·樹木 전지 작업·아파트 앞 步道 改修 등 일일이 나열하기 어려울 정도다.

특히 그동안 미루어 왔던 '관리 규약'의 대대적인 개정 작업을 하는가 하면, 아 파트 노후화에 대비하여 '장기수선계획'을 입안·확정한 일은 손에 꼽을 만하다.

이러한 일은 그동안 〈高政相 대표회장·조성우 이사〉 그리고 관리소장 및 관리원분들의 헌신적인 노력에 바탕을 둔다. 다행스럽게도 '次期 棟代表'로 유능하고 매력적인 분들이 選任되었다. '新任 棟代表'들의 파이팅을 기대한다.

◇서초 현대홈타운아파트 휴게장
/ 사진 : 李濟興

紅柿 까치밥
(2021. 12. 30)

아파트 정원의 감나무에
남겨 놓은 紅柿 까치밥.

紅柿가 임자를 만났다.
덩치 큰 까치가
잘도 쪼아먹고 있다.

이 겨울을 나려면
잘 먹어 두어야지.

◇紅柿 까치밥/ 사진 : 李濟興

■코로나

눈이 부시게 푸르는 날은
(2020. 3. 2)

요즘 겨울이 언제 간지도 모르게, 봄기운을 느낀다. 남녘 마을에서는 '너도·나도 바람꽃'이, 아내 몰래 바람을 피우듯 앞다투어 핀다고 한다.

기지개 좀 펴볼까 했더니 뜬금없는 '코로나'다. 온 국민이 '코로나'로 우울·답답해 할 때, 〈宋昌植〉이 〈徐廷柱〉의 詩 노래로, 희망과 용기의 메시지를 전한다.

'눈이 부시게 푸르른 날은
그리운 사람을 그리워하자.

저기 저기 저 가을 꽃자리
초록이 지쳐 단풍 드는데,

눈이 내리면 어이하리야.
봄이 또 오면 어이하리야.

내가 죽고서 네가 산다면
네가 죽고서 내가 산다면,

눈이 부시게 푸르른 날은
그리운 사람을 그리워하자.'

코로나 예비 졸업식
(2020. 3. 30)

'코로나 예비 졸업식'에 참석하고 느지막하게 카톡방에 들어와 보니, 野生花 봄꽃놀이로 와글와글하다. '카톡 매너'에 대한 경고로 '채찍(옐로카드)과 당근(인기賞·콘텐츠賞)'도 있다고 한다.

우리 '카페'에는 〈台中(竹田·바래미) 작가〉의 무려 1,500여 편(사진은 10,000장 정도)에 이르는 작품이 실려 있다. 野生花 등 주변의 온갖 모습을 십수 년간 사진으로 담고, 이를 풀어 소개하고 해설한 작품이다. 놓치지 말고 一見하기를 권한다.

'카톡'에 올린 봄 野生花 사진과, 봄 정취를 가득 담은 珠玉같은 글을 '카페'에도 좀 게재해 주면 좋겠다. 〈福洙〉의 野生花의 天國 가평 화야산, 寶城 오봉산 용추폭포·칼바위, 우리식물연구소 〈亮勳〉의 섬마을 꽃, 〈仁宰〉의 광양제철소 뒤편의 벚꽃길, 〈崔東珍〉의 和順 세량지의 안개 짙은 아침 풍경 등.

작년에는 '너도·나도바람꽃, 변산바람꽃, 만주바람꽃' 등 '바람꽃 시리즈'가 꽤나 인기였다. 이 나이 먹도록 바람다운 바람 한번 제대로 못 피워 본 머스매들이 좋아하는 꽃이다. 바람꽃이 필 때마다 어깨춤이 들썩인다는 친구들, 바람난 이들 보기가 그토록 달콤한 것인가?

'코로나 예비 졸업식' 행사에 다녀오긴 했지만, 언제 本졸업식이 있을지는 기약이 없다. 아무래도 여러 차례 예비 행사를 가져야 할 것 같다.

마스크 해제를 기다리며
(2020. 7. 16)

'코로나' 와 더불어 산 지가 어언 6개월, 낯설고 번거로우며 귀찮기만 하던 '마스크' 매기가 이제는 아주 자연스러운 일상생활이 되었다. 'PC'를 켜는 순간, 제1번으로 손과 눈이 가는 곳은 '코로나 확진자 발생 현황'이다.

국내 지역 발생 확진자의 數가 10명帶로 낮아졌다고 한다. 100명 이하로 가는 것도 어딘데 벌써 10명帶라니, 우리나라의 인구 대비로는. 〈정은경〉 질병관리본부장 등 의료진이 고맙다. 프랑스·독일 등 자존심이 센 나라의 대통령·수상 등으로부터 전화 받기에 바쁜 대통령, 아마 황송 (?)하기도 하고 한편으로는 가슴 뿌듯한 일정일 것이다. 뻔한 전화 내용이겠지만 관련 기사를 꼼꼼히 읽고 있다.

'마스크' 매기의 불편함 말고도 생활을 제약하는 일이 참 많다. 여행 등의 이동 제한, 스포츠·예술 등의 관람 제한, 교회·성당 등의 종교 행사 제한, 국가·지자체가 운영하는 각종 편의 시설의 이용 제한 등.

北風寒雪이 몰아칠 때 따뜻한 봄날을 얼마나 기다렸나. 군대 입대부터 제대에 이르기까지 카렌다를 벗삼아, '개구리服'을 입어 보는 날만 손꼽아 기다리지 않았나. 후져도 좋으니 '개구리服'만 걸치고 사는 세상에 살고 싶었다.

봄날이 그립다. '마스크' 없는 자연스럽고 환한 민낯을 보고 싶다. 고교 시절 사회 과목에서나 들어 봤던 '뉴딜 정책'을 쓴다고도 한다. 또 어느 분은 '그린 뉴딜 정책'을 發題하기도 한다.

'마스크'만큼이나 답답한 경제를 어떻게 하면 살려 낼까 하는 衷心으로 이해한다. 장마가 걷히고 맑은 날이 오듯, 秋夕 前에 이루어지면 좋겠다.

氣勝 부리는 코로나
(2020. 8. 20)

'코로나'가 좀 잦아드는가 했더니 다시 氣勝을 부린다. 여기저기 편의시설이 '셧다운', 집안의 PC 로 株式이나 할까, 마누라가 이미 죽치고 앉아 있다. 갈 데라고는 방콕과 공원뿐이다.

공원은 너무 덥고 담배도 못 피우게 한다. 친구의 사무실이나 찾아갈까, 친구를 불러내 점심이나 할까, 친구를 불러내 저녁에 소주나 한잔 할까, 그것도 더운 날씨에 '녹다운'될 것 같다.

승객이 듬성듬성 쥐 죽은 듯이 앉아 있는 '長項線', 에어콘도 좋아 쾌적하기만 하다. 선로변의 樹木은 '코로나'와 無關하게 더욱 푸르게 살쪄 있다. 가을이 되기 前에 여름 장사 한 몫 제대로 하려 드는 것 같다.

禮唐평야의 '벼 잎' 색깔이 좀 누런 빛으로 돈 것 같다. 아직은 '배롱나무 꽃'이 피어 있을 날이 많이 남아 있다. '배롱나무꽃'이 다 지는 날 '벼'는 튼실한 열매를 맺게 될 것이다.

쾌적한 '長項線'으로 다시 서울에 오는 시간, 내일은 또 무얼 하나 생각하니 참 곤혹스럽기만 하다.

코로나와 戒嚴令
(2020. 8. 27)

'코로나'의 확산세가 좀처럼 잦아들지 않고 있다. 그에 따라 방역 당국에서 강도 높은 對人 접촉 제한 조치를 잇따라 내리고 있다. 7~80년대 '戒嚴令·긴급조치'가 떠오른다. 두런두런 웅성웅성 모이기만 하면, 두리번두리번 前後左右를 살피는 것은 필수 사항이었다.

골든 타임인데도 釜山行 손님조차 듬성듬성한 경부선 무궁화호 열차, 즐겨 가는 곳은 모조리 '셧다운'이다. 있을 곳이라곤 집과 공원뿐, 집은 이미 안주인이 떠억 독차지하고 있다.

멀리 보기에 시원하게만 보이는 공원에도 막상 가보면, 무덥고 벌레만 득실득실 하다. '戒嚴令' 시절에도 人跡이 드문 陽地바른 잔디밭, 길어귀의 '길 茶 房', 막걸리 파는 과부 집.

그곳은 너무나 편하고 따사롭고 자유로웠다. 대화 내용도 쉽다. '戒嚴令'의 發動者만 집중 聲討하면 되기 때문이다. 컥컥거리며 모처럼 찾은 구석에서 마스크를 내리고, 담배라도 한 대 할라치면 주위의 온 시선이 집중된다.

'無法者·야만인'이라고 째려보는 듯하다. '戒嚴令' 시절에는 같은 노예의 심정으로 타인에 대해, 그나마 따뜻한 憐憫의 情을 가졌다. 지금은 사람과의 접촉을 자꾸만 자꾸만 멀리 멀리, 그것만이 살 길이라고 한다.

앞길이 보이지 않는다. 신뢰성 있는 '백신'이 금방 나올 것 같지도 않다. '戒嚴令' 해제를 외치면서 기다리니 언젠가 해제되듯, '코로나'도 그럴 날이 올 수 있는 것인가.

지금으로서는 대책이 없다. 단 하나, 〈서유석〉의 노래나 듣는 일이다. '가는 세월 그 누구가 잡을 수가 있나요.' 세월이 가면 언젠가 '코로나'도 잦아들 날 있겠지.

갈 곳 없는 나그네
(2020. 8. 31)

여기도 셧다운 저기도 셧다운,
집안은 안주인이 떠억….

갈 곳 없는 나그네
어디로 가야 하나.

잔뜩 찌뿌린 하늘에는
구름도 흘러가지 않는다.

구름도 흐르고 달도 움직여야,
나그네도 구름에 달 가듯이
정처없이 떠나건만.

모두가 멈춰 섰다.
갈 곳 없는 나그네 길.

세상은 바뀐다
(2020. 9. 14)

'PC방'이 '집합금지대상'에서 해제된다 하여, 직접 가보니 문이 활짝 열려 있다. 2번째 손님이란다. 한 달餘 만에 다시 찾은 이곳, 알바생은 바뀌었지만 여전히 이무럽다.

정기 회원권도 有效하다. 한 달 前 日常을 회복한 듯하여 기쁘다. 다만 흡연실은 정부 지침上 여전히 폐쇄된 상태다. 다소 회복된 일상에 맞추어 스케줄을 다시 짠다.

오늘 내일의 점심 약속 등 기존 일정은 그대로다. 끈질긴 장마와 거센 태풍에도 언제 그랬냐 싶게, 높맑은 남쪽 하늘과 무르익은 가을 날씨가 다가왔다.

기나긴 장마에 물러터진 고추 말리기에 더없이 좋은 날씨다. 고추 말리는 일은 노친네들이 좋아하는 일이다. 튼실하고, 붉으족족하며, 야무지게 생긴 고추를 만지작만지작하는 재미가 쏠쏠하다.

세월이 가니 닫힌 'PC방'이 열렸다. 무담시 계절도 바뀐다. 그리고 세상도 변한다. 머지않아 더 밝고 아름다운 세상이 열릴 것이다.

自由의 제약

(2020. 9. 17)

'집합금지 행정명령'의 일부 해제로 PC방 등이 영업을 재개했다. 그간 갈 곳 없는 나그네의 신세가 되어 방콕·공원 등을 헤매던 많은 이에게, 그나마 '自由'의 일부 회복인 셈이다.

7~80년대의 '비상계엄·긴급조치' 때도 지금처럼 직접 국민의 일상생활을 다 잡아 놓지는 않았다. 日常이라는 '自由가 직접 제약'을 받을 때 인간이 겪게 되 는 불편함과, '自由'를 바라는 간절한 소망이 무엇인지를 알만하다.

금지 기간이 다소 길어지면서 피로감은 누적됐지만, 반면에 새로운 發想도 떠오르는 법이다. 이 기회를 활용하여 그동안 못 만난 친구를 찾아다니자는, 아이디어 아닌 아이디어를 갖고 보낸 하루하루다.

피차 같은 처지라 사전에 전화를 걸라치면, 기다리기나 했다는 듯 무척 반가워한다. 빗속을 뚫고 뜨거운 햇볕도 아랑곳하지 않고 만나 점심 한 끼 했다.

大路변에서 구두 수선점을 운영하는 친구, 빌딩의 설비·營繕을 담당하는 친구, 중고차를 매매하는 친구, 수산물 시장에서 競賣士로 일하는 친구, 금년 初 서울 외곽에서 자동차 정비 공장을 인수·경영하다가, 코로나의 직격탄을 얻어맞고 신음하는 친구 등.

현장 리포터나 從軍 記者와 같은 심정으로 만났다. 직접 그들의 일터인 현장으로 찾아갔다. 그들의 삶이자, 살아 숨쉬는 生生한 현장의 모습을 보기 위해서다. 이 기회가 아니면 언제 그와 현장에서 만날 수 있을까? 이것은 코로나가 가져다준 貴한 선물이 아닐 수 없다.

세상은 바뀌지만 天地開闢하듯 바뀌지는 않았고 제약된 '自由'는 조만간 회복하겠지만, 예전의 그 모습 그대로 회복되는 것은 아닌 것 같다. 바뀌고 또 원상 회복을 반복하는 세상에서 살아가는 법을 배우고 있다.

백신 1차 접종
(2021. 5. 27)

봄비는 梅實이 익기를 재촉이나 하듯, 끈질기게 추적추적 내린다. 오늘은 우리 나이 또래의 '백신 접종'이 시작되는 날이다.

내일로 동네 병원에 접종이 예약되어 있다. 친절하게도 질병관리청에서 Confirm 메시지까지 보내준다.

2차는 두 달 보름 정도의 인터벌로 접종할 수 있다고 한다. 백신 1차를 맞았기 때문에, 7月부터는 No 마스크도 가능하다고 한다. 그때가 되면 접종자와 非접종자의 구분이 명백해지겠다.

[金光暎] 하도 안 맞으려 하니, 공무원들이 헛소리하는 것이다. 마스크는 계속 쓸 것이다. 벌써 大邱 지역은 '룸싸롱發 변이 바이러스'가 창궐하고, 수도권도 이제 시작이다.

光州行 고속버스
(2019. 12. 7)

△ 光州行 풍경 : 고속버스 타고 光州 가는 길, 주로 열차만 타다가 모처럼 버스를 타 보니 그 운치가 제법 쏠쏠하다. 엊그제까지만 해도 단풍 든 나뭇잎이 꽤 붙어 있었는데, 어떻게 오늘이 大雪인 줄 알았는지 '소나무·잣나무·대나무'만 제외하고는 앙상한 나뭇가지뿐이다.

금년 카렌다가 마지막 한 장만 남아 있듯, 마지막 잎새가 남아 나무도 이제 좀 쉬어야겠다. 나뭇잎 하나 없는 앙상한 때도 있다는 것을 알려 주는 듯하다.

산기슭에는 간간히 보이는 억새가 흐늘거리고, 길섶에는 벌써 봄이 된 줄로 착각한 여린 풀이 돋아나 있다. 수확이 끝난 논에는 하얗게 동여맨 볏짚 덩어리만이, 을씨년스러운 논바닥을 지키고 있다. 지금 論山, 南으로 갈수록 햇살은 더욱 눈이 부시고 따사로워진다.

농가 대문 옆 감나무에는 아직도 새빨간 감이, 밤하늘의 별처럼 주렁주렁 매달려 있다. 일손이 부족한지, 까치밥으로 남겨 두었는지, 고속버스 승객의 눈요깃감으로 일부러 남겨두었는지는 모르겠다.

〈EBS 한국기행〉에는 요즘 김장 담그기 프로로 신바람이 나 있다. 莞島 青山島 갓지·寶城 벌교 꼬막·洪城 廣川 토굴새우젓갈·尙州 곶감·江華 순무김치, 그리고 사찰 비구니 김장 솜씨까지. 매년 반복되는 판박이 프로를 인기가 좀 있다고 아직도 그것이 작품이라고 내놓는 PD가 있다.

△ 저렴한 光州 투어 上行 : 光州를 등뒤로 하고 다시 서울로. 잠깐 해(日)를 좀 보는가 하더니 벌써 어둑어둑하다. 기나긴 겨울밤이 왠가 했더니 짧은 낮 길이 탓이다.

짧은 낮을 길게 쓰고자 이른 아침에 출발. 일반 고속버스 요금이 19,000원, 집에서 고속터미널까지 걸어서 갈 수도 있지만, 며칠 前 발급받은 공짜 지하철 카드가 아까워 좀 번거롭게도 갈아타야 하는 전철로 간다.

개찰기에 터치하면 '삐삐 ~' 하고 2번 울리는 소리, 처음에는 신경이 좀 쓰이지만 지금은 慢性이다. 무슨 말인지 모르는 분은 年式만 되면 저절로 알게 될 것이다.

옛말에 'X도 없는 것이 X하고 항렬(行列)만 크고 높다.'고 했는데 내가 그렇다. 배다른 조카 손자 결혼식. 禮式場이 고속터미널에서 걸어 10여 분 거리. 식당에서 光州式 식단의 기본인 홍어·꼬막, 손으로 찢어 먹는 김장김치로 된 점심이다.

KTX·승용차가 빠르기는 하지만, 이만큼 저렴한 투어가 있을까. '싼 것이 비지떡'이라지만 그렇지 않다. '錦湖高速'에 올라타려는데, 어쩌다가 '錦湖'가 이 지경이 되어 버렸는지 마음이 무겁기만 하다.

이제 어둑어둑 차창 밖 불빛이 촘촘해진 것으로 보아 얼추 경기도에 진입하여 天安·平澤 언저리인 것 같다. 龍仁 신갈 구간이 상당히 남아 있는지 아직 막힐 기미가 없다.

집 좀 일찍 들어가 뭘 하려고, 저렇게 뒤도 안 돌아보고 바삐 내빼기만 하는 승용차, '光州 투어' 돌아오는 길에서, 地空居士는 세상을 저렴하게 살아가는 법을 배우고 있다.

務安 息營亭
(2021. 4. 13)

潭陽 星山에만 '식영정'이 있는 줄만 알았는데 '務安'에도 있다. 光州湖 옆 기슭에 있는 '潭陽 식영정'은 〈松江 정철〉이 〈星山別曲〉을 지은 곳이다. 40주년 행사의 뒤풀이 코스로 들른 곳이기도 하다.

〈KBS 동네 한 바퀴, 여간 좋소 務安〉이라는 프로에서, 〈김영철〉이 務安郡의 동네 한 바퀴를 돌면서 비 오는 날 '息營亭'을 찾는다. 느긋하게 흐르는 영산강변의 숲속에 '息營亭'이 다소곳이 들어앉아 있다.

◇務安 息營亭/ 사진 : 李啓杓

추억의 전남도청
(2021. 5. 10)

舊 전남도청과 그 앞 광장이다.
도청을 개조하고, 도청 앞 광장 도로도 옆으로 뺐다.

또 '부처님 오신날'이 가까워지니 불탑도 세웠다.

前보다 훨씬 한갓지고, 말쑥해 보인다.
전일빌딩 옥상에서 찍었나 보다.

◇추억의 전남도청/ 사진 : 李啓杓

新安 金煥基 고택
(2021. 6. 9)

〈달항아리〉, 〈어디서 무엇이 되어 다시 만나랴〉 등으로 유명한 〈金煥基〉 畵伯의 고향이 新安이다. 그의 고택이 아직 '안좌도'에 있다. 연륙교가 많이 건설되 어 가기에 편리하다. 그 섬에 가거든 꼭 들러보고 싶다.

■徐貴宗

金畵伯이 유년 시절 이곳 안좌도에 살 때 봄날 앞산에 올라, '바다에는 해무 올라오고 땅에 아지랑이 피어올라 모든 것이 꿈속의 환상처럼 몽환적으로 보인다'고 했다. 고택에는 조카 〈윤정〉이 산다. 수천 억 유품을 물려받은 現 유족이 고향에는 1錢도 쓰지 않는다고 한다.

□ 〈金煥基〉작품에 〈어디서 무엇이 되어 다시 만나랴〉가 있는데, 〈유심초〉가 그 제목으로 노래를 부른다. '저렇게 많은 별 中에 별 하나가 나를 내려본다. 이렇게 많은 사람 中에 그 별 하나를 쳐다본다. 밤이 깊을수록 별은 밝음 속에 사라지고 나는 어둠 속으로 사라진다.'

◇新安 안좌도 金煥基 고택 ※사진 제공 : 李啓杓(2021. 12. 16)

상추 뽀바 간 연
(2021. 8. 12)

△ 도둥년, 나뿐 년, 상추 뽀바 간 연, 한두 번도 아니고 매년, 처먹고 디저라.

△ 복숭아 주물리지 마세요. 영감 붕알이 아닙니다. -김해 내외동시장에서.

김해내외동시장에서

△ 밪태 들어가지 마세요. 우염합니다.

◇채소밭 경고판 ◇김해 내외동시장 ◇채소밭 출입 금지/ 사진:徐貴宗

羅州 고막원 똑다리
(2022. 1. 31)

◇고막원 똑다리

마침내 〈李啓杓 일병〉이 원대 복귀했다. '羅州 고막원 똑다리' 이야기를 갖고, 이제부터 南道 문화재 및 불교 관련 글을 다시 만날 수 있게 되었다. 부디 핸드폰을 잘 갖고 다니기 바란다.

■李啓杓(글·사진)

어릴 적에 '고막원 똑다리' 밑에서 주워왔다는 말을 많이 들었다. 이곳 '고막교'에서 동학 농민군과 羅州 守城軍의 싸움이 벌어지기도 했다.

■尹東永

고향 咸平에서 애들을 놀릴 때, '너는 '고막원 똑다리' 밑에서 주워 왔다.'는 말을 했다. 그러면 애들이 막 우는 모습을 많이 보았다. '고막원 똑다리'는 어릴 때부터 자주 듣는 정겨운 이름이다.

■高光燮

羅州 다시면 '고막원 똑다리'는 羅州에서 咸平을 연결하는 샛강 '咸平川'에 있다. 지금도 남아 있다. 고려 때 놓은 것으로 추정된다. 〈이순신〉이 1596년 9~10月 40여 日間 全羅道 내륙의 전투 태세 검열 中, 9月 5~6 日경 羅州 鄕校에서 고막원에 들어갈 때 건넌 다리다.

儒林, 趙光祖
(2022. 7. 29)

〈光喆〉이 〈趙光祖의 유배지에서〉라는 '漢詩의 처녀작'을 지었다. 조선의 3대 天才라 일컬어지는 〈靜庵 趙光祖〉, 그는 고려 末 조선 초기의 〈三峰 鄭道傳〉, 그보다 300여 년 後 조선 후기의 〈茶山 丁若鏞〉과 어깨를 나란히 할 정도의 天才性을 지녔다.

3人의 天才 모두 流配를 겪는 불우한 인생을 사는데, 공교롭게도 流配地가 모두 全南이다. 〈三峰〉은 羅州, 〈靜庵〉은 和順, 〈茶山〉은 康津이다. 그 시대의 기준으로 〈三峰〉은 57세, 〈茶山〉은 75세로 長壽하나, 〈靜庵〉은 死藥을 받고 30대 후반(38세)의 이른 나이에 세상을 떠난다.

〈三峰〉은 『조선경국전』 등으로 조선 건국 작업, 〈茶山〉은 『牧民 心書』 등 不朽의 500여 권에 이르는 방대한 저술을 남기지만, 〈靜庵〉은 일찍 세상을 떠나 명성에 비해 이렇다 할 저술이 없다. 고작 〈絶命詩(丹心歌와 유사함.)〉정도의 漢詩만을 남긴다.

〈靜庵〉의 天才性과 改革性을 못마땅하게 여긴 훈구파의 벽을 넘지 못한다. 말도 안 되고 코미디 같은 '走肖之王=趙王'이라는 조작품으로 〈靜

庵〉을 내친다. 天才의 씨를 말리고자 死藥까지 내리다니, 조선 중기의 당쟁이 얼마나 치열하고 잔인한지 알 수 있다.

〈茶山〉처럼 康津이든 和順이든, 18년이든 20년이든 流配를 보내 목숨만은 살려 두어, 天才 文人을 왕성한 저술 활동을 하거나 후진을 양성하도록 그냥 놓아두면 안 되는지 참으로 안타깝기만 하다. 원인은 무엇보다 나약한 王 〈중종〉에 있다. 〈중종〉도 얹혀 王이 된 마당에 무슨 힘을 쓸 수 있었겠는가?

1978 ~79년간 全南大 중앙도서관 1층 로비에는 주요 신문을 게시하는 코너가 있었다. 공무원 시험 등의 공고가 전문인 〈서울신문〉 연재 소설란에, 난데없이 崔仁浩의 「儒林」이 게재되기 시작한다. 그것은 〈靜庵〉이 和順으로 귀양 가는 '和順 너릿재'에서부터 이야기가 출발한다. 1970년대 初부터 和順 너릿재 터널이 개통되어, 그 길은 현재 '和順 너릿재 옛길'로 불린다.

간혹 읽은 연재 소설이어서 줄거리의 연속성도 없고, 내용도 흉악한 '4대 사화 이야기'여서 별로 흥미를 끌지 못했다. 이어지는 내용 中 康津 성전 등의 '漢陽 趙氏'도 〈靜庵〉과 관련이 있다. 그 시절 같이 과거(생원시)에 합격한 〈梁彭孫, 1488~1545〉도 和順·長興 등지로 낙향한다.

1970년대 후반의 신문 연재 소설이 30~40년 後인, 2015년에야 비로소 〈열림원〉에서 시리즈物로 發刊된다. 워낙 多作家인 〈崔仁浩〉인지라, 소설 『儒林』을 찾아내기가 쉽지 않다. '儒林'이란 '儒學의 숲'이란 뜻이다.

*崔仁浩 (1945~2013)의 장편소설 儒林 6권 中 제1권, 靜庵 趙光祖篇, 열림원.

鄭光喆, 〈於靜菴流配地 趙光祖의 유배지에서〉
來趙光祖流配地 聞解說師絶命詩追念靜菴而學圃 此後改革成功希

趙光祖의 유배지에 와서 관광해설사의 絶命詩를 듣고, 學圃를 추념하며 차후에는 改革이 성공하길 희망하네.

지난달 和順 관광 맛집 투어를 할 때, 〈趙光祖〉의 유배지에 들러 관광해설사의 해설을 듣고 詩想이 떠올라 처음으로 지어 본 漢詩다.

趙光祖, 〈絶命詩〉
愛君如愛父 憂國如憂家白日臨下土 昭昭照丹衷

임금 사랑하기를 아버지 사랑하듯 하고, 나라 걱정하기를 집안 걱정하듯 한다. 밝은 해 아래 세상을 굽어보사 내 丹心과 충정 밝디밝게 비춰 주소서.

長興 農旗
(2022. 12. 1)

木浦 근처에 있는 전라남도 농업박물관 소장품 '長興 農旗'다. 이 농업박물관은 전남도청 산하의 사업소다. '農旗'의 後面에 '長興郡 長興面 南外里, 庚申生 朴敬采 祝, 癸酉 七月 上旬 始造'라고 적혀 있다.

凡常치 않은 작품이다. 그리 오래돼 보이지는 않는다. 농촌 지역 곳곳에 이런 '農旗'가 있었을 것이나, 지금까지 보존되어 있는 것은 얼마나 될까. 〈KBS 珍品名品〉에 출품할 만하다.

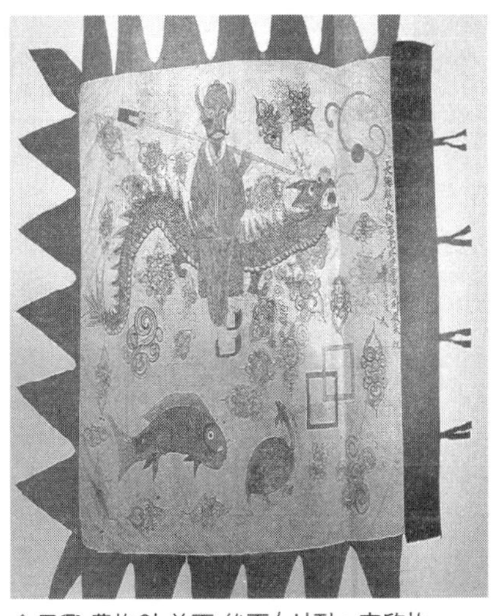

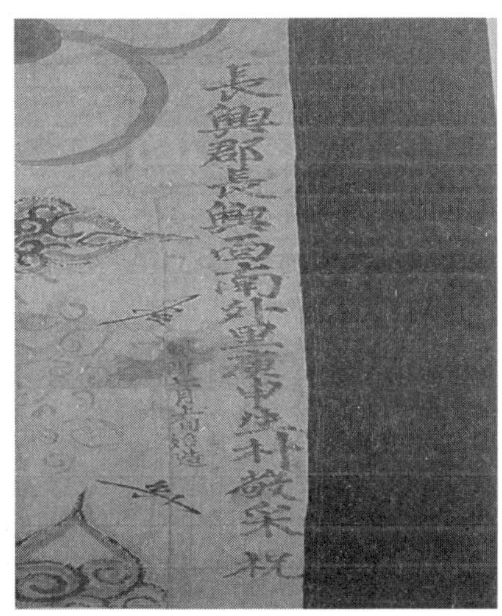

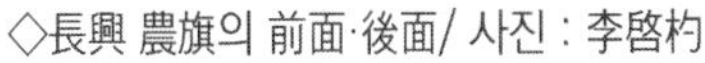

◇長興 農旗의 前面·後面/ 사진 : 李啓杓

羅州 반닫이
(2023. 6. 23)

위에 얹혀 있는 '코끼리 마늘꽃·달항아리'도 그렇지만, 나뭇결 좋고 사이즈 아담하고 탄탄하며, 장석도 깔끔하고 야물딱지게 붙어 있는 품이, 참 氣品 있어 보인다.

羅州 다시면의 양반집 안방에 들어앉아 있는 모습이다. 이를 두고 '羅州 반닫이'라 하는 것인가.

◇달항아리와 羅州 반닫이/ 사진 : 李啓枃

■K 23

竹田 작품 第1讀을 마치며
(2019. 4. 4)

오늘로 〈竹田〉이 長長 10여 년에 걸쳐 게재한, 무려 1,400여 篇에 이르는 작품의 第1讀을 마쳤다. 매일 5~6篇 정도를 감상하기로 마음먹고, 읽어 내려간 지가 어언 1년이 되었다. 방대한 분량에 처음에는 엄두가 나지 않았으나, 페이지를 넘기다 보니 차츰 재미가 붙어 어느덧 '책거리 시간'이 되었다.

'野生花·곤충류·山과 들·풍물·고궁' 등 우리나라는 물론 세계 곳곳의 사진과 해설, 작가의 풍부한 識見과 가슴 따뜻하고 예리한 所懷를 담은 글을 읽어 가면서, 엄청난 量의 지식 습득은 물론 자연과 人文을 이해하는 값진 시간이 되었다.

〈台中〉처럼 자연을 사랑하고 깊이 이해하는 친구가 있다는 것이 너무나 자랑스럽고, 또한 그가 부럽다. '읽음의 표시'로 작품마다 조그만 '댓글'을 다는 것을 잊지 않았다. 수많은 독자가 그의 작품을 감상하며 '댓글'을 달았다.

曺正燦 尹汝正 徐貴宗 朴秉聖 宋正烈 孫原均 柳秉完 曺秉欽
李正洛 全公權 李完鎔 全永珍 李載紅 尹重仙 林鍾植 曺炳五
崔全鎬 金 哲1 孫聖坤 全仁哲 金弘燮 등.

반면에 '댓글'이 하나도 달려 있지 않은 작품이 적지 않았으며, 정작 감명 깊게 읽고 보았으면서도 '추천 버튼'에 막상 손가락을 얹는 분이 거의 없었다는 점은 아쉽다.

오늘로서 第1讀을 마치지만 워낙 走馬看山格으로 스쳐 지나, 작가의 의도를 제대로 음미했다고 할 수 없다. 내일부터는 조금 시간의 여유를 갖고, 第2讀의 大長程에 오르고자 한다.

엊그제 어느 친구가 하는 말이, '카페의 소중한 글과 그림(사진)이 어느 날 '휙~' 하고 날아가 버릴지 모르니만큼, 언젠가 시간을 내 冊으로 출간하면 어떻겠느냐.'는 것이다.

나아가 이제까지 '編年體(날짜 順)'인 것을, 새롭게 '테마별'로 再編集하는 것도 괜찮겠다는 코멘트도 있었다.

筆者의 생각도 작품의 量은 이 정도로 충분하니 이제는 기존 작품을 갈고 다듬고, '업데이트'와 '재분류(Reclassification)'하는 작업이 필요하다는 것이다. 작가의 勞苦를 致賀하고, 앞으로도 왕성한 작품 활동을 계속하기를 바란다.

李在儀 評傳
(2020. 5. 13)

5·18에 맞춰 〈在儀〉가 『安炳夏 評傳』을 펴낸다고 한다. 5·18의 義人이자 영웅이라 불리는 前 전남경찰국장 〈安炳夏〉. 筆者는 '故 安 국장의 評傳' 대신, '在儀의 評傳'을 쓴다. 〈在儀〉는 요즈음 각종 매스콤의 인터뷰 요청에다, 5·18행사 준비 관계로 바쁘다.

사람은 바쁠 때가 최고로 좋을 때이니만큼, 기쁜 마음으로 받아들이기 바란다. 谷城郡 오곡면 오지리 '오곡중학교' 졸업을 앞둔 중학생 〈在儀〉, 계림동 舊 光州시청 가는 쪽 〈金青勇(동신中 卒)〉의 아버지가 운영하는 '계림독서실'에서 그를 처음 만난 것은 1970년 末이다.

그때의 독서실은 연탄 난로에 작은 동그란 의자 대엿 개를 붙여 놓고 잠도 자는 곳이다. 당시는 턱걸이·달리기 등 체력장 시험이 있었으므로, 야간에 몰래 '光高 운동장'에 들어가 연습도 했다. 또 대중목욕탕에서 등허리의 때를 벗기는 것까지.

우리는 그렇게 만났다. 그런데 또 만났다. 全大 경제과에서, 그는 商大 경제학회 회장이 된다. 또 全大 방송반 記者도 했다. 〈모차르트〉를 그처럼 激하게 좋아하고 전문가인 줄 예전에 미처 몰랐다. 그는 늘 바빴다. 筆者처럼 술이나 마시는 데 바쁜 것이 아니다.

그의 兄 〈평의〉는 1970년대 初 全大 民靑學聯 사건 관련 수배자, 順天高·全大 商大.

〈평의〉는 생계를 해결하고자 北洞 천주교 聖堂 인근에서 츄리닝 원단 장사를 했다.

그리고 5·18을 맞는다. '林鍾植·李龍淵·趙俊昇(作故)·趙亮勳·故 박관현(全大 학생회장)' 등과 함께 우리는 熱情的이었지만 외롭고 슬펐으며, 孤立無援의 지경에 깊숙이 빠지고 만다.

殺氣騰騰한 사냥꾼에 쫓긴 토끼가 도망간 곳이라고는, 양쪽이 가파른 절벽으로 가로막힌 막다른 골목이었다. 사방을 둘러보며 행여나 醉中에 무슨 소리를 했다고, 잡아가지나 않을까 두리번거렸다. 군대에서 복학한 者가 문득 취직이 걱정된다. '목구멍이 포도청'이라고 취직부터 해야지. 이런 참담한 현실 속에서 가슴이나 쥐어짜고 통곡만 한들 무슨 소용이 있겠는가.

希望이라고는 세월이 흘러, 미래의 어느 날 다시 보는 것. 그리고 우리는 헤어졌 다. 그런데 〈在儀〉는 달랐다. 그는 마치 5·18을 위해 태어난 것처럼, 그 때의 상황을 日記를 쓰듯 꼼꼼이 기록해 간 것이다. 무려 40여 년씩이나. 그리고 지금까지도,

筆者는 주저하지 않고 그를 이 시대의 살아 숨쉬는 저널리스트·傳記 作家·역사가, 그리고 '음악 애호가 (모차르트)'라 칭하고 싶다. 〈安국장 評傳〉은 5·18의 기록 『죽음을 넘어 어둠의 세계를 넘어』, 略稱 『넘

어 넘어』後續篇· 보강편, 시리즈物의 연장선상에서 보아야 할 책이다.

부디 健筆하시어, 제3권·제4권…의 시리즈物이 잇따라 나오기를 기대한다. 어릴 적부터 그와 친구가 된 것이 너무나 자랑스럽다.

□ '評傳'이라고 하기에는 너무 짧고 빈약한 내용이다. 〈安炳夏 評傳〉에서 이 글의 제목 아이디어를 얻었다. 處한 입장이 다르기는 하지만 〈安국장〉 못지않은, 아니 실제로 그보다 훨씬 큰 역할을 한 인물이 〈在儀〉라는 데는 의심의 여지가 없다.

과거사를 제대로 기록·정리하는 일이야말로 제대로 된 사회의 필수 기본 요건이다. 이것이 그의 健筆을 격려하고 기뻐하는 이유이다. 또한 略稱 〈넘어 넘어〉시리즈物을 다시 소개해 준 〈鉉君·啓杓〉에게 감사드린다.

[李在儀] 때로는 자신보다 곁에서 지켜보는 타인이 자기를 더 잘 아는가 보다. 〈萬基〉가 그런 게 아닌가 싶다. 웬 시시콜콜 학창 시절 옛이야기까지 끄집어내 기억을 이렇듯 새롭게 하다니, 잊고 지낸 일을, 그 기억력에 탄복할 뿐이다.

물론 몇 가지 자잘한 팩트가 잘 안 맞는 것도 있긴 하지만, 이처럼 과거를 빛바랜 黑白사진처럼 묘사하다니 대단하다. 그런데 내 이름 뒤에 '評傳'이라는 타이틀을 붙이는 것은 過해도 크게 過하다. 부끄럽고 낯뜨겁다. 그것만 빼고 나면 처음 만난 '계림독서실'부터, 北洞聖堂 뒤 '평의 兄의 가게'에 이르기까지 그 추억이 새록새록하다.

金台中 작품 第2讀 後記
(2020. 9. 21)

오늘이 〈台中〉 작품의 第2讀을 完讀하는 날이다. 第1讀을 마친 지 1년 6개월 만이다. 워낙 방대한 작품이라 2년 정도 걸리리라 예상했는데, '코로나'가 준 시간 혜택으로 다소 앞당길 수 있었다. 워낙 走馬看山格으로 훑어 지나가긴 했지만, 아무튼 이제 남은 일은 作家와의 '책거리 파티'다.

〈竹田〉은 10여 년에 걸쳐 1,400여 篇에 이르는 작품을 남긴다. 그의 작품을 통해 野生花를 비롯한, 온갖 자연 세계를 배울 수 있었다. 그뿐만 아니라 농익은 해설과 가슴 깊은 所懷를 읽어 나가며, 60대 중반의 人生을 되돌아보는 기회를 가질 수 있었다.

이로써 第2讀을 마치는데 곧바로 第3讀의 大長程에 오르지 않고, 〈朴秉聖 詩人〉이나 Cafe Opener 〈梁宇辰〉 등의 작품에도 눈을 돌리고자 한다.

貴한 글과 사진을 제공해 준 그에게, '카페' 일원으로서 깊은 고마움을 전한다. 앞으로도 쭉 健筆과 健寫가 이어지기를 기대한다.

5月 無等山에서
(2020. 9. 23)

〈朴秉聖 시인〉의 이 작품이 한국작가회의 編, 시집『못 부친 편지』에 게재되었다. K 23 카페 〈5·18 그날의 證言〉(2020. 5. 15)에 게재된 詩다. 워낙 방대한 양의 '證言 글' 속에 묻혀 있다 보니, 걸출한 詩가 그 眞價를 제대로 발휘하지 못한 것 같아 이 작품만 뽑아 재게재한다.

〈朴 시인〉은 어릴 적부터 凡常치 않은 머스매인 줄은 익히 알고 있었으나, 그가 〈이성부·조태일·문순태〉 등 綺羅星 같은 同門 선배 시인들과도 어깨를 나란히 할 수 있을 만한 중견 시인이라는 것을 새삼 알게 되었다. 친구로서 자못 어깨가 으쓱해진다.

朴秉聖, 〈5月 無等山에서〉

소소리바람 한 무더기 등성이 타고 넘어오면,
구름은 봉숭아 씨방처럼 금방이라도 터질 것 같은 울음.

연두색 바람은 살랑살랑 조팝꽃 피우고,

민들레 홀씨는 바람 따라 떠날 준비를 마쳤는데.

5月의 그 바람 미처 느끼지도 못한 채 山에 오르면,
장불재 가는 길은 온통 피딱지 붉은 철쭉이구나.

발바닥에서 묻어나는 피눈물 밟아 가며,
붉은 진달래도 잘근잘근 씹어 가며,
비릿한 피냄새 온몸으로 받으며 둘러보니 장불재.

여기는 아직도 廣場 같은 5月이구나.
아, 5月의 꽃은 여태 떠나들 못하구나.

그 눈물 방울 그 핏방울 떨어진 자리엔
지금껏 풀 한 포기 나지 않고,

섬뜩한 찬 바람 감도는 그 자리에 철쭉은
녹색 치마 붉은 저고리 처녀 무당인 듯.

관자노리 핏대 선 젓대가락으로
잎새에 꽂힌 햇살 털어 가며,
넋풀이 씻김굿이라도 하려는구나.

길닭음 소리 바람 타고 끝나는 솟대,
瑞石臺를 올려보며 이제사 5月의
뜨거운 바람 한아름 안고,

證心寺 禮佛소리 夕陽에 비켜가는
길목에서 잊지 말라고 잊지 말라고.

소맷자락 붙잡는 풍경 소리에
가던 길 멈추고 뒤돌아서 합장하니,

멀리서 내려다보는 놀에 젖은
立石臺가 觀音菩薩처럼 자애롭구나.

學行一致
(2021. 3. 13)

◇母校 校訓 學行一致(舊 본관 정면)/ 사진 : 尹汝正

母校의 校訓은 '學行一致'다. 당시에 뭇 학교의 校訓은 '근면 성실·자조 자립 협동·나라 사랑·착하고 바르게 살기' 등, 지금 생각하면 다소 '꼰대스러운'것이 대부분이었다. 그에 비해 우리 학교의 校訓인 '學行一致'는 간결하고, 명쾌하며, 자못 品位가 있어 보였던 것으로 기억하고 있다.

그 뜻은 두 말할 나위도 없이, '배운대로 실천하라.'는 것이다. 하지만 배운 科目이 워낙 많을뿐더러, 배워서 실천해야 할 主된 '포인트'가 무엇인지는 배운 바가 없다. '포인트'도 없거나 모르는 것을 평생 실천하라고 하다니, 좀 아쉽고 뭔가 부족하다.

이러한 의문을 품은지 퍽 오래된다. 그러던 차에 마침 어느 학교의 칠판에 적힌 글귀를 발견했다. '드넓은 視野·銳利한 감각·遠大한 판단'이다. 보는 이에 따라 느낌이 다르겠지만, 前者의 '學行一致'보다 전달하려는 메시지가 더 분명해 보인다. 말은 더 길지만, 뜻이 간결하고 銳利하며 우아하기까지하다.

金志安 선생님

(2021. 4. 25)

◇한문, 金志安 선생님

※金台中, 〈山에서 찾은 안경〉(2019. 2. 27)에 대한 댓글.

〈台中〉이 '족제비싸리나무'를 만난 것은 커다란 幸運이다. '족제비'는 살아서 〈한문, 金志安 선생님〉의 별명으로 쓰이고, 죽어서는 붓·목도리 등으로 사용되는가 하면, '족제비싸리나무'로 還生해서는, 衆生의 소중한 '눈(안경)'을 찾아 주기도 한다.

참말로 수말스런 '족제비싸리나무'다. 金 선생님은 또 하나의 별명도 가지고 계셨다. 〈촉새·촉사히 선생님〉.

문화재 위원 李啓杓
(2021. 4. 28)

〈啓杓〉는 南道의 저명한 문화계 人士임에도,
홍보가 잘 안 되어 널리 알려지지 않았다.

최근에야 TV에 출연해 문화재를 해설하면서
널리 알려지게 된다.

위 촉 장

이 계 표

귀하를 전라남도문화재보호조례 제6조의 규정에 따라 전라남도문화재 위원회 위원으로 위촉합니다.

(기간 : 2021.01.03.~2023.01.02.)

2021년 1월 3일

전라남도지사 김 영

◇전남 문화재 위원 위촉장

李豪卿의 아침창
(2021. 9. 10)

年式이 좀 되는 아파트·주택은, '豪卿의 아침창'이 도움이 될 것이다. 그는 'LG화학'에 근무한 바 있으며, 현재 성수동에서 'LG하우시스 (LX하우 시스) 시스템 창호 사업'을 한다.

◇ 아침창 代表理事 李豪卿

◇ LG그룹 근무

△ LG전자 박성근 △ LS전선 李東根

△ LG니꼬동제련 柳秉完 △ LG증권 宋萬基

△ LG정유 李根洪·김영무·하형호

△ LG화학 李豪卿·양일봉(이상 9명)

濟州 소방청장 鄭海國
(2021. 10. 1)

2반 潭陽 고서 출신,
'濟州 소방'에서 근무 後 퇴직.

〈鄭海國〉이 高校 동창이라니,
이제까지 모르고 있었다.
이런 훌륭한 분이 동창이라니.

◇鄭海國 청장

尹圭植 항공보안협회장
(2021. 10. 5)

〈圭植〉이 '14년 '대한민국 항공보안협회'를 설립, 현재까지 이끌고 있다. 최근 협회 사무실을 江西區 마곡 지구로 이전하여 〈朴秉聖·林鍾植·鄭光喆〉이 방문했다.

'항공보안협회'에서는 재정 자립과 지속적인 발전 토대를 이루 고자, 금년에 '개인 평생회원'을 모집하고 있다. 회장으로서 일정 수 이상의 평생회원을 확보해야 할 책임과 체면이 있다. 평생 회비는 30만 원으로 관심 있는 분의 참여를 부탁드린다.

◇마곡지구 사무실 이전

평화의 댐·나이테펜션
(2021. 10. 14)

평화의 댐·昭陽江댐·清平寺와, 〈光馥〉의 華川 파로호 옆 '나이테펜션'을 다녀왔다. 행사를 기획·주선하고 안내해 준 〈吉宰〉, 빡센 Action Plan을 세우고 7人의 衆生을 몰고 다닌 〈鍾植〉, 운전해 준 〈永洙〉의 노고가 컸다.

또 K-water 昭陽江댐·평화의 댐 직원의 친절한 안내, 〈나이테펜션 光馥〉의 환대로 당일치기 華川 TOUR 를 마쳤다.
〈光馥〉은 華川 대이리 딴산 유원지 옆에서 펜션을 경영하고 있다. 6·25의 傷痕이 아직 남아 있는 파로호와 華川댐의 至近 거리다.

직접 벽돌 쌓기·망치질 하기 등을 해가며 펜션 확장 공사를 진행 中이다. 그는 앞뒤좌우 병풍처럼 둘러싸인 기암괴석의 山, 華川댐에서 흘러 내려오는 물소리, 산새 지저귀는 소리, 노루·너구리·오소리·멧돼지 등 온갖 산짐승과 더불어 살고 있다.

李在浩 무지개 그랑자이
(2021. 10. 25)

〈在浩〉가 瑞草洞 그랑자이 아파트에 오랜 기다림 끝에 드디어 入住했다. '그랑자이'는 경부고속도로변의 '舊 무지개아파트'를 재개발한 것이다. 이제 그는 瑞草·江南 지구 소모임 회장의 品格에 걸맞게, 궁전 같은 대저택에 살게 되었다. 그동안 기다린 것도 기다림이려니와, 入住하는 데 세금 등으로 적지 않은 비용이 들었을 것이다.

또한 비록 자본 비용이기는 하지만, TV 등 온갖 가재도구 등을 새것·대형으로 교체할 수밖에 없는 것이 현실이다. 국가 경제에는 보탬이 되기는 하겠지만, 本人으로서는 크나큰 키에, 허리가 휘어질지도 모르는 부담이 아닐 수 없다.

◇무지개 그랑자이,
경남 固城에서 공수해 온 300년 된 팽나무

梁春承 기후 변화賞 受賞
(2021. 11. 5)

한국사회책임투자포럼(이사장 김영호, 상임이사 梁春承)은 넘치는 열정과 도전 정신으로, 우리 사회에 기후 변화의 중요성을 널리 알리고 기후 변화 대응에 앞장서 왔다.

저탄소 녹색 사회로 향하는 한길에, 늘 푸른 저 소나무처럼 큰뜻이 함께하길 바라며 이 賞을 드린다.

〔유영숙 (재)기후변화센터 이사장〕

'기후변화 그랜드 리더스 어워드'

사회 각 분야에서의 그린리더십 확산을 위해 기후변화센터가 2011년 제정한 상 입니다.
도전과 실천을 통해 국내 기후변화 대응 및 인식제고를 위해 노력한 개인 및 기관에게 감사를 전하고 그 업적을 널리 알려 기후변화 문제 해결에 기여하고자 합니다.

다 때가 있다
(2021. 11. 21)

다 때가 있다.

목욕합니다.

금샘탕 영업 中.

◇금샘탕, 목욕합니다./ 사진 : 梁春承

Golden Music USB
(2021. 11. 23)

◇ K23 Golden Music USB
/사진 : 李正洛

〈鞠基棟〉으로부터 'K23 Golden Music USB'를 선물받았다. 3차 제작분인데 부족한 부분은 聽者가 채워가라는 당부 말씀과 함께.

日前에 〈鄭光喆〉이 〈동경대전〉 제1권을 선물하면서 읽고 괜찮으면 제2권은 직접 구입해서 읽어보라는 당부 사항처럼.

제작에 참여한 〈李根洪·윤기수〉의 功力도 높이 평가한다. '潭陽中學 출신'인 〈基棟〉으로부터 Golden Music 선물을 받았으니, 뭔가 'Gold한 일'이 생길 것만 같다.

못 받은 분은 너무 섭섭해 마시게. 그러니까 평소에 〈基棟〉에게 잘할 일이었다.

漣川 李根昌

(2021. 12. 23)

高興 머스매 〈根昌〉이 '카톡'에 들어왔다. 激하게 환영한다.

'漣川'은 잘 있는가. '태풍부대(28사단)'가 있고, 태풍과 北風寒雪이 몰아치는 '漣川'에만 계시지 말고, 따땃한 이곳 '카톡'에서, 몸 좀 녹이고 가시게.

◇高興 머스매 李根昌

兩 李 일병 救하기
(2022. 1. 29)

길을 잃은 두 李 일병 〈李載紅·李啓杓〉를 救하고자,
'카톡'의 새 집을 만들어 이사까지 한다.

〈林鍾植 상병 총장〉의 배려심이 따땃하기만 하다.
부디 兩 李 일병은 추운 날씨에 조속히,
그리고 무사히 원대 복귀하기 바란다.

◇李載紅 일병

◇李啓杓 일병

李王伊 歌手
(2022. 3. 24)

학창 시절 소풍 갈 때, 쉬는 시간, 친구들이 불러 주라고 요청할 때마다 〈王伊〉는 사양하지 않고 노래한다. 그것도 '쌩 트로트'로,

노래하면 〈李王伊〉, 이왕이면 〈李王伊〉, 앞으로 해도 〈李王伊〉, 뒤로 해도 〈李王伊〉, 그 歌手 이름은 〈李王伊〉, 〈王伊〉의 노래가 그립다.

시화 潮力발전소
(2022. 4. 13)

◇시화 潮力발전소 전망대/ 사진 : 李吉宰

시화댐 봄나들이에 나섰다. 봄을 시샘하는 쌀쌀한 西海 바다의 시화 바람을 안고, '시화 潮力발전소'를 견학했다.

'시화 옥구공원'의 산벚나무가, 꽃비 되어 흩날리는 落花를 고이 바래다준다.

오이도 횟집에서 시흥 오이도 봄 바다의, 짜릿한 음식 맛을 본다.

連理枝 단감나무
(2022. 6. 16)

〈台中〉의 潭陽 고향집 텃밭에는 서로를 붙잡아 주고 의지하는 손길이, '連理枝 단감나무'로 化身되어 있다.

주인(아버님)을 잃고 힘겨운 삶을 이어가는 '단감 나무'만이, 그 자리를 오롯이 지키고 있다.

그 '단감나무'를 외롭게 지키던 어머님이 永眠하셨다. 이승에서 아버님을 '連理枝'로 만나더니, 마침내 저승에서 직접 다시 만나게 되었다.

◇潭陽 고향집 텃밭의 連理枝 단감나무/ 사진 : 金台中

申鉉君 詩集 발간
(2022. 8. 11)

〈愚巖堂 申鉉君〉이 갓 구어낸 따끈따끈한 詩集을 발간했다. 어리석은 자의 헛소리, 1+1=1이고 1+2+3도 1이다.

친구
꽃은 피고 시들어도 변치 않는 모습으로 그대로 피우건만,
우리네 해마다 그대로가 아님이니 애처롭기만 하구나.(後略)

사랑
어이, 나 죽것네.

알아서 하씨요.

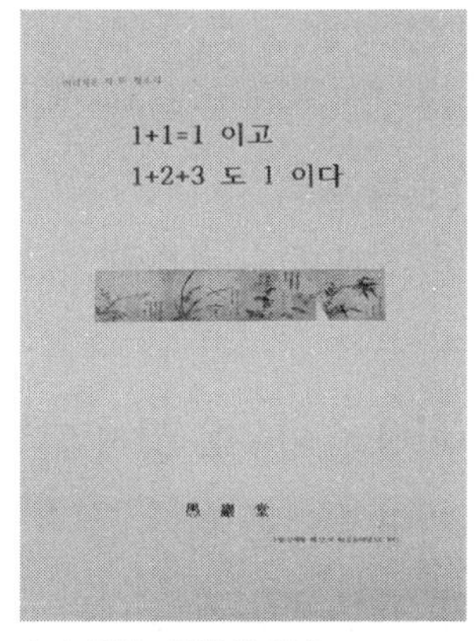

◇申鉉君, 愚巖堂 詩集

權現 詩集 출간
(2022. 10. 28)

『아빠는 詩人의 마음을 가진 醫師네요』
〈權現 아빠〉가, 〈딸 민정〉에게 쓴 이메일 모음집이다.

바람 부는 날

나무는 바람에 많은 것을 털어낸다.
죽은 가지들, 그냥 달려 있는 죽은 잎들.

나도 바람에 털어내고 싶다.
죽은 생각들, 그냥 달려 있는 거짓 욕망을.

아픔
아픔이 힘든 것 잘 알지만, '은총'이라는 것은 모르지요.
여기 '소록도분'은 아픔을 몰라,
손발의 상처가 심해져 손발을 절단하게 됩니다.

이웃의 아픔을 모른 척하면 이웃을 잃게 되고,
自然의 아픔을 못 느끼면 自然을 잃게 됩니다.
그분의 아픔을 모르면 그분을 잃게 됩니다.

Canada 朱日中 歸國
(2022. 11. 29)

캐나다 온타리오 토론토에 거주하는 〈朱日中〉이, 무려 37년 만에 일시 歸國하여 동창 송년회에 참석했다. 그는 영화 〈닥터 지바고〉의 美男 주연 배우 〈오마 샤리프〉와 비슷하게 생겨 별명이 〈오마 샤리프〉다.

그는 秀麗한 마스크와 언변으로, 뭇 女高生을 사로잡은 바람기 많은 高興 출신 머스매다. 고교 졸업 後 空軍士官學校 26期로 입학했으나, 격동의 세월 속에서 아쉽게도 보라매(파이로트)의 꿈은 이루지 못한다.

그가 이제 노인장이 되어 우리 앞에 나타났다.

◇朱日中/ 사진 : 朴秉聖

尹汝正 羅州文化院長
(2023. 1. 13)

草創期 '카페' 제1세대의 論客 中 한 분인, 〈汝正〉이 마침내 '羅州文化院長'이 되었다. '카페'에 그의 글이 올라오지 않아, '카페' 손님이 엄청 줄어 버렸다. '羅州文化院長'에 취임하느라 바빠서 그런가 보다.

羅州에는 〈李啓杓 교수〉 등 騎羅星 같은 鄕土 文人들이 즐비하다. 또한 현직 羅州市長인 〈윤병태〉와 같은 든든한 빽도 있다. 그들과 더불어 羅州 文化를 冬柏꽃처럼, 붉고 아름답게 꽃피우기 바란다.

◇羅州文化院長 취임식

七旬 잔치
(2023. 2. 6)

〈李光聖 금년도 신임 회장〉의 야심찬 행사로, 동창들 '七旬 잔치'를 추진한다고 한다. 대상자는 1954년 生. 모처럼 3月 23일에 '시루떡' 맛을 볼 수 있겠다.

의문이 생긴다. 1954년生이 '七旬'인가? 본디 '七旬 잔치'는 '滿 69세'에 한다고 한다. 금년 6月부터는 滿 나이가 공식적으로 시행된다.

그런데 6月 이후의 출생자나, 음력으로 금년이 生日이지만, 양력으로는 내년이 生日인 者는 어떻게 할 것인가. 또한 호적이 늦게 되거나, 잘못된 분은 어떻게 할까.

어디까지나 '古稀'를 축하하는 날이니만큼, 1년 빠르고 늦는 것이 무슨 '대수'이겠는가, 작은 '소수'일 뿐이다.

본인의 의사나 집행부의 결정에 全的으로 맡길 수밖에 없다. 암튼 뜨끈뜨끈한 '시루떡'이 기다려진다.

사라져간 붉은 꽃잎들 1
(2023. 6. 16)

〈秉聖〉이 마침내 〈사라져간 붉은 꽃잎들〉이라는 제목으로 처녀 시집을 냈다. 朴 시인의 詩 세계의 名聲과 깊이에 비해서는, 시집 출간이 다소 늦은 感이 없지 않다.

그의 詩는 소소한 일상에서 출발하여, 5月의 光州와 세월호 그리고 통일에 이르는 역사와 통찰, 또한, 한 머스매의 끈적끈적한 사랑이 고스란히 녹아 있다.

시인 〈나종영〉과 문학평론가·시인 〈박몽구〉의 '추천글', 출판기념회 및 작가의 말을 요약·소개한다.

△ 나종영/ 시인

〈秉聖〉의 슬프면서도 부드러운 性情에, 도리어 내 몸이 뜨거워지는 것을 느낀다. 그의 詩는 일상의 소소한 것에 대한 따뜻한 시선이고, 光州의 5月과 세월호, 통일에 이르기까지 드넓게 가 닿아 있는 세상에 대한 사랑의 기도이다.

상처로 가득하지만, 세상이 더 맑고 깨끗해지기를 바라는 꿈과 희망을 잃지 않아서 눈부시다. 정녕 同時代의 '누군가를 보듬고 울고 싶고, 아직도 유효한 희디흰 그리움 하나 있어', 살 맞대고 살아가는 사람들과 사람 사는 세상을 꿈꾼다.

△ 박몽구/ 문학평론가·시인

그는 거창하고 화려한 소재보다, 일상의 소소한 것을 主素材로 한다. 하지만 사소한 메시지에 그치지 않고, 그 안에 숨어 있는 것을 깊게 끌어내는 힘이 있다.

또한 '抒情的 민족시'를 기품 있게 창작해 내는 시인이다. 抒情과 明澄한 이미지, 그리고 깊은 주제를 함축하는 詩法은 우리 詩에 한 새로움을 보탠다.

△ 출판 기념회 / 金台中

'더러운 것을 아름답게 형상화할 수 있는 것이 시인의 기교라면, 더러운 것을 더럽다고 침을 뱉을 수 있는 것은 시인의 良心이다.'

시집 '발간 기념회'에서 작가가 한 말이다. 학창 시절 즐겨 읽던 함석헌 시집, 『홰치는 저 소리를 들으며』가 생각난다. 珠玉같은 詩를 수록한 시집 선물에 감사한다. 작가가 내 가슴에 무거운 돌 하나를 얹어 놓았다.

△ 작가의 말 / 朴秉聖

국어국문학을 전공한 文學徒로서, 〈이성부·조태일·박봉우·문순태·임보·나종영 등〉 선배 시인에 버금가는 작가가 되도록 힘쓰겠습니다. 그리고 신념을 펼치는 '사회운동가'가 되겠습니다.

초등 졸업 기념 사진
(1967. 2.)

1967년 2月 '羅州 金川南초등학교' 제10회 '졸업 기념 사진'이다.
다른 학교는 졸업 기념 앨범도 있던데,
우리는 '졸업 기념 사진' 달랑 한 장뿐이다.
이것이라도 어딘가.

◇金南 6의 2반, 초등 졸업 기념/ 사진 : 김항순 ▷기억나지 않은 이름이 많아, 이름을 기재하지 않는다. 아랫줄 가운데는 〈장진석 담임 선생님〉.

초등 동창회
(1970. 8. 16)

51년 前 1970년 8月 16日 한여름날,
'羅州 金川南國民學校' 제10회 동창회.
빛바랜 이 사진 한 장 속에,
지나간 이야기가 고스란히 녹아 있다.

◇羅州 金川南校 제10회 동창회/ 사진 : 金坤·金在連
▷아랫줄 左부터 金 坤 金在連 朴喜周 宋鎔碩 임숙현(作故), 중간줄 정연록 김응곤 金興坤 홍창용(기용) 조양님, 뒷줄 두번째 이의호 梁祥秀 박경섭 송영숙 정윤순

버섯 공장
(2020. 5. 2)

초등학교 모임으로 '노량진 수산 시장'에 갔다. 1층에서 참돔·갑오징어·주꾸미 등으로 구색을 갖춘다.

질펀하게 마련된 2층 양념집에서, 오늘 이야기의 주제는 '버섯 공장'이다. 옷 벗기를 얼마나 좋아하는지 '버섯'만 좋아한다.

하얀버섯·검은버섯·민버섯, 자기 것은 어디에 속하는지 맞추어 본다. 입은 이미 귀밑까지 찢어져 닫힐 줄 모른다. 2차로 꼭 '버섯 공장'에 가고 싶다고 한다.

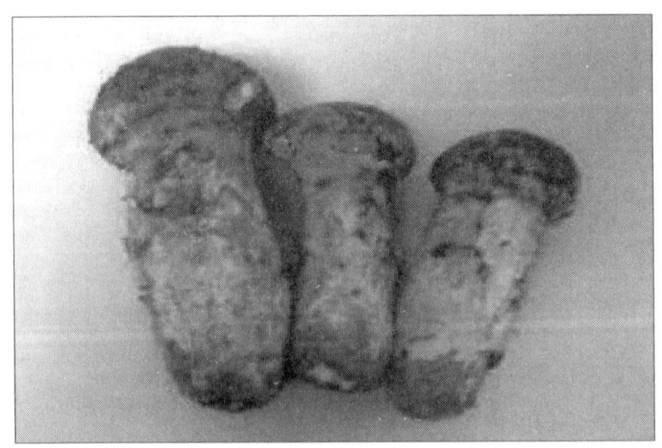

◇고노무 송이버섯, 참 똘똘하게도 생겼다.

갈산 최선동
(2020. 9. 18)

〈갈산 최선동〉이 '咸平 돌머리 해수욕장' 인근에 산다고 한다. 그는 어릴 적 농소에서 '쟁가리(月山里) 갈산'으로 이사를 갔다. 부친은 '안석굴 廣岩 교회'의 집사를 하신 분으로, 그는 아버지를 따라 교회를 열심히 다녔다. 지금도 독실한 크리스천인 것 같다.

〈구내 朴明洙·金在連, 화수정 金坤, 농소 金興坤·임백재, 갈산 金鎔三, 중림 宋鎔碩·정연록〉 등 모르는 친구가 없다.

드넓은 咸平 천지 들판과, 갯벌 좋은 '咸平灣 돌머리 해수욕장'을 거닐며 농촌 생활을 즐기고 있다. 목소리는 밝고 기쁨으로 가득 차 있다.

◇廣岩교회와 이성길(동생은 성열)의 집-廣岩교회는 설립한 지 100년이 훨씬 넘은, 羅州 金川에서 가장 오래된 교회다./사진 : 金在連

들때 朴喜周
(2020. 9. 22)

羅州 金川 竹村里 당달봉 아랫마을 '들때(野竹)'에 살았던 〈喜周〉와, 장충동 원조 족발집에서 소주 한잔 했다. 초등 시절 그는 그다지 이름이 없는, 자그맣고 야무진 소년이었다. 지금은 우리나라에서 내로라하는 판·검사 출신 변호사들과 어깨를 나란히 하는, '金&張'의 법조인이다.

그는 强하다. 渼沙里에서 '鐵人三種競技'를 完走하는가 하면, 작년에는 '홀인원'을 기록할 만큼 프로를 빰치는 球力의 소유자이기도 하다. 게다가 패션 감각도 뛰어나 뭇 노친네를 울리는 '판타스틱 패셔너블 오빠'로 불리는 '패셔니스트'이다.

〈喜周〉는 젓갈을 좋아한다. 長項線을 타고 洪城 廣川에 가면, 그곳 '토굴 젓갈'을 보며 그를 생각한다. 그와 함께 고단한 長項線 旅程의 갈무리로 소주 한잔 할 수 있어 기쁘다. 단둘이 오붓하게 시간 가는 줄 모르고 이런저런 이야기, 다른 초딩들도 자리를 같이하면 좋을 텐데.

保寧·洪城을 다녀오는 날, 낼모레가 秋夕이라고 충청도 촌놈들이 바리바리 싸준 선물 보따리가 묵신하다. 둘이만 먹기에는 아깝다. 이렇게 가을이 무르익어 간다.

金南 초등 관악산 나들이
(2022. 7. 2)

장마가 잠시 숨고르기 하는 틈을 타 '관악산 나들이'에 나섰다. '羅州 金川南 初等' 제10회 在京 동창 모임이다. 李明淑·梁祥秀·이성열·이삼환·이양순·이성진·이용봉·김기철·김남재(1반 9명), 金興坤·金在連·宋萬基·朴明洙·송난순·金坤(2반 6명)이다.

코로나를 핑계대며 몇 년 만에 만났는지 모른다. 모두들 파삭 늙어 버린 줄 알았더니, 오히려 前보다 더 젊어진 것 같다. 관악산에 오르며 자두나무 밑에서 등산帽를 고쳐 쓰다가 오해 받지 말라고, 羅州에서 과수원을 하는 농소의 〈농소·백재〉가 '자두와 살구'를 부쳐 왔다.

初等 6년 동안 班의 변동 없이 줄곧 한 班으로 졸업해서인지, 班 텃세가 좀 있다. 1班은 9명씩이나 나왔는데, 2班은 고작 6명밖에 나오지 않았다며, '쪽수에서 째바리도 안 된다.'고 기세가 등등하다. 2班의 분발을 촉구한다.

때렸다는 친구는 없는데 〈上배매·이삼환〉한테 맞았다는 친구만 많다. 그는 在京 모임으로는 뉴 페이스지만, 그가 나와 자리가 꽉 찼다. 눈과 눈썹이 퍽 인상적이다.

分期別로 모이자고 한다. 오늘을 2/4 分期로 치고, 금년이 가기 前에 2번은 더 보자고 한다. 9月이 가기 前에 다시 볼 일이다.

◇金南초등 10, 관악산 나들이 ▷左부터 金興坤 金在連 李明淑 梁祥秀 이성열 宋萬基 이삼환 이양순 이성진 이용봉 朴明洙 송난순

어우렁더우렁
(2022. 12. 31)

이 나이에 뭐가 그리도 바쁘다고, 숨가쁘게 달리고 계신가? 좀 쉬었다가 젖은 '사르마'가 있으면, 빨아 마를 때까지 기다려 입고 가는 것은 어떤가?

年末에 '경섭'을 먼저 보내고 나니, 마음과 다리가 무겁기만 하다. 새해에는 38대 1의 경쟁률을 바둥바둥 뚫으려 말고, 걍 '어우렁더우렁' 살아가세.

*38 : 1이란 '金南初' 카톡 멤버의 數로서, 먼저 간 '경섭'의 후임자 선발 기준이다.

◇차창 너머로 해넘이 中, 全州 / 사진 : 趙亮勳

羅州 金川南 初等學校

■金在連

작두강낭콩

(2020. 6. 14)

4月末頃 파종한 '작두강낭콩'이, 오늘 아침 드디어 싹이 텄다. 근 3개월 만이다. 진즉 싹튼 '콩'은 긴 줄기에 꽃대가 주렁주렁한데, '작두강낭콩'은 언제 커 열매가 열리려나.

또 한번의 기다림이 시작되는 아침이다. 雨中에 무럭무럭 자라는 '작두강낭콩', 백합꽃대에 매달려 날로 커가는 모습을 보는 재미가 쏠쏠하다.

□잠실 석촌호수변, 그림 같은 대저택의 대문 앞 '작두강낭콩'. 강남갔던 제비가 강낭콩과 함께 처마 밑으로 돌아오듯, '작두강낭콩'이 되어 〈在連〉의 집 앞으로 돌아왔다. '작두'는 소 여물로 쓰려고 짚이나 풀을 써는 무시무시한 '작두'가 있는가 하면, 韓藥房에서 生藥을 써는 앙증맞은 '작두'도 있다.

◇작두강낭콩 새싹

◇대문 앞 작두강낭콩

더덕꽃
(2020. 8. 9)

金在連(글·사진)

창밖의 '더덕'이 긴 엄동설한을 잘 견디고, 작은 화분 가장자리에서 파릇파릇 숨쉬고 있다. 벚꽃 필 무렵 싹이 움트더니, 벌써 하늘을 향해 나풀나풀 춤춘다. 3년 된 '더덕'이 꽃피려는가? 씨방인가? 가지마다 주렁주렁, 도심에서 보기 드문 꽃이다.

□ 부끄러워 고개를 숙인 채 꼭꼭 숨어 핀다. '더덕'인지 다른 것인지 알 수 없다. 이름은 좀 거시기하지만, '더덕'과 '소경불알'을 비교해 본다. ~'더덕'의 뿌리는 길쭉하고, '소경불알'의 뿌리는 불알 모양이다. '소경불알'의 꽃이 더 작다. ~'더덕'은 꽃잎 안쪽에 자주색 반점이 많고 香이 진하다. ~'소경불알'은 꽃잎 안쪽에 반점이 성글고 향기가 없다.

◇ 나풀나풀 춤추는 더덕

◇ 더덕 꽃봉오리

배랑박의 蘭 그림자
(2020. 12. 24)

金在連(글·사진)

따땃한 방바닥에 드러누워 있으니, 빌딩 사이로 들이비치는 햇살이 방 안 '배랑박'에 그림을 그려 준다. 그 '그림자'를 셀카폰으로 한 컷 남긴다.

'蘭'도 동반자인데, 설마 '한데'에 두겠는가? 南向 창가에서 같이 겨울나기를 하고 있다. 내년에도 '蘭'의 꽃을 제대로 보려면 신경 좀 써야지.

방송은 종일 '코로나'다. 하루가 아슬아슬하다. 마침 다행히 〈음악TV〉 에서 양희은, 〈상록수〉·〈아침 이슬〉이 귀를 호강시켜 주고 있다.

◇배랑박의 蘭 그림자

蘭 화분의 고추 모
(2021. 3. 16)

金在連(글·사진)

작년에 문밖의 작은 공간에 심은 빨강 고추를 따, 실에 꿰어 창틀에 말렸다. 그런데 그 고추의 씨앗 한 알이 蘭 화분에 떨어져 새싹이 났다.

뽑아 버릴까 하다가, 화분에서 어떻게 자랄까? 정말 고추일까? 궁금해서 그냥 놔 두었다. 행여나 꺾어질라 조심조심.

궁금증은 달포 만에 풀렸다. 누가 봐도 고추 모다. 蘭보다 키가 큰 '고추 모'가, 꽃이 피는 날만을 기다리고 있다.

◇蘭 화분의 고추 모 새싹

파프리카와 작별의 시간
(2021. 9. 8)

金在連(글·사진)

아리수 한두 모금으로 잘 자라,
아기 주먹 크기가 된
선물 같은 '파프리카' 두 송이,

문밖 처마 밑에 덩그러니 서서,
익어 가는 가을 햇살을 쬐고 있다.

이파리가 서서히 오므라들고 있다.
이제 '파프리카'와 작별의 시간이
가까이 왔나 보다.

◇ 파프리카와 작별의 시간

꽃기린
(2021. 12. 3)

金在連(글·사진)

작고 예쁜 꽃이 피고 지고 또 핀다.
무더운 여름부터 쭈우욱 피고 진다.

꽃 이름도 모른 채 받은 선물에 가끔 '아리수'만 주고 있다.

[金台中] 예수님이 면류관으로 쓴 '꽃기린'이다.
'마다가스카르'가 원산지로 일 년 내내 피지만,
북반구에서는 겨울에 더 많이 핀다.

◇피고 지고 또 피는 꽃기린

겨울에 핀 선인장
(2021. 12. 31)

金在連(글·사진)

12月의 마지막 날 아침,
겨울에 핀 선인장이 예쁘다.

꽃이 활짝 필 때면 더욱 예쁘다.
그래서 눈길이 더 간다.
유리창에 낀 성에가,
선인장의 온몸을 움츠리게 한다.
그래도 꽃은 피었다.

七旬 나이에도 마음만은,
여름날 河川에서 멱감던
그 시절로 가고픈 할배다.

◇겨울에 핀 선인장

콩줄기의 사마귀
(2022. 7. 31)

金在連(글·사진)

콩줄기의 '사마귀'를 매일 찾아 살펴보고 있다.

'사마귀'는 콩꽃이 필 때부터
계속 콩줄기를 따라 움직인다.

그는 콩꽃이 피어 있는 줄기에 매달려
먹잇감을 기다리고 있다.

◇먹잇감을 기다리는 사마귀

까마중·파프리카

(2022. 10. 12)

金在連(글·사진)

추억의 간식거리 '까마중', 열매를 따 먹어 본 기억이 있을까. 정말 맛나다. '까마중'은 사서 먹을 수가 없다. '먹때·먹때왈'이라고도 한다.

△ 自生 '꼬마 파프리카', 대로변 아파트 담벼락에 저절로 나서 살고 있다. 지금도 꽃이 피고 진다. 가을날 보기 드문 모습이다. 짠하게도 아무도 봐 주지 않는다.

◇추억의 간식거리 까마중

◇아무도 봐주지 않는 꼬마 파프리카

白서향
(2023. 3. 14)

金在連(글·사진)

◇따뜻한 눈길을 기다리는 白서향

여름·가을도 아닌, '겨울'에만 핀다. 하얀 작은 꽃들이 모여, 큰 꽃송이로 가지의 맨 꼭대기에 핀다. 그리 예쁘지 않아 눈맞춤도, 따뜻한 손길도 안 주었다.

아리수 한 모금이 전부다. 성장도 별로이고, 잎파리도 쪼글쪼글하여 천덕꾸러기다. 그러나 그와 함께 긴 세월을 같이 살아가고 있다.

■趙亮勳

'白서향'인 것 같다. 잎에 무늬가 들어가 '무늬白서향'이다. '白서향'은 우리나라 토박이 種으로, 거제도 및 전남 해안 도서에 자라는 '白서향'과, 제주도에 '제주白서향'이 자생한다.

花園에서 파는 '白서향'은 우리나라 자생종과는 다른, 일본에서 수입한 원예종 으로 추정한다.

■白福洙

영양 실조에 걸린 '白서향'이다. 姓은 白이요, 이름은 〈서향〉, 신부의 부케를 닮았다 하여 '부케꽃'이라고도 한다. '제주도 곶자왈' 출신이 아닌가 싶다.

百合꽃 기다리기
(2023. 6. 23)

金在連(글·사진)

비를 좋아하는 꽃 百合,
올해는 한 송이, 두 송이…
다섯 송이, 꽃망울이 매달렸다.

◇배랑박 옆 百合(금년)

꽃송이마다 벌거스레 물 들어 간다.
매일매일 변해 간다.

해마다 7월 初에 滿開한다.
3개 꽃대에 그저 그런 百合꽃,
올해는 그다지 탐스럽지 않을 것 같다.

작년보다는 초라할 듯하다.
그래도 활짝 필 날을 기다린다.

□ 百合 滿開할 날이 며칠 남지 않았군.
아직 피지도 않은 百合꽃더러
탐스럽지 않을 것이라 말하다니,
百合이 좀 서운하겠다.

◇예전에 핀 百合꽃,
참말로 한 바구니 가득이다.

■박경섭

가을바람 풍선처럼
(2021. 9. 4)

길어진 가을 장마에 시무룩히 지내다, 모처럼 보는 화창한 가을 하늘이 한껏 기분을 업시켜 준다.

마치 가을바람을 불어 넣은 풍선처럼 마음이 부풀어오른다. 내게 아직 그런 感性이 남아 있는가?

때로는 자연이 주는 시련도 있지만, 흐트러진 대자연의 순환은 결국 제자리를 찾고야 만다.

◇북한산의 가을 하늘/ 사진 : 金台中

가을 정취
(2021. 10. 24)

박경섭

갑자기 찾아온 추위가 물러가고,
다시 平年 기온을 회복했다.
가로수에 깃든 단풍잎에서
'가을 정취'를 물씬 느낀다.

四季가 철 따라 만들어내는 아름다움을 본다.
어찌 쉼 없이 가는 계절을
이리도 곱게 단장해 주는지,

이렇게 아름다운 거처를
인류에게 마련해 주는지.
따뜻한 햇살이 여유를 느끼게 하는 10月,

휴일이 주는 여유인가?
도시가 조용하다.
빈 도로를 질주하는 자동차 소음만 없으면,
山中에 와 있는 것 같다.

기다리는 단비 소식
(2022. 6. 22)

박경섭

새벽 山行을 나서니,
푸석거리는 산길을 따라 늘어선
메마른 풀잎뿐이다.

降水量이 많을 때는
기온차로 아침 이슬이 풍성히 내렸다.

이른 아침에 숲길에 들어서면,
풀잎 이슬이 바짓가랑이에
휘휘 감겨들었다.

氣候가 바뀐 것인지,
여름날의 일상적인 모습이라고는,
가뭄에 목마른 草木뿐이다.

장마가 시작된다고는 하는데, 남
녘 바다 어디쯤에서 停滯되어 있는지,
'기다리는 단비 소식'은 없다.

■朴喜周

◇저 건너 청계산 석기봉

떠나는 冬將軍
(2023. 2. 20)

朴喜周(글·사진)

冬將軍이 간다고 인사하러 왔다.
아니 벌써.
심술도 부리고, 기세도 떨치더만.
더 있다 가시지,

그는 이제 아무것도 할 수 없다.
갈 수밖에 없다.

속내는 반갑지만,
겨우내 미운情 들어 배웅하러 나왔다.

강 건너 '석기봉' 위 저 멀리,
뭉개 구름 타고 봄 아지랑이가 손짓한다.

■李秉連

◇羅州 혁신도시 빛가람 전망대,
초등 시절 이곳 '배매산'으로 소풍 다녔다.

羅州 빛가람 카페*
(2022. 1. 3)

李秉連(글·사진)

코로나와 경기 침체 속에 살다 보니,
벌써 실버가 되어 오갈 데가 없어졌다.

고민 끝에 운동도 하고 머리도 쇠퇴되지 않도록,
'羅州혁신도시' 옆 너른 곳에
실버 카페 '빛가람 카페'를 개설했다.

'국가대표급 바리스타'가 타 준 커피와,
手製茶를 한번 맛 보자.

*전남 羅州市 산포면 영산로 5984-91,
☏010-3613-7941

금방 떠나 버릴 것만 같은 봄
(2022. 4. 5)

봄이 금방 훌쩍 떠나 버릴 것만 같아,
가슴이 조마조마하다.

李秉連(글·사진)

'接木'도 안 했는데, 빨간 冬柏꽃 속에
하얀 冬柏꽃이 피었다.
희귀종이다.

◇빨간 冬柏꽃 속의 하얀 冬柏꽃

■宋鎔碩

시비 없는 5月
(2022. 5. 13)

宋鎔碩(글·사진)

◇낚시하는 퇴임 고장 (校長) 선생님

여름이 되면 시원한 수박을 먹어야 좋고,
겨울이 되면 따뜻한 茶라도 있어야 행복하지만,

5月은 걍 앉아만 있어도 편안하다.
풀꽃만 봐도 감동이다.

장미와 아카시아꽃을 보면
저절로 탄성이다.

5月은 아무도 시비가 없다.

■梁祥秀

방죽굴 박경섭
(2022. 12. 30)

당달봉과 錦城山을 벗 삼아,
羅鄕을 활보하며 자란
어릴 적 불알 친구 경섭,

황금빛 들판을 무대 삼아,
세상의 아침을 여는
야무진 깨복쟁이 친구 경섭,

젊은날 뛰는 가슴 안고 세상 끝까지 달려 나가는,
氣魄이 넘치는 英敏한 친구 경섭.

아직 七旬도 아닌데,
순식간에 저세상 사람이 되다니 믿기지 않는다.

부디 이승의 어려운 일 모두 잊고,
하늘 아래 가장 편한 곳
天安에서 永眠하기 바란다.

金川中學校
(舊 羅州東中學校) 등

■박종오

뒷산 오르기
(2022. 5. 19)

박종오(글·사진)

오늘도 山을 오른다.
죽을 둥 살 둥 헉헉거리며
山을 오른다.

마누라를 쫓아간다.
놓치면 밥 안 줄까 봐,
엉덩이만 보며 쫓아간다.
숨가쁘다.

세월아, 멈추어다오.
山도 마누라도 세월도 가만히 있는데,
내 마음만 급하다.

울보가 되다
(2022. 9. 9)

박종오

요즘 많이 운다.
유튜브 〈싸연 싸롱〉의 슬픈 사연을 듣다가 울고,
〈톡썰 사이다〉의 기쁜 사연을 보다가 운다.

슬픈 연속극을 보다가 마누라에게 들킬까 봐,
하늘을 보며 깜박깜박거리며
바보처럼 운다.

친구의 사망 소식에 먼저 갔다고 슬퍼 울고,
친구 자녀의 늦깎이 결혼 소식에 기뻐 운다.

늙었나, 약해졌나, 마음이 여리어졌나,
예민해졌나 알 수 없다.

슬프나 기쁘나 처운다.
'울보'가 되었다.

밤 줍기
(2022. 9. 18)

박종오

山길을 가다가 '톨밤' 하나 주워,
껍질은 손톱으로 찢어 내고
內皮는 이빨로 이리저리 긁어낸다.

퉤퉤, 한입에 넣고 오도독 오도독.
떱떱하고 달콤한 맛,
세상에서 제일 맛있는 '톨밤'.
이리 뚤레 저리 뚤레,
고개를 돌리고 눈알을 굴려 본다.

이쪽에 '톨밤'이 있나,
저쪽에 '알밤'이 있나 눈을 부라린다.
'톨밤'은 주울까 말까,
'알밤'은 얼른 줍는 간사한 마음.

'톨밤'이나 '알밤'이나
뱃속에 들어가면 똥이 된다.
작년에 못 주운 밤 올해 줍고,
올해 못 주운 밤 내년에 주우리.

개천가 산책
(2022. 9. 24)

박종오

오늘도 길 따라 물 따라 걷는다.
개천가 하얗게 핀 갈대밭을 산책한다.

피래미는 왔다 갔다,
오리는 자맥질하여
물고기를 잡아 올린다.

두루미와 물고기는 눈치 싸움으로
生死가 오락가락한다.

한 걸음은 千斤이요,
또 한 걸음은 萬斤이라.

마음은 靑春인데,
걸음마다 千萬斤이다.

노랑 들국화
(2022. 11. 8)

박종오(글·사진)

풍성한 가을을 접고
冬將軍을 맞이하는 길목에서,
山野를 수놓는 노랑 들국화,

가냘프면서도 애처롭고
강인한 너의 모습은,

세상의 풍파를 이기고,
香氣 그윽한 곱게 늙은 女人이다.

◇국화꽃 피어 있는 길

해질녘 갈대밭

(2022. 11. 9)

박종오(글·사진)

하얀 갈대는 너울너울 춤을 춘다.
꽤액~ 꽥 물새의 사랑 놀이에
마음이 생숭생숭.

가만히 의자에 기대어 되돌아보니,
내 人生이 외롭고 슬프지만은 않았다.

갈대밭의 해는 기울고,
내 人生은 아름다웠다고 할 수 있다.

◇해질녘 갈대밭

가을 산길을 걸으며
(2022. 11. 13)

박종오

봄에는 봄꽃 향기에 취해 해롱해롱,
여름에는 빗길에 미끄러지고,
겨울에는 눈길에 엉덩방아 찧고,

가을에는 落葉에
아이쿠머니 미끄러진다.

싸그락 싸그락 갈색길,
落葉 쌓인 가을 산길을
걸으면 기분이 좋다.

◇落葉 쌓인 길/ 사진 : 이삼환

이쁜 손녀
(2022. 12. 4)

박종오

아가, 이쁜 아가, 너는 어디서 왔니.
天國의 天使가 내려왔니,
極樂의 仙女가 下降했니.

꼭꼭 숨어라 머리카락 보일라,
봄을 알리는 진달래 속에 숨었니,
화려한 장미 속에 숨었니,

단아한 국화꽃 속에 숨었니,
네가 좋아하는 엘사 궁전
하얀 눈꽃 속에 숨었니,
언제나 포근한 엄마 품에 숨었니.

못 찾겠다 꾀꼬리,
할아버지는 언제나 술래.
할아버지는 이쁜 손녀가 있어,
오늘도 즐겁고 幸福하다.

멋없는 길
(2022. 12. 17)

박종오

어찌하다 보니
조금 덜 덮인 눈길을 걷는다.
멋대가리 없는, 눈에 덜 덮인 눈길,
가도 가도 멋없는 길.

누구나 바란다.
純白의 길, 멋있는 길,
누구도 걷지 않는 길,
그 길은 없다.

멋대가리 없는 길이,
멋있는 길이란 걸 알 때 멋있다.

그래도 눈길이라 조심
조오심.

골짜기와 稜線

(2023. 1. 8)

박종오(글·사진)

◇골짜기와 稜線 山行

山行을 하다 보면
'골짜기'도 걷고,
'稜線'도 타게 된다.

'골짜기'는 편안하지만 답답하고,
'稜線'은 확 트였지만
뭔가 부족하다.

'골짜기'는 물이 흐르고
庶民的이라 情感이 가고,

'稜線'은 바람이 불고
貴族的이라 情이 가지 않는다.

羅州 드들강 정자교
(2023. 4. 26)

박종오(글·사진)

◇드들江 정자교, 멀리 羅州혁신도시가 보인다.

神仙이 내려와 바둑을 둔다는 '강정산', 仙女가 날개옷을 접고 목욕한다는 '하보', 그 이름도 아름다운 '아랫강정'.

봄이면 엄니들이 화전놀이하는 '강정산',
여름이면 목욕하고 고기 잡는 '하보',
봄·가을 소풍 가는 곳 '아랫강정'.

'강정산'은 동산이라고 하기에는 조금 크고, 山이라고 하기에는 조금 작은, 솔 향 그윽한 야산이다. 바로 발 아래 '드들江(지석천)'과 대촌 냇물이 만난다. 그곳 삼각주의 강 숲에는 뜸북이 울고, 오리는 한가로이 물장구 치고, 두루미는 날갯짓을 하고 있다.

'하보'는 길지도 짧지도 않고, 항상 찰랑찰랑 넘친다. 묵은 때를 씻어 주고, 쌓인 피로도 풀어 준다. 피라미가 몸부림쳐 물살을 올라간다. '보(洑)'가 울면 사람을 잡아간다고 하는 무서운 곳이기도 하다.

南平을 끼고 도는 '드들江'이 은빛 찬란하게 빛나고, 羅州平野를 양 옆구리에 끼고 흐르는 榮山江에 저녁놀이 붉게 물들어 있다.

□ '드들江 하보 (정자교 보)'에서 舊 光山郡 대촌면 쪽에 있는 山이 '강정산'이다. 羅州 산포면 덕례리에 있다. '정자교'란 산포면 내기리(대포리 등, 옛날 光木間 國道가 비포장 도로인 시절에 교통 사고가 무척 많았던 곳)에서 南平쪽으로, '드들江' 과 대촌 냇물이 만나는 곳을 말한다. 행정구역상 羅州 '산포면'이다.

'하보'란 '정자교' 아래쪽의 낮은 '보'로서, '드들江'의 水量이 적을 때는 사람이 통행했고, 물놀이도 하는 등 '遊園地'와 같은 기능을 한 곳이다. '산포쪽 드들江 하보' 입구의 강가에는, 가물치(까마치)·쏘가리 등의 '매운탕 집'도 있었다.

'金川국민학교·金川東校(천석굴~석전리, 폐교됨)·金川南校' 등에서 봄·가을에 소풍을 가기에는, 거리가 멀고 냇가라서 물에 빠질까봐 위험하여 가지 않았다. 왕래가 많지 않아 이웃에 있으면서도 다소 생소한 곳이다.

'드들江'을 끼고 나즈막한 平野가 끝없이 이어지는 이곳은, 참으로 풍요롭고 편안한 곳이다.

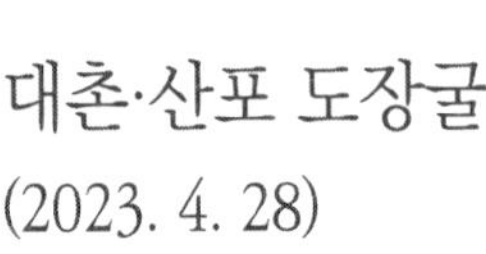

대촌·산포 도장굴
(2023. 4. 28)

◇승촌보

박종오(글·사진)

고향 마을의 이름이 특이하다. 다른 동네는 '부락'이라고 하는데, 우리 마을은 '도장굴'이다. 코딱지만 한 동네에, 앞뜰과 뒤뜰이 있다. 뒤뜰은 '光山郡 대촌면'으로 논농사를 짓는 곳이고, 앞뜰은 '羅州郡 산포면'으로 개천이 있고 밭농사를 짓는다.

대부분의 가구는 '光山郡' 소속인데, 그 中의 몇 가구는 '羅州郡' 소속이다. '도장굴' 동네 한가운데에 '깔크막(경사)'이 있어, 리어카로 짐을 싣고 올라갈 때는 혼자서는 갈 수 없고 동네 사람들이 밀어 주어야 올라갈 수 있다.

겨울에는 동네 꼬마들이 썰매를 타기에는 좋으나, 어머니·누나들이 물항아리를 많이 깨먹는 곳이기도 하다. 동네 앞 하천인 '장강'은 파란 물이 솟아오르고, 물이 깊으며 그물은 소용돌이친다.

그 하천에서 '소·염소 물 먹이기·점프하기·숨바꼭질·자맥질로 멀리 가기 놀이' 등을 했다. '장강'에서 개수영부터 배우기 시작하여, '도장굴' 아이들은 모두 수영을 잘한다.

그곳에는 모래무지·새우 등 각종 피래미가 모여들었다. 쌍둥이 아이가 벌거벗고 '장강' 위에서, 매미채로 각시붕어를 잡기도 했다. 그놈들의 고추가 야무지게도 생겼다.

□ 光山郡 대촌면의 승촌·학촌과, 羅州郡 산포면의 덕례·유촌·내촌 친구들은, '드들江(지석천)'을 건너 金川(羅州東中)에 왔다.

그 당시는 다리 또는 '보(洑)'가 없었다. '드들江'을 건너기 위해서는, 사과 궤짝을 여러 개 붙인 것같이 생긴 '멍텅구리배'를 타지 않으면 안 되었다.

'드들江'을 건너질러 光山郡 대촌면 승촌리와, 羅州郡 金川面 신가리를 잇는 '연결 밧줄'이 있었다. 그 '연결 밧줄'에 '멍텅구리배'를 걸고, 기다란 대나무 간짓대로 노를 저어 '드들江'을 건너온 것이다.

대촌·산포 친구들은 '드들江'에 홍수가 지는 날을 무척 좋아했다. 학교에 안 가도 되니까. 지금은 드들江과 榮山江 본류가 만나는 지점 부근인, 羅州 노안면 쪽에 '승촌보'가 축조되어 있다.

그냥 웃기
(2023. 6. 20)

박종오

나는 웃는다.
거울 보고 웃는다.
거울을 볼 때마다 웃는다.

찡그릴까봐 웃는다.
나를 사랑하기에 웃는다.
내가 나를 사랑해야
모든 사람이 나를 사랑하기에 웃는다

나는 늙었기에 웃는다.
惡鬼로 보일까봐 웃는다.
아이들은 天使처럼 웃는다.
나는 아이가 되기 위해 웃는다.

웃을 일이 없으면 만들어서
웃고, 미친 놈처럼 그냥
웃고, 아무도 없는 곳에서는
으하하 呵呵大笑 웃는다.

思想과 宗教로부터의 자유
(2023. 6. 22)

박종오

학창 시절과 청년기에는 기독교와 서양의 인본주의·실용주의 思想에 심취해 神을 알았다. 장년에는 공자·맹자·사서삼경과 老子·장자의 道德經에 빠져 神仙이 되어 인간의 도리를 알았다.

50대에 접어들어 불교에 입문하여 『반야심경』을 수백 번 寫經했다. 仁寺洞 조계사에서 주말만 다니는 불교대학과 불교대학원에 입교하여, '반야심경·금강경·능엄경·팔양경·육조단경·화엄경·법화경' 등 불교 경전들을 섭렵하면서, 자연의 순리와 인간의 마음을 알았다.

기독교인으로서, 유교의 도사로서, 불교의 중생으로서, 宗教와 思想의 正體性은 없으나 마음은 자유스럽고 편안했다.
이러다 보니 세상이 보이고, 인간의 마음과 자연의 이치를 조금 깨닫게 되었다. 인간과 자연을 사랑하고, '思想과 宗教로부터 자유'이고, 보통 사람인 것이 나를 사랑하는 것이었다.

■조민식

색소폰
(2020. 3. 16)

세상을 살면서 재산 많은 사람,
자식 잘된 사람, 富·권력·건강 다 갖춘 사람보다,
악기를 잘 다루는 사람이 제일 부럽다.
더 늦기 前에 악기 하나로 몇 曲만 연주할 수 있으면 좋겠다.
다만 마음뿐이고 실천을 못한다.
'색소폰'을 잘하는 〈규수〉가 부럽다.

■박규수
지금도 늦지 않았다. 얼른 결단하고 계획을 세우시게.

■조민식
'색소폰'은 '소프라노·알토·테너'가 있다는데, 무엇부터 시작하는 것인가? 제품명·가격 등 제반 사항에 대한 정보 좀 주시게. 인터넷에서 검색해 봐도 모르겠네.

■박규수
색소폰의 종류
-下급 : 국산 50~100만, 중국산 50만
-中급 : 일제 야마하 120~250만
-上급 : 일제 야나기사와 450~850만,
프랑스제 셀마 리퍼런스 550만부터.

*처음 입문할 때는 보통 중국산을 많이 사용하고,
좀 여유 되는 분은 '야마하'를 선택한다.
중품은 150만 정도.

■조민식
초보는 알토로 하라던데,
학원에 가서 개인 교습을 받는 것이 좋겠지.

■박규수
定石은 그런데, 학원에 가면 레슨 비용이 좀 든다.
취미로 하는 것이니까, 동네의 '색소폰 동호회'에 가면 된다.
매달 회비는 10만원 정도.
색소폰은 '소프라노·알토·테너·바리톤' 네 종류가 있다.
주로 알토를 많이 사용하고,
좀 年數가 되면 테너를 같이 사용한다.
'야나기사와'를 쓰고 있다.

■조민식

'색소폰'은 종류에 따라 층하가 크다.
초보는 저가로 시작하여,
점차 실력이 향상되면 상향한다.

칠십을 바라보는 인생,
살아 보니 별것이 아니더라.
내 마음을 음률에 담아
사랑하는 이에게 들려 줄 수 있다면,
이 또한 행복이 아니겠는가.

□ 반드시 악기를 연주하는 것만이,
음악을 애호하는 것은 아닌 것 같다.
굳이 악기를 연주하지 않더라도
트롯 등 대중가요를 따라 부르는 것으로도,
그 또한 행복이라 할 수 있겠다.
하지만 제대로 된 악기 하나쯤
연주할 수 있으면 더욱 좋겠다.

그리운 별똥별

(2020. 8. 23)

조민식(글·사진)

◇다시 보고 싶은 별똥별

캠핑 등산 동호회를 검색하다가,
머리 좀 식힐 겸 밖으로 나왔다.

비가 뚝 그친 밤하늘의 구름 사이로,
하늘도 보이고 별도 보인다.

참 좋은 밤이다.
어릴 적 모깃불 피워 놓고
'대나무 平牀'에 누워,
은하수와 '별똥별(流星) 꼬리'를 보았다.

이제는 보이지 않는다.
그 모습이 꿈이었나.
그 시절이 그리운 밤이다.
다시 한번 밤하늘을 수놓은 '별똥별'을 보고 싶다.

■金鍾燦

平昌의 그림 같은 집
(2022. 4. 7)

'강원 平昌'은 〈鍾燦〉이 태어나 자란 곳이다.
그가 '平昌'의 산등성이 숲속 陽地바른 곳에,
그림 같은 집을 다시 지었다.

올 여름 '平昌'의 새 집과, 산골 구경을 한번 하고 싶다.

■金鍾燦(글·사진)
'平昌'에 와 밭에 비닐 씌우고, 감자 심고, '두릅'도 땄다.

□ 도시 농부가 시골 본토박이 프로급 농부가 다 되었다.
'두릅'에다 고추장 찍어 막걸리 한잔 하고 싶다.

◇平昌의 그림 같은 집

■全永吉

◇土卵 캐는 날/ 사진 : 李濟興

그리운 토란국
(2020. 9. 7)

그리 貴하게 여기지 않았던 '土卵'이,
그토록 풍요롭고 貴한 식물인 줄 미처 몰랐다.

밭 귀퉁이에 몇 그루 심어 놓고,
물기만 좀 있기만 하면
病도 없이 잘도 자라는 '土卵',

가을에 뿌리가 탐스럽게 주렁주렁 달려 있는 모습에서
富者가 된 듯하다.

'土卵국'을 끓여 먹으면
옛 추억이 새록새록,
이 가을에 익어 가는 '土卵국'이 그립다.

■李濟興

해거리

(2020. 10. 5)

李濟興(글·사진)

◇우리 아파트 정원의 감과 土卵

우리 아파트 정원은 '감나무와 土卵 가든'이다.
올해는 '감 색깔'이 鮮明하지 않고,
씨알도 시원찮다.
다만 여전히 '토란 잎'은 무성하다.

□ '감' 등 과일은 '해거리'를 한다고 한다.
올해 감 열매의 색깔 및 씨알이 시원치 않으면,
내년에는 올해보다는 잘 될 것으로 볼 수 있다.

光州高等學校

내일로 가는 歸家
(2020. 6. 28)

朴秉聖

스산한 도시의 강바람 축축이 젖어
어둠을 밟고 어제처럼 집으로 간다.

내일의 생각을 하나씩 밟으며 가는 발걸음은
낡은 수레처럼 터덜거린다.

성긴 별은 추억만큼이나 아득하여
이제 막 둥지를 떠난 새처럼 어른거린다.
현관에 들어서는 헛기침 소리는 작아,
강아지만 듣고 꼬리로 반긴다.

현관 바닥엔 몸을 비비는 가족들,
큰애의 검정구두가 보이지 않는다.

머잖아 막내의 손바닥만 한,
귀여운 신발도 보이지 않으리.
어미의 칫솔통에는
아직도 몸을 기댄 네 가족.
이젠 머지않아 장승처럼 둘만 남으리.

가을이 걱정이다
(2020. 11. 2)

朴秉聖

한 잔의 커피로 몸을 데워 봐도
마음은 온기를 채 머금지 못하는데,
우련한 그리움 하나로만
이 가을을 이겨낼 수 있을까 걱정이다.

서리 맞은 '唐단풍' 진한 눈빛 하나로
그 모든 말을 침묵으로 다스리는 가을,
풋풋한 연녹색 만남으로 시작하여
이제는 잘 익은 '오가피' 낮술 한잔에도
붉어지는 사랑인데,

서리 맞은 '꽃무릇' 진한 빛깔 하나로
무엇 하나 걸치지 않은 맨몸,
만나지 못하는 잎과 꽃의 거리만큼

이기지 못할 오랜 그리움인데,

어느덧 낙엽과 함께 소슬바람이 실어 오는
툭, 하며 떠나가는 것의 쓸쓸함으로,
이 붉게 타는 계절을 배겨날 수 있을까 걱정이다.

△ 唐단풍과 꽃무릇,
그리고 오가피에 취한 얼굴의
시각적 이미지를 주로 사용했다.
연녹색과 색채 대조로 붉은 이미지를 강조한다.

침묵의 계절과 맨몸의 계절 의미를 실어 본다.
꽃무릇은 붉은 꽃이 진 뒤 푸른 잎이 나온다.
만나지 못하는 因緣의 傳說이 있는 꽃이다.

◇첫눈의 약속

첫눈의 약속
(2020. 12. 14)

朴秉聖(글·사진)

첫눈 오는 날, 눈을 따라 가슴은 춤을 추는데
오지 않는 사람을 하염없이 기다려 본 사람은 안다.

不眠의 약속도 때로는 땅에 내리기가 무섭게
흙이 되는 눈처럼, 낙엽이 되는 눈처럼 허망한 것임을,

깃털처럼 가벼운 약속, 기도하듯 두 손을 받쳐도 보지만,
바람에 흩날리는 기약 없는 기다림으로
흔적도 없이 사라진다는 것을.

첫눈 오는 날,
아직도 유효한 희디흰 그리움 하나 있어,
기다림에 익숙해진 사람은
그로부터 긴 겨울이 시작됨을 안다.

봄날 새벽
(2021. 3. 24)

朴秉聖

꽃샘 봄날 새벽이면 청춘의 뱀 한 마리 나를 깨우러 오고, 베갯잇 속에는 꾸다 만 온갖 꿈이 꿈틀거린다.

왼편 가슴이 꾸다 만 꿈으로 먹먹해지면, 진한 회한의 편린은 몸을 뒤집어 오른편 가슴에 선뜩선뜩 와 박힌다.

지나온 길녘은 허물을 벗고 뜨겁게 흘러 왔다가 상처 입은 뱀처럼 기억보다 빠르게 사라지고, 뇌세포 몇은 죽어 망각의 늪에서 욕망으로 살아났는지 아랫도리만 뜨거워진다.

난청의 귀에서 우는 구렁이 울음소리, 그 혓바닥에 대하여 그리고 그 허무에 대하여 생각할 여지도 없이 흠뻑 젖은 머리에 똬리를 트는 건, 지난 봄날 놓지 못하는 징그러운 그리움.

늦단풍
(2021. 12. 7)

朴秉聖

가야 할 때를 아는 그때부터
나무는 뜨겁게 불탔지만,
'툭 ~' 던지며 떠나는 순간을 위하여
자신을 살찌운 나무는,

휘몰아치는 바람에도 끄떡없던 나무는,
제 몸의 무게로 자신을 던지고자
그때를 기다려 붉게 붉게 불탔지만,

아직은 버리지 못하는 그리움 하나 또 있어
화살나무 끝자락 피멍처럼 남아,
늦사랑 신열로 달궈진
다홍치맛단 데워진 얼굴로
끝내 풀어 던진다.

다시 어둠이 와도
(2022. 3. 30)

朴秉聖

남쪽에는 아직도 눈꽃 녹여 꽃눈 틔운
梅花 裸木의 서슬이,
가지가지 마다 눈물방울로 흐르는가
잠을 잊은 그대여,

어둠이 몰려오고
한 치 앞을 모를 때의 두려움보다,
뻔히 보이는 어둠이 더 두렵다는 그대여,
어둠의 고통은 빛의 産室이라고 함부로 말하지 말자

어느 이른 봄날 문득 커튼을 젖히자,
눈부신 눈꽃 세상을 만나는 새벽처럼
눈부신 햇살 머금은 새소리
이마에 부딪는 기막힌 아침이 올 거라고.

어떤 상처도 시간의 바람으로
산화된다고 함부로 말하지 말자.
눈꽃 진 자리마다 꽃눈 틔운 상처 입은
梅花 裸木의 하얀 서슬이,

가지가지에 눈물방울로 맺도록
다시 어둠의 고통을 만나기로 하자.
그리고 먼동이 트기 前
신들메를 조이고 어디든 박차고 나서자

◇먼동이 트기 前, 신들메를 조이고 나서자
/ 사진 : 金泰勳

월드컵 16强 진출
(2022. 12. 3)

朴秉聖

'君子報仇 十年不晩' 君子는 복수하는 데 10년이 걸려도 늦지 않다. 12년 前 '가나'와 '우루과이'의 연장戰, '우루과이'의 골대 안으로 들어간 공을 〈수아레스〉가 핸들링 反則으로 페널티킥, 그러나 失蹴으로 4强 진출 탈락, 복수의 때를 기다린 지 어언 12년이다.

이미 16强 탈락이 확실한 '가나'는 '우루과이'를 탈락시켜야 한다. 그들은 1골만 더 내주면, 韓國이 탈락한다는 것을 이미 잘 알고 있었다. '가나'는 휘슬 1분 前 선수 교체 시간 끌기로, 더 이상 失点을 막아 '우루과이'를 탈락시킨다. 그리고 〈수아레스〉를 마구 울게 만든다.

'가나'는 君子의 나라인가. 태극전사들은 정정당당하게 싸워, 상암에서 한국 팬을 무시하고 돌아간 〈호날두〉에게 복수한다.

그리고 '포르투갈'을 월드컵에서 두 번이나 침몰시킨다.

[羅昌燁] 〈孫興民〉이 수비수에게 앞이 막히어 그냥 머뭇거린 것이 아니라, 〈황희찬〉이 들어올 때까지 기다리다가 킬패스로 연결해 준 것이다. 〈孫〉이 아니면 못 만들, 한 篇의 藝術 作品이었다.

열넷·열일곱 친구
(2023. 1. 22)

朴秉聖

◇癸卯年 설날 아침/ 사진:金台中

열넷 내지 열일곱에 만나 여태껏 친구로 좋아했다면, 그 세월이 아무 의미도 없이 흐르는 강물이었을까.

돌아오지 않는 視力, 삐거덕거리는 관절, 가느러지는 오줌 줄기, 날아간 머리카락, 종일 귀에서 우는 귀뚜라미 울음소리, 부쩍 많아진 눈물.

그보다 더 슬픈 것은 나이들수록, 우리 사이에 3·8線 같은 線이 그어지고 있다는 것이다. 내 몸의 변화는 나이 먹어서가 아니라, 부지런히 써서 닳아진 것이다.

태양에 좀 더 가까이 가자. 가까이 갈수록 나의 그림자는 더 길어지고 그늘은 넓어진다. 線을 지우고 가까이 더 가까이 가서 다 타서 닳아져 사라지자.

이제 봄인가 보다
(2023. 2. 11)

朴秉聖

어느덧 봄인가 보다. 車를 탈 때마다 洗車하고 싶어진다.

새해 지나 여태껏 남은 미련이나, 웅크린 시간도 꺼내어 털어 말리고 싶어진다. 온갖 관절이 간질간질하다.

福壽草보다 한 발 먼저 달달하고 부드러워진 햇살 맞으러 가야겠다는 생각에 긴장되는 날, 동이 트기 前부터 온몸이 근질근질하다 얼음이 물안개로 피어나는 江이 바라보이는 선명한 기억이 서서히 안개에 지워지는 배경에서, 카페라떼 한 잔이 몹시 그리워지는 날이다.

▷ 이 사람아, 우리 나이는 다들 이렇게 살아. 받아들일 것은 받아들여야지. 돌아오지 않는 視力, 통째로 빠진 까치가 준 이빨, 딱고개가 두려운 삐거덕거리는 관절, 가늘어지는 똥·오줌 줄기, 날아간 머리칼,

종일 귀에서 우는 귀뚜라미 울음소리, 부쩍 많아진 눈물. 그런다고 디집어 누워만 있지 말고, 밭에 가서 냉이를 캐서 된장국을 손수 끓여. 시들어 버린 福壽草만 보지 말고 들에 가봐.

福壽草·바람꽃·노루귀가 이제 막 머리를 쳐들고 널 반길 거다.

◇쩍쩍 갈라진 아스팔트

도덕경 柔弱勝剛强
(2023. 3. 20)

朴秉聖(글·사진)

강풍에 柔弱한 풀은 눕지만, 부러지지는 않는다.
강풍이 지나가면 벌떡 일어선다.
그리고 뿌리를 더 깊게 내린다.

쩍쩍 갈라진 아스팔트는
柔弱한 나무의 강인한 생명력 때문이고,
바위를 가르고 바위를 옮겨 쥐는 것도
바위보다 柔弱한 소나무의 강인한 생명력이 아니겠는가.

도덕경 '柔弱勝剛强'의 가르침은
생명에의 의지만 있으면,
어떤 剛强한 폭력과 억압도
극복할 수 있다는 것이다.

아물지 못하는 상처
(2023. 6. 11)

朴秉聖

누구나 아물지 못한 상처 하나쯤 안고 살아가리.
말에 베인 상처는 아물지 못한다.

만지고 만지다, 아픔은 진물이 되어 뼛속까지 스며들고,
결국 고름은 살이 되지 못한다

어쩌면 나의 혓바닥도 흉기가 되어,
누군가의 가슴 깊이 아물지 못하는 상처로
박혀있을지 모른다는 생각에,

부끄러움 가려줄 나무 그늘 하나 없는 거리에서,
한낮 햇살이 가슴팍에 화살촉으로 와서 박힌다

▷ 누구나 말 실수도 하고 살아가는 것이,
보통사람들의 진솔한 삶 아닌가.
울고, 웃고, 화내며, 부대끼는 삶은 아름답다.

■金台中

연달래
(2021. 4. 23)

◇봄바람에 흐느적거리는 연달래

진달래가 연달아 핀다거나,
연한 색깔의 진달래라 하여
'연달래'라고 한다.
계곡의 물가에 핀다고
'水달래'라고도 하는데 같은 屬이다.

■白福洙(글·사진)

봄바람에 날리는 '연달래'를 순간 포착했다.
서울에서는 '水달래'라고 한다.
'토종 참철쭉'을 '연달래'라 부르기도 한다.
봄바람에 흐느적거리는 철쭉이다.

Lanarth 덜꿩나무
(2021. 4. 29)

白福洙(글·사진)

'백당나무 꽃'이 멋지다. 나뭇잎 위로 꽃대가 올라와,
나뭇잎 한 층에 꽃잎 한 층씩이다.
꽃잎도 다섯 뭉퉁이가 뭉쳐 있다.

'덜꿩나무'는 꽃만 예쁜 것이 아니라 열매도 멋지다.
'덜꿩나무' 열매를 꿩이 먹이로 삼을 만하다.

◇Lanarth 덜꿩나무

■金台中
잎을 보니 '라나스 덜꿩나무'로 보인다.
'백당나무'의 잎은 '佛頭花'처럼 양쪽으로 벌어져
손바닥 모양이다.
이건 그렇지 않아 보인다.

때죽나무

(2021. 5. 12)

[金台中]

'때죽나무의 열매 즙액'은 마취 성분이 있을 뿐 독약이 아니다. 어릴 때 '때 죽나무 열매'로 물고기를 잡았다. 시멘트로 만든 무넘이 둑이 큰비로 떠내려가 방천에 비스듬히 걸쳐진다.

그 틈으로 메기가 드나드는 것을 보고, '때죽나무 열매'를 짓찧어 물에 푼다. 물고기를 잡을 때는 위아래를 막고, 채로 水路를 막아 고기는 빠져나가지 못하게 한다.

'때죽나무의 열매 즙액'을 물에 풀면, 하얗게 거품이 일며 물에 풀린다. 붕어·피라미는 물론, 땅에 굴을 파고 숨어 있는 장어·메기도 호흡을 위해 물 밖으로 주둥이를 내민다. 이내 배를 뒤집고 기절한다.

물고기를 줍다시피 해서 깨끗한 물을 담아 놓은 물통에 넣으면, 언제 그랬느냐는 듯 금방 살아난다. 한 곳에서 메기를 38마리나 잡은 적이 있다. 그 물고기를 먹은 나는 죽지 않았다.

'때죽나무'는 영산강 지류 주변에 살았던 나에게 '천렵의 추억'을 주는 식물 이다.

■白福洙

국사봉 출근길에 흔히 보는 '쪽동백나무'를 만났다. 그것도 꽃이 핀 '쪽동백'을. 寶城에서 장어·붕어 잡을 때 死藥으로 쓴 '때죽나무꽃'도 있다.

'쪽동백'은 때죽나무科에 屬한다. 오늘 본 '쪽동백' 中 70%는 꽃이 없고, 30% 정도만 꽃이 피어 있다. 암나무만 꽃이 핀다.

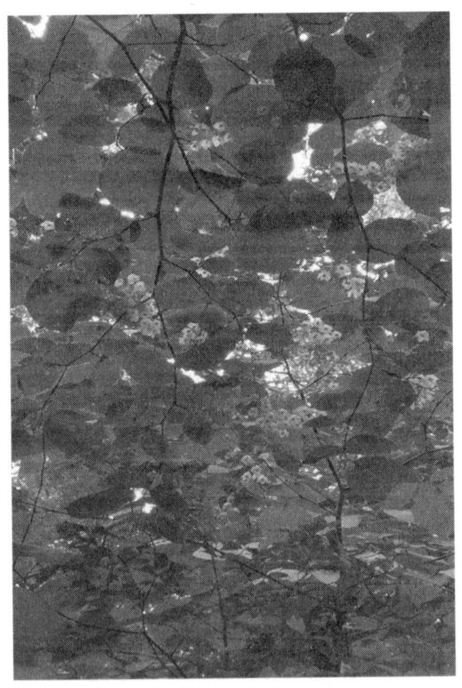

◇천렵의 추억, 쪽동백나무/ 사진 : 白福洙

5月의 벼락
(2021. 5. 31)

金台中(글·사진)

요란한 천둥·번개가 몰고 온 한여름 같은 장대비, 수많은 실패의 연속 끝에 단 한 컷 얻은 너의 얼굴,

어차피 人生은 실패의 연속 아닌가. 단 한순간의 희열을 맛보아도, 그 속에는 또 다른 실패를 잉태하고 있을 것이다.

잠 못 들게 하는 저놈 얼굴을 '조사 불려' 했는데, 단 한 컷뿐이다. 그것도 렌즈에 흐르는 빗물이 붙어 있어 아쉽다. '새복 세시'까지 단 한 컷을 위해, 온몸을 불태웠다.

◇요란한 천둥·번개의 얼굴

落照의 구름
(2021. 6. 30)

金台中(글·사진)

해 진 後 하늘이
더 붉게 타오르는 것은,

불타는 해의 존재를
오래도록 알리기 위해,

자신을 햇빛으로 물들인
구름이 있기 때문이다.

◇落照의 구름

竹田 金台中

(2022. 3. 2)

金台中

어린 시절 집옆의 넓은 '대나무밭',
여름이면 대나무 사이에 평상을 높게 매달아
사다리를 타고 오르내렸다.

대나무를 타고 거의 꼭대기까지 올라가,
옆으로 기울면 '타잔'처럼 옆 대나무로 옮겨 타는 놀이를 즐겼다.

초저녁이면 어두컴컴한 대숲이 무섭기도 했다.
대나무를 베어 파는 날, 바람 부는 날이면
하루 종일 '제발 날 베어 팔지 마세요.'라고 신음하는 듯했다.

'대나무밭'에 대한 기억이 평생 떠나지 않아,
號를 〈竹田〉으로 삼았다.

■李康熙

손주 꽈자
(2020. 7. 31)

꽈자 사 먹으러 가자.
꽈자가 최고다.
꽈자 있고, 할아버지도 있다.

인상 쓰는 불혹의 아빠,
인상 써 봤자다.
할아버지가 王이다.

네 아빠가 꽈자 해롭다고 악써도
악써 봤자다.
王이 사준다.

□年 10회쯤 만나는 손녀와의 만남의 날 8月 14日을 손꼽으며,
아이스크림에 맛을 붙인 놈에게
오지게 한판 때려 멕일 생각이다.

분노 탱천
(2020. 10. 31)

李康熙

쌓이는 분노,
나이 들면 그득한 뜨거운 분노.

목까지 차올라
목 밑을 용광로처럼 만들어 버리는 분노,
'분노탱천'의 섭리.

아, 아직 젊으니 탱천한다.
늙어지면 '분탱깨갱'하겠지만,
'분노탱캥' 안 하고 탱천함에 감사한다.

아침에 할멈한테 '분노탱천'
한 방 쐈더니 시원해서 올린다.

기분 건강에 유익하다.
'카라멜 마끼아또' 맛이다.

부부의 애정 표현
(2020. 12. 15)

李康熙

지금도 서로 발로 찬다. 가끔씩이지만 넙떡지를 찬다. 요즘 들어 억울해하는 건 남편이다. 夫는 발등으로 차는데, 妻는 발꿈치로 찍어 버리기 때문이다.

夫가 월등히 힘셀 때 생긴 룰이라서 어쩔 수 없다. 억울해도 애정 표현인데. 발꿈치로 세게 채이면 척추가 휘청한다.

둘이만 산 지 4년이다. 더 좋다. 떡 안 먹은 지 오래된다. 우선 起立이 여의치 않고, 떡은 고물이 좔좔 떨어져야 하는데 말이야.

老年에 와서 조금 행복해지는 비결은, 상대에게 '熟慮'를 要하는 질문을 던지지 않는다. 상대가 '熟慮'를 要하는 질문을 하면, 진지하게 받아준다. 위 두 가지를 실행에 옮긴 지 얼마 안 되는데 효과가 있다.

너는 紅柿
(2021. 11. 18)

李康熙

◇紅柿

잘 익은 紅柿, 너는 紅柿다.
짱짱한 꼭지에 야물게 매달린
튼튼한 紅柿.

매사에 착착착, 빈틈 없는 紅柿,
예쁜 紅柿, 넌 내 사랑 紅柿다.

紅柿

[徐貴宗 글·사진]
紅柿야, 너는 젊을 때 무척 떫었지.
가을 나무 끝에 얼굴 붉히며 버티누나.

까치밥까지 말해서야. 老欲처럼 흉할까.
붉다고 혹하지 말고 이제 그만 내려놓으시게.

回歸
(2021. 12. 2)

李康熙

◇李康熙

戀人 같은 느낌이
들기 시작한다.

64살짜리에게 나는
戀人의 香 느낌이다.
戀人 같은 느낌.

기억난다.
39년 前 요맘때의 느낌으로
回歸한다.

◇할아버지, 車 조심

할아버지 車 조심
(2022. 5. 4)

李康熙

현관 문을 나서는데,
큰손녀가 다가온다.

손날을 입가에 댄
귀여운 모습으로.

귀를 들이대라는 뜻이다.
살포시 들이댄 귀에다
車 조심하라고 속삭인다.

맞속삭인다.
할아버지 車 조심할게.

무수리
(2023. 2. 4)

李康熙

낮잠에서 깨어 보니 '무수리'가 안 보인다. 불현듯 쓸쓸함이 스쳐 지나가 전화를 한다. 장 보고 있다는 '무수리'가 무얼 먹고 싶냐고 묻는다.

갑자기 혼자 되기라도 하면 막막할 것 같다. '무수리'는 최근 아내에게 붙여 준 別稱이다. 온갖 힘든 일·궂은 일을 다 해내기 때문이다. 예쁜 '무수리'의 뒷편에 天使의 그림자가 보인다.

수십 년 前 누군가에게 빌려준 돈을 받으러 갈 일이 있었다. 같이 가자는 말도 안 하고 혼자 가서 받아 온다. 꾸어 준 돈을 받는 것은 어려운 일이라고 판단한 것이다.

그때만 해도 하늘 같은 남편이 돈 받으러 가는 건 궂은 일이라 생각한 것이다. 지금도 그 마음의 過半은 살아 있다.

버 림
(2023. 2. 12)

李康熙

오늘도 의자 하나를 버린다.
면적만 차지하니까.

단출함과 단순함을 좋아하다 보니,
내일은 뭘 버릴까 궁리 中이다.
'버림'은 재미있고 재미있으면 좋다.

'버림'이 죽을 준비라고 말하는 사람도 있지만
상관 없다.
앞으로 20년은 더 살 거니까.

□ 〈康熙〉의 글은 언제나 재미있다.
많이 버린다고 〈 무수리님〉께 혼나지는 않은가.
〈潭陽댁〉이 서방님을 버릴까봐 저으기 걱정된다.

生과 生業의 숭고함
(2023. 6. 17)

李康熙

生業의 세계는 숭고하다.
生의 모습도 그러하다.

어떠한 유형의 生業도
진지하게 다가온다.
生을 위한 生業의 세계는
존귀하기 때문이다.

나이 많은 희극인의 익살도
숭고한 느낌으로 다가온다.

젊어서는 재미있게 느꼈던
게다리 털기를,
이제는 숭고한 마음으로 바라보게 되었다.
生과 生業의 세계를 보는 것이기 때문이다.

30년産 銘酒
(2023. 6. 25)

李康熙

창고를 정리하다가 유리병에 담긴 梅實酒를 발견했다.
맡아 보니 알콜 度數가 꽤 높게 느껴진다.

언제 담근 것인지는 기억에 없다.
이삿짐 車에 여러 번 실리어 따라온 듯하다.

30년은 넘었을 것이다.
술 담그는 취미가 없어진 지
30년이 넘었기 때문이다.

銘酒의 발견이다.
언젠가는 이 銘酒로 기념할 일이 있을 것 같다는 데
서로가 합의했다.

작은 손녀의 혼인과 같은 큰 기념 時에 사용될 것이다.
요즘 부쩍 오래 살고 싶다는 생각에 사로잡히곤 한다.

■白福洙

얗은 벤또와 헌책
(2020. 5. 22)

다 찌그러진 얗은 벤또,
새것 사면 모두 兄들이 차지하고.

김치 국물 다 배든 兄이 물려준 헌책,
自習書 한 권 제대로 못 사 보고.

그래도 光高生이 된 내가 자랑스러워.

□ 제목만 봐도 고교 시절의 〈福洙〉의 모습이 대번에 떠오른다.
오래된 빛바랜 黑白 사진이 없어도,
이미 제목에서 모두 말하고 있다.

母校를 그토록 자랑스럽게 생각하는, 꿈 많은 고교생 〈福洙〉.
'할아버지 장승'처럼 투박하게 생겼어도,
마음만은 참으로 순수하고 수말스럽다.

잘 차린 도시락 한번 배불리 먹어 보고,
새 책 한번 사서 맘껏 읽어 보시길 바란다.

쑥 캐러 가세
(2021. 4. 2)

白福洙

白手들, 놀면 뭣한당가.
하루에 萬步를 걸으며,
보이는 대로 쑥 뜯어다 먹소.
어떤 補藥보다 낫다네(청혈 작용과 腸 청소).

가급적 무공해 지역의 쑥을.
요즈음 초봄에 겨울을 이기고 나온
쑥의 효능이 제일 좋다네.

무시하지 말고 돈이 문제가 아니라,
사먹은 쑥은 어디서 캐왔는지 찝찝한께.

항상 등산백에 가위와 비닐을 담고 다니게.
보이는 대로 캐는겨.
비닐 봉다리 두 봉지는 쉽게 캘 수 있네.
어이, 쑥 캐러 가세.

◇만병통치약 엉겅퀴

엉겅퀴
(2021. 4. 13)

白福洙(글 사진)

軟綠의 향연, 나물 캐기를 업그레이드한다.
피를 멈추고 엉기게 한다는 '엉겅퀴'.
할머니가 '항가꾸'라고 가르쳐 주었다.
'

엉겅퀴'는 만병 통치약,
'엉겅퀴'를 직접 캐면 얼마나 건강해지겠는가.
'엉겅퀴'를 캐러 2만 步를 걷다가,
웬간한 병은 다 나을 것이다.

山蔘을 먹는 사람보다
약초를 캐는 심마니가 더 건강하고,
우유를 먹는 사람보다
우유를 배달하는 사람이 더 건강하다.

* 항가꾸 : 엉겅퀴의 전남 지방 방언.

閏四月

(2021. 4. 13)

白福洙

松花 가루 날리는 이맘때 靑雲의 꿈을 안고 名門 高校에 입학해, 어떤 것도 이룰 것 같은 기세였다. 첫 중간고사를 앞두고 光高人의 긍지를 강조한, 1학년 1반 〈朴時煥 실장〉의 훈시를 지금도 기억하고 있다.

또 高1 국어시간에 배운 〈朴木月〉의 「閏四月」이 생각난다. 그로부터 50년이 지난 오늘, 白手가 되어 '바라산 정상'에서 흩날리는 松花 가루를 보며 그날의 회상에 젖어 있다.

'松花 가루 날리는 외딴 봉우리
閏四月 해 길다 꾀꼬리 울면,
山지기 외딴집 눈먼 처녀사
문설주에 귀 대고 엿듣고 있다.'

詩의 본뜻은 제대로 파악하지 않은 채, 시험 대비로 지은이가 〈朴木月〉, 靑鹿派는 '朴木月+조지훈+박두진' 외우기에 급급했다. 이제 自然人과 靑鹿派가 되어, 다시 그의 詩를 음미하고 있다.

廣州·光州 태봉산
(2021. 4. 15)

△ 廣州 태봉산

[白福洙] 서울CC 뒷산 '태봉산'은 조선 16대 '인조의 태'가 묻힌 山이다. 1623년 중화사상에 사로잡힌 西人이 패륜을 일삼는 〈光海君〉과 집권당인 대북파를 몰아내고, '선조의 손자 능양군'을 王으로 추대한다.(인조반정)

〈인조〉는 1636년 병자호란 때 城南市(당시 廣州縣) 南漢山城에 피신, 40日 만에 삼전도(송파구)에서 청나라에 '삼배 구고두례(3번 절하고 9번 머리를 조아림)'의 치욕을 치른다. 〈인조〉는 태를 이곳 城南市에 묻어 그런 치욕을 당한 것일까. 漢陽에서 태어났을 텐데, 하필이면 이곳에 태를 묻었을까.

'태봉산'을 포함한 城南 누비길 5번 코스는 높이 310m 이하의 山(동원동~운재산~안산~둔지봉~태봉산~응달산~하오개)으로 이어진다. 완만하고 호젓한 피톤치드 숲속 산책길이 10km나 펼쳐져 있어, 6~70대에게 무리하지 않고 운동하기에 좋은 코스다.

△ 光州 태봉산

■徐貴宗

光州驛 자리가 예전에 '태봉산'이었고, 光州驛이 생기기 前에는 대형 차량 운전면허 시험장이었다. 光州驛 신축공사 기간 中 심한 가뭄이 들어, 당시 어른들이 '공사로 '태봉산'에서 잠자는 龍이 禍를 불러 그런다.'고 했다. '무등산 타잔 사건'이라는 변고가 생기기도 했다.

■李仁宰

光州의 여의주, '태봉산'은 悲運의 왕자 〈용성대군〉의 태가 묻힌 곳이다. 옛날 全大 정문으로 가는 길의 오른편에 사레지오高校, 그 옆에 '태봉산'이 있었는데 '경양방죽'을 메우면서 사라졌다. 정확히는 光州 新驛자 리가 아니고, 驛舍와 全大 가는 도로 사이가 아닐까 한다.

■白福洙

'光州의 태봉산'과 '城南의 태봉산'이 조선 16대 〈인조〉와 연관이 있다. 역사적 사실과도 부합한다. 1623년 〈인조〉 왕위 즉위(인조반정), 1624년 이괄의 난, 1627년 정묘호란, 1636년 병자호란.

城南에 묻힌 태는 〈인조〉의 것이고, 光州에 묻힌 태는 〈인조〉 아들의 것이다. 당시는 풍수지리의 영향으로 '탯자리·묏자리·집터' 등을 중시했으며, 탯자리를 몇 번씩 옮기기도 했다.

故鄕이란
(2021. 4. 15)

白福洙

내 '故鄕'이 어디인지 생각해 본다. 寶城에서 13년, 光州에서 10년(中·高·大), 나머지 軍 생활부터 43년을 서울에서 살았다. 언제부터인가 '궁내동 톨게이트'만 들어서면 '故鄕'에 온 듯 마음이 푸근해진다.

그런데도 내 마음의 '故鄕'은 항상 태가 묻혀 있고, 배가 고파 '삐비' 나 뽑아 먹고 생고구마를 캐 먹던 寶城이다. 엄밀하게 보면 '寶城'은 '아버지의 故鄕'이고, 서울은 '아들의 故鄕'인데.

*'판교 톨게이트'가 속한 곳은 행정구역상 판교동이 아니라 '궁내동'이다. 교통방송에서 정식 호칭할 때, '궁내동 톨게이트 달래내길'이라 한다.

■徐貴宗

情이 들면 '故鄕'이지 他鄕이 따로 있나. 다만, 사람 사는 냄새가 나려면 비가 오면 땅에 스며들어야지, 물 한 방울 스며들 틈이 없는 아스팔트 덮인 땅에는 어쩐지 情이 안 붙고 항상 '남의 살' 같더라.

서울 한복판에서 시작한 생활이 몸에 조금 배다가 금방 정나미가 떨어진다. 칙간에 갔다 와 밑 안 닦은 것처럼, 개운치 못한 감정을 벗어나기 힘들었다.

南漢山城 역사 탐방
(2022. 4. 20)

白福洙

포스트 코로나의 첫 山行으로 '南漢山城'을 택했다. '南漢山城'은 부끄러운 역사를 담고 있는 곳이지만, 엄연한 역사의 현장이다. 한강을 지배하는 者가 한반도를 지배하기 때문에, 한강 유역 천연의 요새인 '南漢山城'이 일찍이 축조되었다.

조선 〈선조〉 때 현재 모습으로 개조되고, 〈인조〉 때 대대적으로 보수하여 병자호란(1636) 때는 그가 피신한 곳이다. 淸의 침공을 받아 40일간 버티다가 〈세자와 함께 서문으로 송파 삼전도에 나가, 〈淸 태종〉에게 '3배 9고두례(세 번 절하고, 아홉 번 머리를 땅바닥에 조아리는 의식)'를 한다.

'南漢山城'은 본성과 본성을 지키는 항아리 모양으로 돌출한 5개의 옹성(1·2·3 남옹성, 연주봉옹성, 정경사옹성)과, 河南·廣州 쪽에 '봉암성(벌봉)· 한봉성(한봉)·신남성(검단산)'으로 구성된다. 정문에 해당하는 성남 쪽의 남문(지화문), 송파 쪽에 서문(우익문), 河南 쪽에 북문(전승문), 廣州 쪽에 동문(좌익문)이 있다.

각 門 사이에 외부와의 비밀 통로인 14개의 暗門이 있다. 2014년 유네스코 세계 문화유산으로 지정된다. 청량산(497m)은 남문과 서문 사이에 있고, 표지석은 남문 밖에 있다. 南漢山(522m)은 본성 밖 벌봉 한봉성에 있다. 정상석은 山城 보호를 위해 정상에서 100m쯤 떨어져 있다.

廣州 검단산(534m, 河南 검단산과는 별개)은 남문 밖 廣州 검복리 쪽에서 진입한다. 정상석은 공군 부대가 있는 헬기장에 임시로 마련되어 있다. 그밖에 약수산(397m)·망덕산(498m)·약사산(415m) 등이 있다.

'南漢山城'은 '城南·廣州·河南·서울(松坡區)'과 접한다. 요즈음 hot한 위례 신도시 아파트 단지도 서울·城南·河南 3개 자치단체로 구성된다.

'南漢山城'에는 '닭백숙거리'가 있을 정도로 '닭백숙집'이 많다. 〈인조〉가 피신할 때, 닭을 잡아 수라상을 차린 데서 유래한다. 항복하는 날 닭다리 한 쪽도 못 먹고 갔다는 일화도 있다.

삼전도 항복으로 〈소현세자·봉림대군과 윤집·오달제·홍익한 3학사〉 등이 淸에 잡혀 가고, 수많은 처녀가 공출되어 '환향녀'이라는 말이 생겨나기도 했다.

조선 3대 패전 中의 하나이다. 신무기인 '鳥銃'을 제대로 쏘지 못하고, 화약이 터져 8천여 명이 죽었다는 웃지 못할 '곤지암 쌍령 전투' 이야기도 있다.

홍천 용소계곡 歸村
(2021. 4. 21)

◇홍천의 용소계곡 펜션

白福洙(글·사진)

마눌의 동창 모임을 한다기에, 홍천 산골까지 운전해 주고 왔다. 나중에는 안 데리고 다닐까봐. 龍이 승천한다는 '용소계곡'에, 퇴직한 神仙이 歸村해 나름대로 파라다이스를 꾸미고 살고 있다. 오염원이 전혀 없고, 사람 살기에 최적지인 6~700 高地다.

'맑은 공기·맑은 물·수많은 野生花·산나물·약초·탁 트인 전망·자작나무 숲' 이 어우러진 심산유곡, 3만여 평의 山과 밭에 300평 규모로 대지를 조성하여, 평당 3~40만 원으로 歸村 휴양지를 찾는 이를 유혹한다. 山속에 천연 낚시터까지 조성되어 있다.

自然人을 로망으로 여기는, 바람든 이를 꼬실 만한 風光이다. 당장 계약이라도 하고 싶은데, 냉철한 마누라의 결재를 받을 수 없다. 허구한 날 무엇을 하며, 누구랑 살 거냐고. 꽃과 나무와 별과 바람하고 살지. 허파에 바람만 채운 하루였다. 다시 생각해 봐야겠다.

◇백운호수의 가마우지

가마우지
(2021. 4. 25)

白福洙(글·사진)

'백운호수'에서 '가마우지'의 근접 촬영에 성공했다.
'가마우지'의 신발 좀 보자. 놀랍다.
海女가 신는 물갈퀴 신발 같다.

海女처럼 한번 잠수해서 자맥질을 하면
한참 만에 나온다.
눈에는 水鏡 같은 한꺼풀의 유리벽이 있다.

낚시하는 새라더니 정말 '海女새'인가.
신비로운 창조의 세계다.
'가마우지'는 환경 파괴범이다.

집단 서식지에서 물고기의 씨를 말리는 유해 조류다.
생긴 대로 놀고 있다.

서어나무
(2021. 4. 30)

白福洙(글·사진)

◇나무짱, 서어나무

廣州 태봉산의 '서어나무 군락지'에 다녀왔다. '서어나무'는 자작나무科에 속하는 나무로, 회색의 매끈한 표면에 '보디 빌더'처럼 울퉁불퉁한 근육질 몸통이다.

나무의 군락 中 으뜸으로 친다. 숲은 사람이 간섭하지 않고 그대로 두면, 자기들끼리 치열한 경쟁을 한다. 陰樹의 특성을 가진 무리가 최후의 승자가 되었다.

陰樹는 음지에서 잘 자란다는 뜻과, 음지에서 다른 나무의 생장을 위축시킨다는 의미가 있다. '서어나무'가 陰樹의 특성을 지닌 '나무짱'이다.

온대림의 최후의 승자는 '서어나무'와 참나무群이다. 한자 '서목'을 한글로 '서나무'로 부르다가, 발음의 편의상 '서어나무'로 부르게 되었다. 陰陽 개념으로 동쪽을 陽, 서쪽을 陰이라 한다. 또 서쪽 五陵의 西木(서쪽나무)이어서 '서어나무'이기도 하다. 연녹색 숲속이 싱그럽고 쾌적한 분위기, '西五陵'의 '서어나무 군락지'가 유명하다.

南漢山城
(2021. 5. 7)

白福洙

천연의 요새 '南漢山城 숲속길'을 다녀왔다. 주로 구두 신고 닭백숙을 먹으러 다니는 부분 코스인 1코스로 가는데, 이번에는 山城을 한 바퀴 도는 5코스를 택했다. 내 나와바리가 아닌데, 위례지구 아파트에 사는 분에게 자극을 주려고 남의 영역을 침범했다.

山이란 가까이 산다고 자기 것이 아니고, 멀리 살아도 이용하는 사람의 것이다. 울창한 숲속에 산책로가 잘 닦여 있고 멍석도 깔아 놓았다. 피톤치드를 마시며 산책하는 기분으로 역사의 숨결을 느낀다.

병자호란 때 〈인조〉가 피신해 47日 만에 수치스런 삼전도의 '삼배 9고두례'의 굴욕이 떠오른다. 하지만 '南漢山城'은 여전히 천연의 요새로 역사적으로 대단한 곳이다. 백제 〈온조왕〉의 王城, 고려 때 몽고 침입을 격퇴하고, 일제 강점기에는 승병을 중심으로 항일 운동의 거점이기도 했다.

〈인조〉 4년(1626) 본성을 축조하고, 병자호란 이후 '봉암성·한봉성·신남 성'을 증축, 성문과 요충지를 보호하기 위해 2중 성벽인 5개의 옹성과, 비밀 통 로인 16개의 暗門으로 구성된 독특한 구조로 된 山城이다.

本城에는 '南門(지화문)·北門(전승문)·東門(좌익문)·西門(우익문)' 들이 있고 軍 지휘소인 5개의 장대가 있다. 현존하는 유일한 '수어장대'가 있고, 경비 초소 터인 군포지가 125개나 있다.

城 안에 사찰이 10개나 있는 것이 특이하다. 장경사·망월사·초림사·옥정사·개원사·한흥사·남단사·천주사·국청사·영원사. 왜란 때 全 국토가 유린당하고 사찰까지 초토화되자 군사력의 중요성을 깨닫고, '나라가 있고 백성이 있어야 불교도 있다.'는 호국 불교의 정신이 바탕에 있다.

승군 편성의 본거지로 8道를 대표하는 주둔지 8개 사찰과 총괄 본부 사찰 1개로 총 9개가 있다. 영원사는 나중에 생겼다. 승려가 목탁 대신 활인검(사람을 살리는 劍)을 들고 의병과 함께 큰 활약을 한 곳이다.

초파일이 가까워지니 연꽃등이 대단하다. 山城과 연등제는 유네스코에 등재된 문화 유산이다. 역사적 의미뿐 아니라 수도권에서 가깝고 숲길이 좋아, 수준에 맞는 운동하기에 좋은 곳이다.

때죽나무꽃
(2021. 5. 22)

白福洙(글·사진)

'때죽나무꽃' 香氣가 아카시아꽃 香氣보다 진하다. 찔레꽃 香氣도 사람 죽인다. 香氣를 보낼 수 있는 '폰'이 없어 아쉽다.

中1 시절에 가졌던 의문은, '목련꽃 그늘 아래서 〈베르테르의 편지〉를 읽노라.'였다. 목련꽃도 그늘이 질 수 있는가. 목련꽃이 필 때는 아직 잎이 없다. 목련꽃만으로는 그늘을 만들 수는 없는 노릇이다. 아직 목련꽃의 그늘을 본 적이 없다.

지금 香氣 진한 '때죽나무꽃'이 뚝뚝 떨어지고 있는 그늘 아래서, 그 꽃을 쳐다보며 사진을 찍고 있다.

◇뚝뚝 떨어지는, 香氣 진한 때죽나무꽃

의왕대간
(2021. 9. 19)

白福洙(글·사진)

淸明한 가을 하늘 피어오르는 뭉게구름을 따라 무심코 걷는다. '나와바리(繩張)란 영향력이나 세력이 미치는 공간이나 영역을 속되게 이르는 말(바운더리)'이다. 굳이 쪽발이말을 빌려 쓰지 않아도 되지만, 이미 익숙해져 語感 전달이 쉽고 편안하여 그대로 원용한다.

淸溪山과 남한산성의 북쪽과 동쪽에서 동시에 친구가 '나와바리'를 침범하여, 어느 한쪽만을 守城할 수 없다. 할 수 없이 정반대쪽인 남쪽과 서쪽으로 방향을 돌린다. 그곳에서 '나와바리'를 확장·보충하고 이제야 돌아왔다. 3만 步 이상의 山行을 하다니 좀 무리인가 싶다.

'나와바리'의 외연 확장을 위해 탄 코스가 '의왕대간'이다. 의왕시는 7개 대형 도시(서울·城南·龍仁·水原·군포·安養·果川)에 둘러싸인 작은 도시다. 이 틈바구니에서 살아남기 위해 '나와바리'의 확보가 필요한 것이다.

위 7개 대도시와 경계를 이루고 있는 山인 '淸溪山·응달산·우담산·바라산·백운산·光敎山'의 등산로를, 감히 백두대간을 모방하여 '의왕대간'이라

한다. 한쪽 面은 의왕시 영역이므로, 당당하고 확실하게 자기 '나와바리'라고 주장하는 것이다.

오늘 산행 코스는 평이하지만 좀 힘이 든다. 서판교~응달산~하오고개~ 우담산(발 화산)~바라산~백운산~光敎山~수지성당. 지리산 종주를 앞두고 연습하는 코스다.

淸光 종주 코스(淸溪山~光敎山 종주) 中 절반에 해당한다. 하오고개부터 光敎山까지로 光敎山 종주 코스다. 그리 높지는 않지만 오르락내리락 구간이 많아 만만치 않다. 약 5시간 3만 步.

◇의왕대간 바라산

붕어빵

(2022. 3. 26)

白福洙(글·사진)

요즈음 '붕어빵'이
'잉어빵' 되었다.
앙꼬가 무척 많이 들었다.

한 개 500원,
먹고 잡다. 붕어빵 사줄 형편은 된다.

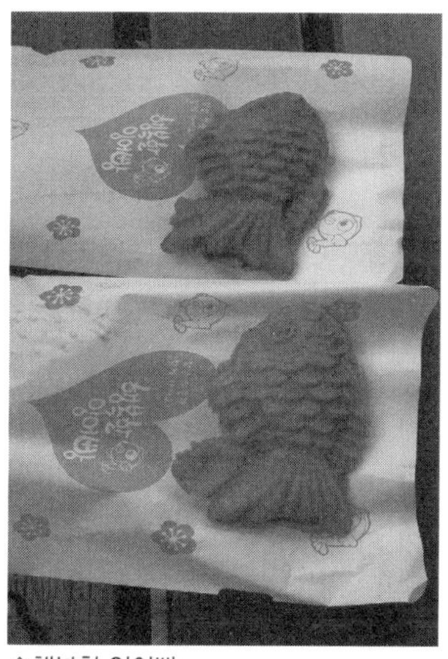

◇행복한 잉어빵

濟州 사려니숲길

(2022. 4. 29)

[白福洙 글·사진]

코로나로 오랜만에 해외 나들이를 한다. 濟州 힐링 코스 숲속 30里 길. '동번·서번'에 이어 이번에는 '남번(해번)'이다. 濟州에 오면 항상 들르는 코스지만 12km를 完走하기는 처음이다.

가족 나들이 코스로 국내외를 통해 이만한 코스가 있을까 싶다. 올레길·둘레길이 8道에 많은데, 뙤약볕을 걸어야 하고 경사지를 오르락거려야 한다. 이 코스는 한라산 숲속길 30~40里 평탄한 길이라, 남녀노소 누구나 걸을 수 있다. 2만 5천 步.

이름부터 신비롭고 청정스러운 '사려니숲길'이다. '사려니'란 '살 안에'라는 의미로 '신성한 구역'이다. '팬티 (빤쓰)'를 울 할머니가 '사르마'라고 칭한 것도, 신성한 것을 보호하는 의미가 아닌가 한다.

버스를 타고 가 보통 가는 코스의 반대쪽인 '濟州市 쪽(봉개동) 사려니' 입출구(비자림 쪽)에서, '서귀포 사려니' 입출구 쪽(표선 가시리 붉은오름)으로 걸으니 수월하다.

렌트카의 경우 제주 쪽 출입구에는 주차장이 없으므로, 서귀포 쪽 출입구에 주차하고 버스를 타고 제주 쪽 출입구로 올라온다.

환상의 12km(2~3시간) 숲속길에서 '피톤치드 세라피'를 하고, 완만한 내리막길인 서귀포 쪽 출입구로 내려가는 것이 좋다. 반대쪽의 경우 약간의 오르막이라, 육십 넘은 노총각은 10里 이상 걸으면 티가 날 수 있다.

한라산 터줏대감인 '한라산 새우난초'와 '새우난초'를 野生 현장에서 만났다. 화원이나 식물원에서나 볼 수 있는 식물이다.

◇이름부터 신비롭고 청정스러운 사려니숲길

寶城 닮은 濟州

(2022. 5. 4)

[白福洙]

어제 10시간 한라산 山行으로 고단하지만, 성취감에서인지 다리가 약간 뻐근한 정도다. 별 불편함 없이 濟州 여행 7일차 나들이를 시작한다. 濟州에서 가장 濟州 스러운 자연생태 숲 '곶자왈'과, 올레 15코스이자 〈이효리〉로 젊은이 카페 거리가 된 애월부터 '협재해수욕장'까지 서부 해안 트래킹이다.

고향 '寶城' 위에 '和順'이 있는데, 濟州에는 '和順' 아래 '寶城'이 있다. 어쩌면 이렇게 동네 이름과 위치가 닮을 수 있을까. 全南 지방 사람이 이곳에 유배 와 살면서 지역 이름을 붙였을 것이다.

'寶城里'에는 〈김정희〉의 유배길과 生家가 있다. 〈歲寒圖〉를 그린 곳이다. 부근에 '설록원'이라는 녹차밭이 '寶城'처럼 잘 가꿔져 있다.

인근에 외국인학교가 들어온 이후 도로명이 '에듀시티'로 바뀌었다. 서귀포시 대정읍 에듀시티 등. 돈 많은 漢陽의 孟母와 수많은 중국 부자가 모인다고 한다. 학원과 新江南아파트村이 형성되어 있다.

'곶자왈'이란 화산 활동으로 분출된 용암이 만들어낸 불규칙한 암석 덩어리. 자갈밭 지대에 형성된 숲이다. 숲과 덤불을 나타내는 '곶'과 자갈을 나타내는 '자왈'의 합성어다.

돌자갈밭이라 경작이 어려워 버려진 땅으로 소·말을 放牧한 곳이다. 덕분에 자연 생태계가 잘 보존되었다. 가장 濟州스러움을 간직하고 있어 '도립공원'으로 지정되었다.

5개 코스(가장 긴 코스 2시간 30분)가 있다. 애월부터 시작한 올레길 트래킹은 '검은돌해변'과 '곽지해수욕장'을 거친다. '협재해수욕장'의 落照와 함께한 18만 步다. 이로써 7일간의 제주살이를 마감한다.*

濟州 먹거리 정보 : 여행의 3요소(동반자·음식·여행지) 中, 뭐니뭐니해도 음식이다. 싸고 맛있는 價性比 좋은 집을 평소 알아 둘 필요가 있다. 濟州 하면 '우진 해장국집', '고사리 육개장'과 '몸국'이 유명하다.

언제 가도 '대기표'를 뽑고 1~2시간은 기다려야 한다. 가격은 만 원 맞은 5~10만 원, 濟州 여행객에게 먹고 싶은 음식 1위다. 그밖에 '도두 해녀의 집·강정 해녀의 집·오가네 전복 설렁탕(서귀포)·쌍둥이회집(서귀포)' 등이 있다.

대관령 소나무숲길
(2022. 5. 13)

白福洙

황홀한 新綠이 山野를 덮고 5月의 하늘이 나날이 푸르러 간다. 맑고 향기로운 바람, 푸른 하늘과 찬란한 태양, 나무와 나무, 풀잎과 풀잎 사이에서 기쁨의 속삭임을 은밀히 수수한다.

5月의 하늘을 우러러보며, '대관령 소나무숲길 의 피톤치드향에 취한다. 풀과 나무와 하늘과 바람과 한가지로, 숨쉬고·느끼고·노래하고픈 숲길이다. 잠시나마 속세를 떠나 사람의 일을 잊는다. 이양하의 「신록예찬」이 떠오른다. 나도 멋진 수필가가 되고 싶다.

'대관령'을 대표하는 4개의 테마 코스가 있다. '목장·옛길·소나무·구름코스'다. '대한민국 국가숲길'이다. 대관령 휴양림과 치유 숲길이 있고 백두대간 20km 자리도 있다. 숲길이 많고 휴양림이라도 어느 길 하나 만만치 않다. 모두 중상류급의 난이도다.

'대관령'이라는 이름 값을 한다. 최소한 청계산·남한산성 수준 이상이다. 자기 능력에 맞는 숲길을 선택한다. 3시간짜리 '대관령 소나무숲길'도, 말랑말랑한 코스는 아니지만 멋진 힐링 코스다. 江陵 해변을 걷는 '해파랑길 4개 코스'도 있다.

오대산 선재길
(2022. 5. 14)

白福洙(글·사진)

'천년의 숲길 오대산 선재길', '둘레길·올레길·숲길의 효시'라 할 수 있는 오대산 월정사에서 상원사까지 편도 9km의 아기자기한 숲길이다.

맑은 물과 푸른 숲, 온갖 樹木과 꽃은 깨달음을 향하는 '선재(동자)'뿐만 아니라, 白手에게도 마음을 비워 깨달음을 얻고 지혜를 배우고 심신을 치유하는 안식처다.

오대산 월정사·상원사는 신라 僧 〈자장〉이 中國 오대산을 방문, 문수보살을 친견하고 창건했다. 500년 묵은 전나무부터 갓 피어난 야생화와 풀섶에 이는 바람 소리까지 아름다운 곳이다.

길이 데크로 정비되어 있어, 힘들이지 않고 쉽게 다녀올 수 있는 힐링 코스다. 왕복 18km로 車를 월정사 입구에 세워 놓고, 상원사까지 버스(1시간 간격)로 올라간다. 逆으로 편도는 걸어 내려온다. 입장료와 주차료가 개인당 5천 원이다.

월정사 입구에 새로 건립한 『조선왕조실록』과 『의궤』 박물관이 있다. 실록은 조선 〈태조〉부터 〈철종〉까지, 25대 472년간의 역사를 편년체로 기록했다. 1,893권 888책.

임진왜란 때 조선 前期 史庫 中, '全州本'을 제외하고 모두 소실된다. 살아남은 '全州本'으로 5부를 만들어 보관한 실록으로, '오대산본'은 국보 151~3호다. 『성종실록』과 『중종실록』은 교정쇄본이며, 『선조실록』은 정본이다.

◇ 숲길의 효시, 천년의 숲길 오대산 선재길

설악산 山情無限
(2022. 5. 15)

白福洙

'설악산'은 계절마다 이름 값을 한다. 어디를 가나 접근이 용이하도록 '데크 무장애길'이다. 한계령 너머의 오색약수터, 주전골과 흘림골까지. 계곡을 1~2시간만 올라가도 쉽게 神仙을 만날 수 있다.

카페 문화가 속초 동해안 바닷가(高城郡)에 있다. 맘모스 규모의 '바다 정원 카페', 5층짜리 본관·3층짜리 별관·좌석 규모 1,500 ·해변 솔밭 카페 좌석 무 제한·4~500대 규모의 주차장이 있다.

토요일이라 주차장과 카페 좌석이 滿席이다. 여기가 江原道인가. 완전 딴세상이다. 별천지 카페에서 한물간 세대임을 깨닫는다. 포토 존에 줄을 서서 흰머리를 모자로 덮어쓰고, 젊은이 폼을 잡고 사진을 찍는다. 어느덧 이 많은 사람 中, 한물간 이가 된 것이다. 세월의 무상함을 「山情無限」의 한 구절로 달래 본다.

'천년 사직이 남가일몽이었고, 태자 가신 지 또 다시 천년이 지났으니, 유구한 영겁으로 보면 천 년도 수유던가. 고작 칠십 생애에 희로애락을 싣고 각축하다가, 한 웅큼의 부토로 돌아가는 것이 人生이라 생각할 때, 나그네의 마음은 암연히 수소롭다.'

歲寒圖

(2022. 5. 25)

[白福洙 글·사진]

◇金正喜, 歲寒圖를 그리다

濟州에 와 '秋史 金正喜(1786~1856)'가 〈歲寒圖〉를 그린 사연을 음미한다. 잘 나가던 그가 유배를 가자 그 많은 친구와 소식이 끊어진다. 찾아오는 친구 한 사람 없다. 그런데 前에 중국 사절로 함께 간 〈이상적〉이 많은 冊을 구입하여 유배지로 부쳐 온다.

극도의 외로움과 어려움에 육체적 정신적으로 힘들어하던 〈秋史〉에게, 그 책들은 엄청난 위로와 용기, 그리고 감동을 준다. 나중에 〈秋史〉는 둘 사이의 友情을 한 폭의 그림에 담는다. 그것이 〈歲寒圖〉다. 〈歲寒圖〉란 〈論語〉에서 따온 말이다.

친구에 대해서도 생각해 본다. 내가 유배 오면 과연 冊을 구입해 보내줄 친구는 있을까. 찾아올 친구는 몇이나 있을까. 冊은커녕 '유람'이라도 같이할 친구는 몇이나 될까.

마치 고기와 물의 관계처럼 뗄래야 뗄 수 없는 특별한 친구 사이를 '水魚之交'라 한다. 서로 거역하지 않는 친구는 '莫逆之友'. 金이나 蘭草와 같이 귀하고 향기로움을 풍기는 친구를 '金蘭之交'라 하고, 〈관중〉과 〈포숙〉의 사귐과 같은 허물없는 친구는 '管鮑之交'.

어릴 때부터 대나무 말을 같이 타고 놀며 자란 친구를 '竹馬故友'라 하고, 대신 목을 내주어도 좋을 정도로 친한 친구를 '刎頸之交'. 향기로운 풀인 芝草와 蘭草 같은 친구를 '芝蘭之交'. 요즈음 스마트폰 시대에는 '개톡之交(개인톡을 하는 가까운 사이)'와 '단톡之交(단체 공동 카톡 사이)'가 있다.

金正喜, 〈歲寒圖〉

歲寒然後 知松栢之 後彫也
날씨가 차가워지고 난 後에야,
소나무의 푸르름을 안다.

▷ 잎이 무성한 여름에는
모든 나무가 푸르지만,
날씨가 차가워지는 늦가을이 되면
상록수와 활엽수가 확연히 구분된다.

濟州 360 오름
(2022. 5. 31)

白福洙

화산섬인 濟州는 오름이 360여 개다. 하루에 한두 개씩 오름과 숲길을 걷다 보니, 칠십줄을 바라보는 이에게 이보다 더 좋을 수 없다.

군산오름·거문오름·한라 생태숲·절물 휴양림·長生의 숲길·숯마루편백숲길·사려 니숲길·붉은오름·서귀포 치유의 숲·시오름·큰 노꼬메오름·조근 노꼬메오름·다랑쉬오름·영아리오름·산방산·송악산.

西部 지역에서 제일 높고 전망이 좋다는 큰 노꼬메와, 조근(작은) 노꼬메, 군산 오름에 오르면 東西南北을 다 둘러볼 수 있다. 한라산을 안 오르고도 濟州島 全部를 구경한다.

東部 지역은 '거문오름·붉은오름·다랑쉬오름'이다. 사려니 숲길 옆에 있는 '붉은오름'은 삼나무숲 그늘이 좋다. 데크 길로 되어 정상까지 쉽게 오를 수 있다.

'서귀포 치유의 숲' 안에 있는 '시오름'은, 한라산을 턱밑에서 조망할 수 있다. 가장 쉽게 접근하고 眞面目을 볼 수 있는 곳이 '靈室 코스'. 털진달래와 산철쭉이 만발한 5月 末~6月 初가 최고 시즌이다.

고사리과의 '貫衆'을 기억할 겸, 그 옆에서 〈管仲〉과 〈鮑叔牙〉의 '管鮑之交'를 다짐한다. 푸른 하늘에 털진달래·산철쭉이 滿開하고, '앵초·미나리아제비·개별꽃·보리수나무꽃·산딸나무꽃·덜꿩나무꽃·말발도리·산사나 무꽃·구상나무 열매·주목'이 至賤이다.

'윗세오름·선작지왓·방아오름'에 펼쳐지는 5月의 饗宴은, 눈으로 직접 보지 않고는 도저히 형용할 수 없다. 황홀한 '선작지왓'의 아름다움을 휴대폰이 제대로 담지 못해 아쉽기만 하다.

族譜 박물관
(2023. 2. 9)

白福洙(글·사진)

'族譜'는 원래 중국의 왕족·귀족의 계보에서 유래한다. 우리나라도 중국을 모방하여 왕족·귀족을 중심으로 姓氏를 사용했다. 〈광개토대왕〉 비문에 왕족의 계보가 기록된다. 비석과 비문은 '大田 族譜박물관'에 있다.

일반인이 姓氏를 사용한 것은 고려 때부터다. '族譜로서 문서로 보존된 것은, 조선 〈성종〉 때 '문화 유씨'이나 序文만 전해진다. 완전한 族譜로서 현존하는 '族譜'의 효시는, 역시 조선의 권문세도가 〈安東 權氏 성화보〉다. '安東 權氏'는 〈權寧範〉의 본관이다.

'水原 白氏'의 시조도 중국의 왕족 출신으로, 780년 통일신라 〈선덕여왕〉 때 들어왔다고 한다.

◇大田 한국族譜박물관

無等山의 재발견
(2023. 5. 3)

白福洙(글·사진)

光州를 떠난 지 40여 년 만에 칠십이 되어, '無等山'을 다시 둘러보고 빛고을 光州를 재발견한다. 먼저 호젓한 '無等山' 드라이브 코스와, 5월 이맘때면 길섶에 피를 토하고 있는 철쭉꽃이 있다.

올해는 5月이 되기 前에 '無等山' 아래쪽은, 철쭉꽃이 거의 다 피어 지금은 지고 있는 中이다. 산중턱인 '바람재'에만 아직 남아 그날을 기억하게 한다.

단풍나무 숲터널 산책로 (왕복 6~7 km)를 따라 걷는, 멋진 힐링 코스를 발견했 다. '원효사 1187번 종점~無等山 옛길~늦재~바람재~너덜 전망대~토끼 등'

'無等山' 4~500m 허리를 좌우에 단풍나무 숲으로 우거진 숲터널을, 완만한 林道를 따라 걷는 힐링 코스는 60~70대 친구들에게 딱 맞는 코스다.

아직 다릿심이 좋아(빳빳해서) 둘레길로 만족을 못 하는 사람은, 얼마

든지 '중봉~장불재~입석대~서석대~세인봉~천왕봉'까지 다녀올 수 있는 멋진 코스다. 증심사 쪽에서 오르면 가깝지만 등산이 되고, 원효사쪽에서 걸으면 산책(걷기)이 된다.

서울에 사는 사람들이 名山 北漢山을 등산하지 않듯, 光州 친구들은 名山 '無等山'을 거들떠보지 않는 것 같다. 筆者도 光州에 살 때는 가보지 못하고, 이제사 둘러보게 되었다.

◇無等山 옛길

■李在儀

安炳夏 評傳
(2022. 3. 2)

다소 힘들기는 하지만, 당시 말도 안 되는 처참한 현장을 목격한 사람이다. 무엇 보다 그때 道廳을 빠져나올 때의 참담한 심정, 자신에게 한없이 부끄러운 느낌이 좀체로 사라지지 않는다. 지금까지 깊은 '트라우마'로 남아 있다 보니, 아직 이런 짐을 내려놓지 못한다.

책을 쓴 사람이야 한 사람이라도 더 관심을 갖고 읽어 준다면 더 좋을 수 없다. 손으로 꼽기 어려울 만큼 많은 분으로부터 격려와 도움을 받았다. 〈朴秉聖〉은 『죽음을 넘어 시대의 어둠을 넘어』(略稱 『넘어 넘어』) 집필로 어려움을 겪 는 '16년 무렵, 직접 찾아와 위로해 주었다.

〈박근혜〉 시절, 이 나이 들도록 몰래 친구를 만나야 하는 자괴감이 드는 시기였다. '미행·도청·이메일 해킹' 등으로 압박해 오니 끝까지 해 보자는 오기가 생겼다. 略稱 『넘어 넘어』의 개정판 원고를 탈고할 무렵, 촛불혁명으로 〈박근혜〉가 탄핵당하는 일이 벌어졌다.

2017년 4月 『全斗煥 회고록』이 출간된다. 『넘어 넘어』는 그 해 5月 11日 프레스센터에서 출판기념회를 갖게 되어 있었다. 〈全斗煥〉이 회고록에서 光州 학살을 철저히 부인하자, 언론 매체에서 마치 『넘어 넘어』가

全斗煥 회고록을 겨냥해 쓴 것으로 초점을 맞추어 보도한다.

회고록과 『넘어 넘어』는 별개로 쓰여진 것인데, 우연의 일치로 그 시기가 맞은 것이다. 『全斗煥 회고록』 덕분에 여론은 光州 진상 규명 쪽으로 흘러가고, 국회에서 특별법을 제정해 진상 규명을 국가 차원에서 추진할 동력을 확보했다.

지금도 光州에서 지속되고 있는 '全斗煥 재판(故 조비오 신부 死者 명예 훼손)'에서는 5·18 당시 헬기 사격이 쟁점이 되어 세간을 관심을 끈다. 1심에서 재판부가 헬기 사격을 인정하는 판결을 내린다.

40년 만의 일이다. 무려 40년의 세월이 흘러서야 비로소, 헬기 사격이 實在한다는 것을 공식 인정받게 된 것이다. 돌이켜 보면 도청 앞에서 1980년 5·21日 13:00 집단 발포로 인해 무자비한 학살이 자행되었지만, 8년 後 국회 光州 청문회가 열릴 때까지 집단 발포는 존재 자체가 부인되었다.

5·20日 23:00 光州驛 부근에서도 집단 발포가 있었는데, 16년이 지난 1996년 검찰 수사에서 비로소 밝혀졌다. 〈安炳夏〉 도경국장에 대한 불명예(당시 합수부에 의해 직무유기 처분)도, 37년이 지난 촛불혁명 직후에야 경찰청에 의해 공식적으 로 '민주주의를 위한 노력'으로 재평가되어 명예가 회복되었다.

진실의 地層이 한 꺼풀씩 벗겨지기까지 숱한 사람의 희생과 인내가 있기에 가능했다. 앞으로 남은 과제는 발포 명령자가 누구냐를 입증하는 것, 암매장 시신의 행방을 밝히는 것, 그리고 光州의 진실을 말하는 사람에게 지속적으로 자행한 국가 권력의 야만적인 행각이다. 나는 요즈음 光州에서 '진상규명조사위원회 전문위원'으로 돕고 있다.

茶山學者, 뚝심의 朴錫武
(2022. 8. 10)

〈李在儀 5·18 기념재단 연구위원〉이 〈光州매일신문〉에 게재한 寄稿文이다. 자신의 글이 後世人에게 읽혀지지 않을까 하는 〈茶山〉의 염려를, 〈朴錫武 茶山연구소 이사장〉이 일정 부분 씻어 주고 있다.

그리고 1,200회에 이르는 朴 이사장의 '뚝심의 茶山 스토리'는 〈在儀〉가 있어, 그 가치가 더욱 빛을 발한다. 〈朴錫武〉도 대단한 분이지만, 〈在儀〉의 寄稿文은 畵龍點睛이다. 〈光州매일신문〉에만 게재하기 아까운 멋진 글이다.

풀어쓰는 茶山 이야기

李在儀

茶山學者 〈朴錫武〉의 〈풀어쓰는 茶山 이야기〉가 1,200회를 맞는다. 대단한 뚝심과 끈기다. '茶山 丁若鏞 사상'의 DNA는 200여 년이 지난 오늘날, 〈朴錫武〉라는 걸출한 學者를 통해 복제 부활한 것이다. 그는 누구

나 인정하는 '茶山 전문가'. 500여 권이 넘는 저술과 2,700여 편의 詩에 담긴 〈茶山〉의 방대한 사상은 그를 통해 대중화되고 있다. 무엇보다 그의 글은 읽기 편하고 이해하기 쉽다. '茶山 사상' 체계의 핵심을 잘 소화해 오늘의 언어로 매우 쉽게 풀어쓰기 때문에 중·고등학생도 재미있게 읽을 수 있다. 그의 노력은 미래 세대에게도 큰 도움이 될 것이다. 마치 중세 유럽에서 라틴어가 死語가 되듯, '漢字' 언어가 우리의 일상에서 사라진 지 오래다. 중국에서마저 '簡字'를 사용하다 보니 더욱 접할 기회가 없다. 요즘 젊은이는 漢字를 영어보다 훨씬 어려운 외국어의 하나로 인식된다.

그런데 조상의 지혜가 담긴 값진 저작물은 거의 漢字로 되어 있다. 전통 사상의 몰이해는 언어의 단절에서 비롯된다. 〈朴錫武〉의 글은 언어 단절의 江을 훌쩍 뛰어넘어, '茶山 사상'의 精髓를 미래 세대가 어렵지 않게 접할 수 있게 만들어 주고 있다.

자신이 쓴 冊이 오랜 시간이 지난 後 사람에게 읽혀질까 하는 염려다. 康津에서 18년 유배 생활 中 수많은 책을 집필하는 동안 〈茶山〉을 가장 괴롭힌 생각이다. 두 아들에게 보낸 편지 속에 절절하게 담겨 있다.

글을 쓰는 것은 자신의 생각을 다른 사람에게 전달하고 싶은 바람 때문이다. 流配가 언제 풀릴지 모르는 막막한 상황에서 세상의 이치와 공직자의 윤리, 농지제도 개혁 방안, 형법 등 經世에 관한 책을 쓴 〈茶山〉의 처지를 고려한다면 이런 생각이 간절할 법하다. 〈茶山〉이 〈朴錫武〉라는 後代의 학자를 만나면서 이런 우려는 사라진다. 그의 글은 18년간 지속적으로 36만 명의 독자에게 이메일로 전달되면서 우리 知性界에 적지 않은 영향을 끼친다. 인터넷 시대의 새로운 매체를 활용하기 때문에 누구나 쉽게 접할 수 있다.

筆者 역시 이메일을 열면 '받은 편지'에 배달되어 있는 〈茶山〉 이야기를 가급적 빠트리지 않고 읽으려고 노력하는 편이다. 날카로운 視線으로 혼란스런 사회 현상의 본질을 꿰뚫는 〈茶山〉의 깊은 思惟를 이렇듯 손쉽게 접할 수 있는 것은 큰 기쁨이다.

'위대한 사상가이자 經世家인 〈茶山 丁若鏞 선생〉의 개혁 정신과 인간 사랑의 정신, 實事求是의 철학을 오늘의 시대 정신으로 승화시켜 보다 밝고 깨끗한 세상을 만드는 데 이바지하고자 한다.'

2004년 6월 '茶山연구소' 가 출범할 때 〈朴錫武 이사장〉이 쓴 인사말이다. 이 달 1일 1,200회째를 맞아 쓴 〈朴錫武〉 글의 제목은 「다시 公廉의 세상을 희구하며」이다. 그동안 정권이 5번이나 바뀌고 국민소득 2만 달러에서 3만 5천 달러에 이르는 경제 강국으로 크게 변하지만, 그동안 쓴 1,199회의 칼럼 속에서 전하는 핵심 메시지는 일관되게 〈牧民心書〉에 담겨 있는 '공직자의 공정과 청렴'이다. 〈茶山〉의 視線을 통해 현실을 비판하는 그의 언어에서는 자못 峻烈함이 느껴진다. '촛불 정부를 자처하던 정권 또한 공정과 청렴의 가치를 제대로 실현하지 못해 정권 재창출'에 실패하고, '공정과 상식을 외치며 청렴한 세상을 만들겠다'며 선거에 승리한 새 정권 역시 아직 확신할 수 없다는 지적이다.

〈茶山〉이 오랜 유배 생활을 할 수밖에 없었던 이유는 조선 말기 부패한 사회를 개조하려는 〈正祖〉의 개혁 정책을 뒷받침한 핵심 사상가이자 실천가이기 때문이다. 하지만 구체적인 사건은 '황사영 백서사건 (1801년) 연루설'이다. 그 사건은 김훈의 소설 「黑山」에 잘 묘사되어 있다. 당시 막 조선에 들어온 천주교에 대한 성리학자의 박해는 상상을 뛰어넘을 만큼 잔혹하다.

〈황사영〉이 프랑스 선교사를 통해 천주교를 접한 시기는 프랑스혁명(1789년)의 진행기다. 천주교가 당시 조선에서 참혹하게 배척된 것은 단지 성리학과 세계관이 다르기 때문만은 아니다. 천주교를 통한 유럽 대륙의 혁명적 기운이 부패한 봉건 사회의 관료, 특히 당시 정권을 뒤흔들고 있는 老論을 중심으로 한 골수 성리학자들을 두려움에 떨게 한 것이다.

혁신적인 사상이 대중과 만나면 큰 사회 변화를 가져온다. 〈朴錫武 이사장〉이 젊은 시절부터 〈茶山〉의 저작물에 주목하고 평생 대중화에 매진해 온 것 은, '茶山 사상'의 혁신성이 대중과 만날 때 가져올 변화에 대한 꿈이다.

■羅炳喆

◇붉은 찔레꽃/ 사진 : 李濟興

덩굴장미꽃
(2020. 5. 18)

羅炳喆·朴秉聖

오늘따라 덩굴장미꽃
유난히 검붉어,
'화려한 휴가·충정 작전' 희생자의 넋
검붉은 핏물로 배어난다.

매년 5月 덩굴장미꽃은
피고 지고, 형·동생·오빠·엄마 ·아빠의 기억
희미해져도,

속죄하지 않는 者
가슴의
검붉은 글씨는
더욱 선명해진다.

떠나가는 이 年
(2020. 12. 29)

羅炳喆

이 年이 가고
그 年이 온다고 하는데,

내 친구 庚子氏를 보내고
그 年과 바람을 피운다고
들떠 있다네.

들리는 소문으론
이 年이나 그 年이나
빠르기가 바람과 같다니.

친구여,
부디 소원 성취해서
제발 庚子年은
못 가게 붙들어 매 놓소.

季節의 변화
(2021. 11. 4)

羅炳喆

어느 봄날 산들바람에
눈처럼 흩날리던 벚꽃잎.

그 모습 아련하여
뒤돌아 보니,

어느새
그 자리엔 붉은 낙엽이
하염없이 흩어져 내리고 있다.

◇四季

남녘의 봄꽃 소식
(2022. 2. 13)

羅炳喆

'청담대교' 아래
얼음 조각 이 둥둥 떠내려오니,

다정한 고향 친구들
남녘의 봄꽃 소식 알려 온다.

빨리 봄나들이 가고 싶어
애간장이 타는데,
보이지 않는 그 놈은
아직 물러갈 줄 모른다.

◇남녘의 크로커스 꽃대
/ 사진 : 趙亮勳

■金光暎

祭亡妹歌
(2020. 12. 6)

金光暎

등산로로 가기 위해 한 아파트 단지를 지나간다. 풍성하던 단풍잎은 모두 떨어졌는데, 영하 4도 아래의 추운 날씨에도, 아직 다섯 개가 아직 남아 있다. 저들은 먼저 간 다른 잎이 그리울 거라 생각하니, 문득 8세기 경 〈月明師〉가 지은 「祭亡妹歌」의 가사가 떠오른다.

'생사 길은 예 있샤매 이어저에 뎌히이고,
나는 가난다 말도 못다닏고 가나니있고,
어느가살 이른 바라매
이에더에 떠딜 닢 다히 한단
자재 나곤 가난 곳도 모르곤져.'

Today, when I came theough an apartment complex to go a hiking trail, I found that five maple leaves were still remained healthy and beautiful under the harsh weather of -4°C, while the others had already been fallen. Supposing that they would miss the passed away ones, an old Korean 'Je-mang-mae-ga' (the ritual song for the late sister) written by a Buddhist monk in the 8th century came to my mind all of a sudden. "Here is the crossroad to the life and death; we hesitate to go further... the autumn leaves took their ways to the other world without saying good bye each other... They don't know where others went, though they had been born on the same branch.'

新安 智島
(2021. 4. 2)

'新安 智島'는 진작부터 연륙교로 연결되어 있어, 찾아가기 어려운 외로운 섬이 아니다. 게다가 新安에서는 보기 드문 '邑 단위의 섬'이기도 하다. 〈光暎〉이 그곳의 '智島中學'을 나왔다. 그 시절에 중학교까지 있는 섬인 것을 보면, 꽤나 큰 섬임을 알 수 있다.

■金光暎

고향집 뒤 '智島 鳳凰山'에는 옛날부터 각종 약초가 자생하여, 서울에서까지 약초꾼이 오곤 했다. 기후가 변하고 인구도 고령화되어 山 관리가 안 되는 데다, 10여 年 前 큰 화재로 소나무 숲이 사라졌다.

잡목·칡 넝쿨, 정체를 알 수 없는 아열대 식물이 번성하여, 더 이상 사람 출입이 어려운 정글로 변해 가고 있다. 동쪽 斜面에 있는 안고랑(안골)과 쪽쟁이고랑은, 골이 깊고 식물이 다양하다. 오르려면 가시덤불로 고생 좀 한다.

간 김에 '曾島 갯벌'도 구경한다. 유네스코 세계 유산인데, 살아 있는 '갯벌'이 무었인지 실감이 난다. 智島邑에 들르거든, 장터거리 상점에서 '젓갈' 좀 사야지.

장날이 아닌 날도 가게 문을 연다. 運이 좋아 '농게 젓갈'이 있으면 더욱 좋다. 가격 이전에 맛이 '木浦·麗水의 젓갈'과는 차원이 다르다.

◇水原 하늘의 전투기 편대

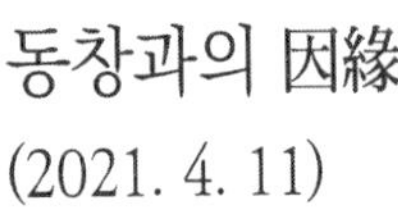

동창과의 因緣
(2021. 4. 11)

金光暎(글·사진)

하늘에 두둥실 떠 있는 구름섬 사이로,
전투기 편대가 지나가니
'烏鵲橋' 하나가 생겨난다.

'우연'이 바뀌어,
필연적인 '因緣'으로 변하는 것,
그것이 삶이 아닐까.

그 中 하나가
'고교 동창과의 因緣'이다.

고광나무꽃

(2021. 5. 29)

金光暎

백두대간에 自生하는 '고광나무꽃'이다.

요즘 'Snow Bell'이라 불리는 서양종이 대량으로 들어와 유통되고 있는데, 土種이 보여 주는 단아하고 깔끔한 모양이 없다.

'고광나무'는 원래 백두대간 산속에서, 고고하게 자태를 뽐내 그렇게 불린 것 같다. 깊고 깊은 山中의 新綠 속에서 피어나 낮에는 바람결에 밤에는 달빛 아래, 황금빛 꽃술을 감싼 은백색의 그리움 그 자체다.

◇고광나무꽃/ 사진 : 金南曉

백년초
(2021. 6. 17)

金光暎(글·사진)

골목길을 지나다 보니,
'백년초'가 화분에 심어져 있다.

지난 겨울 모진 추위와 가뭄에 살아남은
'백년초'가 청초한 노란 꽃을 피우고 있다.

머지않아 녹색 열매가 주렁주렁 열려,
가을이 되면
보랏빛으로 익어 갈 것이다.

◇골목길의 백년초

新安 갯벌
(2021. 7. 3)

金光暎(글·사진)

'新安 갯벌'의 민낯, 고요하되 조그만 생명체가 가득한 곳.

The bare face of Shinan muddy land of the sea, Korea, which is tranquil but full of small wild lives.

'갯벌'의 소중함은 알고 있으면서, '새만금 방조제'는 무엇인가. 40~50여 년 前 '새만금 심포港'에 들러, 백합조개·모시조개를 至賤으로 잡아 구워 먹던 때가 엊그제 같다.

그 많은 예산과 인력으로 막아 놓은 지금은, 무수한 '갯벌'과 생태 생물은 사라지고 雜草만 무성하다. 이제 와 '갯벌'을 되살린다고, 일부 물길을 復元하고 있다.

◇생명체로 가득한 新安 갯벌

잃어버린 地名 되찾기
(2021. 8. 23)

金光暎

◇尹汝正『한자에 빼앗긴 토박이 땅 이름』/ 사진 : 尹汝正

도서 지방에는 글자로 표현할 수 없는 '地名'과 관련된 傳說이 넘쳤다. 일제 강점기와 〈朴統〉 때 地名을 정비하면서 많이 바뀌었다. 〈李明博〉 때 유럽식 주소로 바뀌면서, 里 단위의 지명이 사라져 버렸다.

예를 들면 智島邑에서 임자도로 가는 나루터(지금은 連陸됨.)의 동네가 '저마바우'라고 했는데, 동네가 커지면서 '점암리'로 바뀌었다. '새날기'가 '鳥飛洞'으로 변했으며, '드무치'라는 마을은 사람이 살지 않게 되자 아예 이름조차 없어졌다.

학술진흥협회에 연구 프로젝트를 신청하여, 靈光에서 麗水에 이르는 西南 해안 지역의 고유 지명 지도를 만들면 소중한 자료가 될 것이다. 최소 5년짜리 시범 사업은 된다.

◇고구마꽃

고구마꽃
(2021. 8. 27)

金光暎

어릴 적 국민학교 옆,
그늘 하나 없는 '왕눈이네 밭'에는
해마다 '고구마꽃'이 피었다.

'방글라데시'나 '나이지리아'에서는
'고구마'가 칡처럼,
다년생으로 자라면서 여기저기 꽃이 핀다.
아마도 地熱이 일정 온도 이상으로 계속되면 피는가 싶다.

■徐貴宗(글·사진)
아침에 베란다의 창문을 열어 보니,
시원한 가을 바람이 들어온다.
그리고 백 년 만에 한번 핀다는,
'고구마꽃'이 피어 있다.

智島 고향집

(2021. 10. 27)

金光暎(글·사진)

'智島 고향집'은 동네에서 제일 윗집이고, 가을이라 視野가 무척 좋다.

집 마당가에서 내려다보면, 멀리 좌측은 무등산을 닮은 '靈光 불갑산'이다. 우측 에는 다소 뾰족한 '羅州 錦城山'이 보인다.

여름에 마루에 누우면 바다가 내려다보이고, 서면 그 너머 산줄기가 보인다.

◇新安 智島 고향집 앞 전망과 일출

금강송 가지
(2022. 3. 28)

金光暎(글·사진)

산길을 걷다가 '금강송 가지'를 보며,
문득 떠오르는 생각이다.

소나무 가지도 자세히 보면,
자신을 굽히며
다른 가지가 자랄 공간을 내어 준다.
어떤 이는 왜 모든 것을
'獨食'하려 하는가.

◇금강송 가지

방글라데시 벵골만
(2022. 5. 4)

金光暎(글·사진)

1997년 '방글라데시 다카'에 근무할 당시 '벵골만'의 이미지를 형상화한 그림이다.

'방글라데시'는 갠지스江과 부라마푸트라江 등 거대한 江이, '순도르반 濕地'에서 만나는 나라다. 크고 작은 물길로 갈라지면서, 거대한 삼각주를 수없이 만들어 낸다.

물길을 따라 큰 도시가 자리잡고, 현대에는 공업화가 진행되니 '수질 오염·공기 오염·토양 오염'이 극심하다. 그림은 '방글라데시'의 인구 폭발과 환경 오염을 형상화했다.

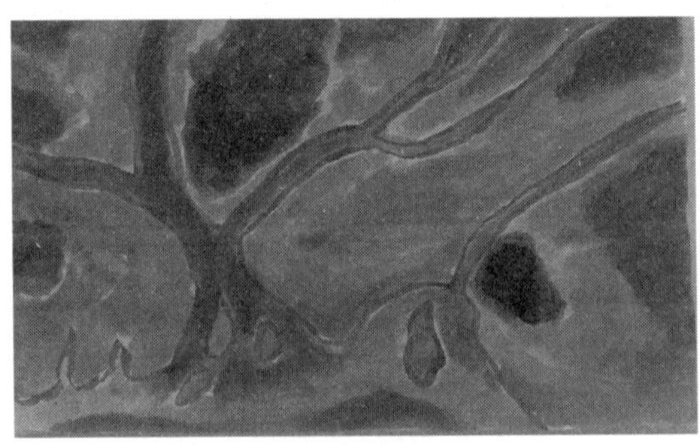

◇방글라데시의 인구 폭발과 환경 오염

楊平 추읍산
(2022. 7. 29)

金光暎(글·사진)

거시기로 흘러가는 산기슭,
이렇게 생긴 山이 어디일까.
楊平 원덕역 근처의 '趨揖山'(583m)이다.

등반하며 마주친 사람은 단 두 명뿐,
코로나19 再팬데믹 상황에서 갈 수 있는 山이다.

山은 예쁘지만,
이 험한 세상에
살아남으려고 毒을 품은 버섯이 많다.

강풍과 벼락에 허리가 부러진
'금강송'도 많이 보인다.

◇楊平 趨揖山

대머리독수리 레스토랑

(2022. 8. 18)

金光暎(글·그림)

2001년 6월, '南阿共 골든게이트~드라켄스버그 지역' 여행 時 본 레스토랑이다. '대머리독수리 고기 요리 전문 식당'을 형상화한 그림이다.

인류가 '소'의 시체를 이용하여, '대머리독수리' 를 포획한다. 또 인류가 이 '독수리'를 먹어 치운다. 끔찍한 食道樂이다.

지금은 강화된 자연보호법에 의해, 그 레스토랑의 門이 닫혔을 수 있다.

◇대머리독수리 전문 레스토랑

老莊 사상
(2023. 2. 1)

金光暎

'老莊 사상'이 우리나라나 중국에서 實事求是的으로 백성에게 利로운 적이 있는가. 백성들을 '黃巾賊의 亂'으로 내몰거나,지식인을 현실 도피 내지 空理空論으로 이끈 점을 어떻게 이해해야 하는가. '黃巾賊의 亂'의 주동자인 〈張角·장도릉〉의 '五斗米教'는 道教의 一派다. 北京에 3년간 살면서 갖는 의문은, 중국인들은 철저하게 實利를 따지는데, 우리는 그들이 버린 遺産에 지나치게 愛着을 갖는다는 것이다.

■鄭光喆

'老莊 사상'이 현실 도피적으로 보일 수 있다. 그러나 백성들을 '黃巾賊의 亂'으로 내몰았다는 것은 이해하기 어렵다. 또 空理空論으로 물들인 것은 '老莊 사상'보다, 조선 당쟁의 격화로 '朱子學'이 변질된 것이 원인이다. 모든 철학 사상은 절대란 있을 수 없고 상대적이다. 시대와 학자에 따라 다를 수 있다.

□ 아무튼 '老莊 사상'이나 '朱子學'은 잘 먹고 잘 사는 것과는 거리가 있다. 은둔보다 전쟁을 피하는 방법을 찾을 것이며, 현실 도피보다는 현실 참여를 통해 뭐라도 改善하는 것이 필요하다. '道'라는 命題를 〈光海〉로부터 배우고, 이를 실천하는 實事求是의 방법은 각자가 알아서 찾을 일이다. 要컨대 잘 먹고 등 따시게 자는 것이 '道'가 아닌가 한다.

鳥川에 내린 비
(2023. 5. 30)

金光暎(글·그림)

三日 내내 내린 비로 '鳥川'*의 징검다리는 오랜만에 물에 잠기고, 비가 그치자마자 나비떼는 꽃밭으로 날아든다.

□ '鳥川'에 3일 내내 내린 비로 '철쭉'은 가고, 그 빈 자리에는 '金鷄鞠'과 나비의 세상이 되었다.

*'鳥川'은 세종특별자치시 전의면에서 발원하여 전동면으로 흘러, 조치원읍과 충청북도 청주시 흥덕구 오송읍과 경계를 이루는 하천이다.

◇물에 잠긴 鳥川의 징검다리

◇金鷄鞠 핀 鳥川의 고수부지

사라져간 붉은 꽃잎들 2
(2023. 7. 1)

金光暎

고향에 가서 10일간 아버님을 돌봐드리면서 오는 겨울 내내 먹을 고구마를 심고 世宗 집으로 돌아오니, 우편함에 비스듬히 꽂혀 나를 기다리고 있는 〈朴秉聖 文友〉의 시집 『사라져간 붉은 꽃잎들』 한 권이다.

3일간 틈틈이 읽다 보니 방금 一讀을 마쳤다. 지난 세월의 격정과 결코 쉽지 않았을 현대판 선비의 삶이, 山 그늘을 품에 안고 잔물결에 주름진 水面 아래, 진리에 대한 갈구와 불의에 대한 분노를 품은 채, 沈潛·沈着한 詩語로 獨白인 듯, 넋두리인 듯, 때로는 抒情詩를, 때로는 敍事詩를 읊어댄다.

긴긴 겨울을 견디어 낸 뻐꾸기의 노랫가락 같기도 하고, 새벽의 소쩍새 소리 같기도 한 〈詩人 朴秉聖〉의 삶의 노래다. 너무 점잖고 세련된 詩의 세계를 추구하다 보니, 빛고을의 그날의 얘기들이 너무 은유적으로 표현되어, 〈호메루스〉의 「일리어드」와도 같은 莊重美와 悲壯美를, '가슴보다는 머리로 느껴야 한다.'는 점은 '玉의 티'라고나 할까?

앞으로 70대·80대를 벗들과 더불어 떼거리로 살아갈, 有史 이래 初有의 우리 세대의 얘기들이, 다음 시집에서는 어떤 모습으로 그려질지 벌써 궁금해진다.

■曺秉欽

◇賜牌山 강철송, 그래도 나는 산다

賜牌山 강철송
(2020. 4. 18)

曺秉欽(글·사진)

'賜牌山'은 북한산 국립 공원 북쪽 끝에 있는 山으로, 동쪽으로 수락산 서남쪽으로 道峰山을 끼고 있다. 道峰山과는 포대능선으로 연결되어 있고, 그 사이에 '회룡골 계곡'이 있다.

'賜牌山' 정상(552m)의 강한 北風을 온몸으로 막아내며, 80度로 꺾여 생명을 유지하는 북한산 국립 공원 最古의 소나무가 있다. 이 '강철송'을 볼 때마다 생명의 경외감을 느낀다.

'賜牌山'은 〈선조〉의 여섯째 딸 〈정휘옹주〉가 〈柳廷亮〉에게 시집갈 때, 下賜한 山이라고 한다.

寶城의 山河
(2021. 3. 17)

曺秉欽

△ 尊帝山 '寶城'에서 두 번째 높은 山(703m) 으로, 벌교읍·조성면·율어면에 걸쳐 있다. 山의 이름은 〈고려 충렬왕〉이 지었다. 소설 〈태백산맥 〉의 중심 무대인 '현부자네 옛집'에서, 홍교를 지나 '尊帝山'에 올라 주릿재까지 답사하는 코스가 있다.

불교와 연관된 지명이 많다. 북쪽 유신리의 '갓바위'에는 염주를 목에 건 불상 모양의 바위가 있다. 동쪽 기슭에 신라 시대 '징광사'와 관련이 있는 天峙(부처님이 하느님과 만나는 곳), 진토재(죽으면 한 줌의 흙이 된다는 뜻), 석거리 재(승려가 모여 문장을 자랑하는 곳) 등이 있다.

△ 帝釋山 順天 西南쪽 별량면과 寶城 벌교읍의 경계(560m)에 있다. 북쪽 오봉산에서 남쪽의 '여자灣'으로 이어지는 산줄기의 중간이다. 사료에 '開雲山'으로 기록되어 있다. 〈신증동국여지승람(낙안)〉에 '開雲山'은 郡의 동쪽 10리에 있고, '開雲山 烽燧'라는 봉수대가 있다고 했다.

'帝釋山'의 동쪽 기슭에 있는 桐華寺가 開雲山에 있다고 하여, '開雲山'이 '帝釋山'의 異名임을 알 수 있다. 『여지도서』에는 '開雲山'은 관아의 동쪽 10리 금전산 아래 기슭에 있다고 하고, 『동여비고(전라도)』에 '開雲山'이 낙안읍치의 동쪽에 桐華寺와 함께 표기되어 있다.

〈해동지도〉에도 '帝釋山'의 동쪽에 桐華寺가 있고, '1872년 지방 지도'에 '帝釋山'은 오봉산 아래에 표기되어 있어, '開雲山'이 '帝釋山'과 동일하다. '寶城'은 한국 유일 '임금 帝'의 山이 3개가 있는 곳이다.[宋正烈]

△ 寶城江 : 우리나라에서 南에서 北으로 흐르는 유일한 江이다. '호남정맥'에 의하여 형성된다. '호남정맥'인 '일림산'의 북쪽 골짜기에서 발원하여 北東向으로 흐른다. 谷城 압록에서 섬진강에 합류한다.

△ 호남정맥 : '호남정맥'은 無等山을 거쳐 和順과 寶城의 경계에서 南西방향으로 달리다가, 제일 남쪽 줄기를 이루는 長興·寶城의 경계에 있는 '제암산·사자산·일림산'을 찍는다. 北東向으로 順天 조계산과 光陽 백운산을 지나 光陽灣에서 脈을 다한다.

북한산 靈峰 合宮바위
(2021. 9. 2)

曺秉欽

'북한산 靈峰 合宮바위'는 코끼리바위에서 백운 탐방 지원센터 방향으로 내려오면, 약 410m 지점 능선에 있다. 아주 큰 바위에 天然으로 생성된 것이다. 하나의 큰 바위의 일부가 風化되어 子宮처럼 씻겨 나가 생겼다. 누군가 宮門을 통해 자기의 고향을 바라보고 있다.

생명을 키우는 가장 거룩한 宮이다. '合宮바위'는 宮바위 좌측 2m 거리 宮門 아래측에 대기하고 있다. 자연의 조화가 경이롭다. 만경봉 계곡 입술바위에서 사랑을 속삭이던 善男善女는, 곰바위능선의 天上에서 혼례를 치른다. 그리고 靈峰 東宮(白雲臺의 東쪽)에 新房을 차린다.

이곳에서 생산한 아들을 '아축암'에서 교육하여, 탐욕을 절제하고 분노를 조절하며 어리석음을 떨쳐내어 歡喜와 善快의 王才로 길러낸다. '靈峰 合宮바위'와 子宮바위는 고도 410m, 270도 방향 아축바위 아래에서 촬영한다. 오늘도 그리운 고향을 찾는 登客이 많다.

「치마」 - 문정희(동국대 석좌교수, 전남 寶城)

벌써 남자들은 그곳에
심상치 않은 것이 있음을 안다
치마 속에 확실히 무언가 있기는 하다
가만두면 사라지는 달을 감추고
뜨겁게 불어오는 회오리 같은 것
대리석 두 기둥으로 받쳐든 신전에
어쩌면 신이 살고 있을지도 모른다
그 은밀한 곳에서 일어나는
흥망의 비밀이 궁금하여
남자들은 평생
신전 주위를 맴도는 관광객이다
굳이 아니라면
신의 후손일지도 모른다
그래서 그들은 자꾸 족보를 확인하고
후계자를 만들려고 애쓴다
치마 속에 확실히 무언가 있다
여자들이 감춘 바다가 있을지도 모른다
참혹하게 아름다운 갯벌이 있고
꿈꾸는 조개들이 살고 있는 바다
한 번 들어가면 영원히 죽는
허무한 동굴
놀라운 것은
그 힘은 벗었을 때 더욱 눈부시다는 것이다.

북한산 등반 所懷
(2022. 12. 31)

曺秉欽

1980년대 初 '북한산'을 처음 오를 때는, 무심코 그곳에 山이 있으니 올랐다. 이후 수백 回를 오르고 나서야 비로소, 그 山의 眞面目이 보이기 시작했다. 2000년 한반도의 역사와 연결되어 더욱 흥미롭다.

민경길 편역, 『북한산』을 읽고 난 6년 前부터 모든 능선과 계곡, 名品松, 기암괴석을 다시 탐방했다. 어떤 때는 아름다운 모습을 보고자 淸明한 날, 해가 正面에 비추는 시간에 맞추어 홀연히 오르기도 했다. 白雲臺에서 두세 시간 머무르는 것은 不知其數였다.

1. **북한산 名品松** : 북한산 국립공원 內의 토양 없는 바위 틈새, 生命水도 없는 최악의 환경에서도 강인한 생명력을 가지고 아름다운 자태로 살아가는 名品松과, 많은 시간 동안 어루만지며 대화를 나누었다.

萬景峰과 노적봉의 황홀할 정도로 아름다운 迎客松, 도봉산 선인봉과 댕기머리바위에 자라는 天下逸品 名品松, 사패산의 온갖 풍상을 온몸으로 이겨내며 85°로 굽어 살아가는 강철송은 잊을 수 없다. 생명의 신비함을 느꼈다.

2. **북한산 기암괴석** : 山을 영접하는 등객에게 즐거움을 선사하는 기암

괴석과 속삭이고, 10m 자로 크기를 측정하기도 했다. 때로는 이름 없는 바위를 스스로 命名하기도 했다. 기암괴 석은 관심 없는 등객에게는 보이지 않는다.

그 中 만경봉 곰바위능선의 신랑신부바위(지도상 족두리바위, 백과사전상 족도리 바위)와 영봉의 아축암(세칭 염소바위·모자바위)은 인상 깊다. 造物主가 '북한산'에 조성한 최고의 걸작품이다.

3. **북한산 14城門** : 사적 162호인 북한산성은 百濟 132년(개루왕 5년)에 쌓기 시작하여, 삼국과 고려시대에 개축하고 조선 숙종 1711년 북한산 주능선·원효능선·의상능선을 연결 하는, 약 11.6㎞ 에 이르는 오늘날의 북한산성을 축조한다. 지금도 復元 사업은 계속되고 있다.

북한산성에는 14개의 城門이 있다. 5개 大門(대동문·대남문·대성문·대서문· 북문)과, 7개 暗門(봉암문·용암문·보국문·청수동암문·부왕동암문·가사당암 문·서암문)과 水門·중성문을 관찰한다.

百濟·고구려·신라가 '북한산'을 차지하고 나서야 비로소 각각의 전성기를 맞는다. 고려가 外侵으로 '북한산'에 피란하여 역사를 유지했다. 임진왜란의 백제관 전투에서 '북한산'을 지킴으로써, 戰勝을 한 것은 결코 우연이 아니다.

4. **북한산 主峰** : 한반도 五岳 中 中岳인 '북한산' 정상, 한국 최고의 정기를 분출하는 白雲臺(836m), 한국 암벽 등반의 메카·仁壽峰(810m), 4방향 삼정승바위와 萬 가지 경치를 보여 주는 萬景峰(800m), 서울의 양식 창고·노적봉(716m), 비룡 승천하는 용암봉(716m), 서해의 파수꾼·문수봉(727m), 서울의 中祖山·보현봉(722m), 1,300여 년의 역사가 숨쉬는 碑峰(560m)의 살아 숨 쉬는 사연과, 네 방향 모습을 살펴본다. 어

떤 봉우리를 東西南北 네 방향에서 감상하기는 쉽지 않다. 혹자는 남의 사진을 옮긴 것이 아니냐고 한다. 한반도의 中岳·'북한산'을 중심으로 본인이 직접 탐방하고, 핸드폰으로 2만여 점의 사진을 촬영했다.

그 中 가능한 한 인물 사진은 제외하고, 선별하여 6개월간 올린 것이다. 멋진 사진은 대개 合作品이다. 〈辛永壹〉 등 그동안 함께한 분들에게, 이 자리를 빌려 깊은 고마움을 전한다.

한국과 세계의 여러 山을 탐방했지만, 금강산과 '북한산'만큼 아기자기한 山은 없는 것 같다. '북한산'은 한반도 최대의 정기를 품은 最高의 名山이다. '북한산'이 筆者의 생활의 일부가 된 것을 감사한다.

내년부터는 북한산 국립공원의 '5.능선과 봉우리 6.인공 구축물과 사찰 7.문화재 그리고 서울의 太祖山·도봉산'을 게재할 예정이다.

□ 寶城 출신 〈秉欽〉이 열정적인 山사나이인 줄은 알고 있었으나, 이처럼 '북한산'에 깊은 애정을 갖고 山에 오르며 사진을 찍고, 화면 하나하나에 그의 感懷와 '북한산'의 내력·역사·문화 등을 소상하게 적는 머스매인 줄은 몰랐다.

눈을 비비고 다시 보아야겠다. 그는 可히 '북한산 지킴이 겸 애호가·등산 작가'라 할 수 있다. 작품 아닌 것이 없지만, 일반인에게는 그다지 알려지지 않은 『북한산 城門 탐방』은 매우 소중한 작품이다. 다른 곳에서는 볼 수 없는 貴한 자료다.

내년부터 제2편을 게재한다는데, 좀 더 작품을 압축하여 매일 게재하기보다, 압축본을 1주일에 1~2회 정도의 시리즈物로 게재하는 것이 좋겠다는 생각이다.

■徐貴宗

福壽草
(2021. 3. 30)

◇福壽草 ※사진 제공 : 金台中

〈福壽草〉는 꽃 색깔이 예뻐 毒草같이 보인다. 옛날 死藥으로 쓴 '천남성과'에 속한다. 〈장희빈〉의 死藥 재료로 쓴 것이 '천남성'이다. 봄에 피는 꽃 中에 독성이 가장 강하다. 화려한 꽃뱀을 보면 가까이 하지 말 것이다.

개의 불알이 꽃뱀에 물리면 藥도 없다. 옛날에는 심장병의 약이 없어 福壽草를 사용했다. 꽃은 아름답지만 독성 때문에 일반인은 사용하기 어렵고, 전문가와 상담 後 소량만 사용한다.

강심·이뇨제이며 사용 부위는 지상부, 뿌리는 藥으로 사용하지 않는다. 한국에는 가지 하나에 꽃 하나가 피는 福壽草와, 가지가 여러 개 올라온 상태의 가지 福壽草가 있다. 봄에 피는 꽃 中에 가장 먼저 피는 꽃이다.

전국에 野生하며 햇볕이 잘 드는 陽地에서 볼 수 있다. 꽃술과 꽃잎 모두 황색이라 전체적으로 매우 아름답다. 이른 봄 야생화 찍는 카메라가 바쁘다.

田園日記

(2021. 4. 19)

〈최불암·김혜자·전원주〉가 나오는 프로 〈田園日記〉, 드라마 촬영지가 '金浦 양촌리'라고 한다. 시대는 바뀌고 세태도 변한다. 田園日記流의 드라마가 어느덧 時代物이 되고 말았다. '아날로그+디지털=퓨전'이듯, '時代物+現代物=우리 시대物'이 된 것 같다. '피자' 먹는 손주와 쌀 떨어져 고샅을 바삐 내달리던 아낙이 어우러져 사는 시대다.

■徐貴宗

요즈음 시간이 나면 보는 프로가 재방영되는 TV 드라마 〈田園日記〉, 이 프로는 1980년 10月경에 시작해 2002년 終放될 때까지, 무려 22년씩이나 방영된 국내 최장수 프로 中 하나다. 방영 당시는 별로 보지 않았지만 지금 관심 있게 보는 이유는, 불과 40여 년 사이에 너무나 변해 버린 우리 사회 모습 때문이다.

이 드라마에는 까마득히 망각하고 사는 한국 사회의 원형에 가까운 모습이 남아 있다. 동네 사랑방에 청년들이 모여 막걸리 한잔 나누며, 주변 雜事를 주고받는 모습이 너무나 정겹다. 옆집에 누가 사는지도 모르는 요즈음 세태가 슬프다.

쌀이 떨어지면 굶지 말고 '피자'나 시켜 먹으라는 손자 녀석과 같이 보면, 참 이해하기 어려운 이상한 드라마라 할까. 'Lost Generation'이란 딴 세대가 아니라 우리 자신이다.

冬柏꽃 인생
(2021. 4. 20)

徐貴宗

새싹이 파랗게 튀어나오면,
소쩍새가 울어예기 시작한다.

꽃망울이 맺어지면 천둥이 구름 속에서도 울부짖고
아침 안개가 밤새 내려온다.

이윽고 붉은 꽃 한 송이 그윽한 향기를 내뿜는 날,
흥분한 詩人은 밤잠을 설치고 冬柏꽃 세상이 열린다.

천하를 얻은 冬柏꽃은 꽃집 아가씨를 두려워할 일이 없고,
목과 허리가 잘려도 아픈 줄 모른다.

시들어 축 늘어진 몰골은 꽃이 아니라고 생각할지 모른다.
피는 것보다 지는 게 더 길고 힘들다는 걸 알 리 없다.

詩人은 더 이상 잠 못 이루지 않고,
봄부터 울어대던 소쩍새도 간 곳이 없다.

극락조
(2021. 5. 1)

徐貴宗(글·사진)

◇극락조 수컷

'극락조' 수컷이
암컷에게 춤추며 求愛하는 장면이다.

'파푸아뉴기니 정글'에 사는
일명 'Bird of Paradise'이다.

식물의 大家는 즐비하니
種의 다양성 추구를 위하여,
제비를 비롯한 새에 관심을 두기로 한다.

康津 칠량 초당림
(2021. 5. 2)

徐貴宗(글·사진)

'康津 칠량면 초당림'이다.
백합나무 오솔길이
떨어진 낙엽과, 따스한 햇살이 어우러져
분한 분위기를 연출한다.

'백제약품'의 창업자 〈김기운 회장〉이,
50여 년에 걸쳐 조성한
국내 최대 조림 숲이다.

◇康津 칠량, 초당림

病床에 누워·삶 序
(2021. 5. 25)

〈徐貴宗, 獨臥病床望無等·病床에 홀로 누워 無等山을 바라본다.〉

비는 그치고 구름 사이 달을 보며, 외롭고 이 초라한 삶에 대해 외롭다고 외치고 싶으나 아무도 내 기분을 묻지 않는다.

들판의 해골이 되리라 마음먹으니 몸에 스미는 바람, 여행자라고 이름 불리고 싶어라. 봄날의 焦憂*.

*焦憂 : 몹시 걱정함.

朴秉聖, 〈삶 序〉

물안개 얼굴을 간지르는 새벽길 나서, 눈부신 햇살 가득한 야생화 군락 오솔길 지나, 비바람 돌서덜길에 온갖 신경 곤두서 이것저것 둘러볼 새도 없이, 어차피 부딪는 깔딱고갯길 헐떡거리며 산마루에 오르니, 햇볕에 달궈진 한 줌 바람에도 천상의 구름바다 흔적 없고, 보랏빛 노을 머금은 조각난 구름 사이로 이제사 보이는 것은 내 인생의 내려가야 할 어둡고 가파른 외길.

그리운 어머니
(2021. 7. 21)

徐貴宗

따분하기 그지없는 초등 겨울 방학, 아랫목에 엎드려 공부하는 척하다가 어, 서랍장 밑에 뭐가 반짝반짝, 손을 뻗어 건져 내니 5원짜리 동전이 아닌가. 앞뒤 재고 자시고 할 것 없이 꿈에도 그리던 만화방으로 달려간다. 그 정도 돈이면 만화방에 가면 김이 모락모락 나는 오뎅 하나에 新刊을 여러 권 볼 수 있는 巨金이다.

엄마는 서랍장 아래로 동전이 굴러 들어갔지만 손이 닿지 않아 나중에 꺼낼 요량을 하고, '요놈의 새끼(나쁜 짓을 한 형제를 향한 엄마의 호칭)'가 허둥대며 나가는 모습에서 순식간에 전모를 파악할 뿐 아니라 참고인 진술까지 이미 확보해 둔 상태다.

해가 뉘엿뉘엿 한겨울 찬바람을 맞으며 대문을 들어서는 나에게 가혹한 형벌이 기다리고 있다. 바람을 피할 수 있는 마루까지 접근하지 못한 채 마당 한가운데 두 팔을 위로 들고 벌을 서며 손이 시려워 떨어져 나가는 고통을 겪는다.

하지만 자금 출처에 대해서는 '작년 새뱃돈에서 아껴둔 것'이라고 말도 안 되는 허위 진술을 고집함으로써 '형 집행 정지'를 받을 수 있는 여지마저 스스로 날린 것은 아쉽다.

날이 깜깜해지고 거의 동태가 된 상태에서 퇴근하는 아버지에게 가까스로 구제받고, 아버지와 저녁 밥상머리에서 눈물에 말은 밥을 씹는 둥 마는 둥 삼킨다. 손이 얼어 젓가락을 자꾸 떨어뜨린다.

아버지가 한 말씀, '이 추운 날씨에 아들 잡았구만.' 피도 눈물도 없는 엄마는 이렇게 대꾸한다. '만화(엄마 기준으로 '불온서적') 본 것보다 끝까지 거짓말하는 놈은 용서하면 안 되요.' 속으로 '내일 날이 밝는 대로 집을 나가 버림'으로써, 엄마에게 단단히 복수를 해야겠다는 결심을 하면서 서러움이 복받쳐 오른 기억이 난다.

오늘 한국의 道知事가 뻔한 거짓말을 끝까지 고집하다가, 결국 감옥에 들어가는 뉴스를 보다가 혼쭐나는 옛날 기억이 되살아난다. 세월이 흘러도 어머니는 그리운 사람이다. 너무 보고 싶을 때 숨어서 눈물을 찍어 내기도 한다.

당연한 일
(2021. 8. 4)

徐貴宗

이 말을 해도 될까,
망설이다가 어렵게 말을 꺼낸다.
미리 두 가지만 부탁해 놓는다.

첫째 延命 치료는 하지 말아 다오.
둘째 혹시 '알츠하이머'에 걸리면,
즉시 전문 시설에 맡기고
찾지도 말고 잊어 달라.

마누라가 지체없이 대답한다.
'걱정 붙들어 매시유.'
난 이제 걱정이 없다.

호수변 벤치의 가을
(2021. 9. 25)

◇光州 호수공원의 가을

徐貴宗(글·사진)

버드나무 잎 사이로 스며드는 햇살에,
무수히 반짝이며 일렁이는 물결을
호수변 벤치에 앉아 가만히 바라본다.

먼 훗날 내 삶이 사라진 後에도,
저 호수는 밀어 주는 바람과 소나무와
물의 그림자는 변함 없겠지.

호수 가운데 조그만 꽃 같은
애기섬이 하나 있다.
억새가 사는 귀여운 섬.

명주 옷고름처럼 은빛 휘날리며,
가을 햇살을 함박 입에 물고 있다.
아, 가을이라네.

◇落葉을 밟으며

落葉을 밟으며
(2021. 11. 14)

徐貴宗(글·사진)

비구름이 흘러가면,
잎새는 잠시 고개를 숙인다.

저리도 잠잠히 고요의 기둥으로
아무 일 없는 듯,
잎새를 매달고 서 있는 나무.
저 푸르른 잎새가
밤하늘 별빛 아래
한귀퉁이 落葉腐土 되는 날까지,

한평생 마음 없는
나무처럼 살아가자.

정제간 부삭의 간고등어
(2022. 1. 19)

◇부삭 아궁이 잔불 위의 간고등어

徐貴宗(글·사진)

몇 토막 남은 '간고등어'를 '
정제(정지)간 부삭'의
아궁이 잔불에 굽는 中이다.

적사(적쇠)는 간혹 뒤집어주고,
부지땅(부지깽이)질은
재가 날리지 않도록
조심스럽게 해야 할 것이다.

사타구니가 솔찬히 뜨시하다.
여자가 하면 무척 좋아할 것 같다.
'흰 쌀밥'과 '고등어 시래기 조림'으로
한 끼 하고 싶다.

할머니의 노래
(2022. 3. 20)

徐貴宗

꽃이라도 落花 되면 오던 나비도 오지 않고,
綠水라도 乾水 되면 오던 고기도 오지 않고,
푸른 나무도 枯木 되면 오던 새도 오지 않네.

*105세 할머니가 생일날 부른 노래.

◇順天 선암사 古梅 (紅梅)/ 사진 :

雙峰寺 철감선사 승탑
(2022. 6. 8)

徐貴宗(글·사진)

◇雙峰寺 철감선사 승탑

보물 제170호 '和順 雙峰寺 〈철감선사〉 승탑(浮屠 : 부처의 사리를 안치한 탑)'이다. 승탑 위에 솟아오른 부분이나 전체적인 造形은 격렬한 조각 기법으 로, 당대를 대표하는 우수작이다. 특히 귀부(龜趺, 거북 모양으로 만든 碑石의 받침돌)의 오른쪽 앞발을 살짝 들어 올린 점은, 형식적인 관념을 벗어난 새로운 造形物이다.

□ '雙峰寺'는 和順郡 이양면 '雙峰里'에 있다. 현재 '雙峰里'에 〈光喆〉의 年老한 어머님이 살고 계신다. 그곳은 '雙峰寺'가 마을 위쪽에 있고, '寶城郡'과 인접해 있다.

〈조창언 기자, 세계일보〉

〈철감선사〉는 신라 원성왕 14년(798)에 출생, 18세에 출가, 경문왕 8년(868) '雙峰寺'에서 입적한다. 碑는 碑의 몸돌이 없어진 채, 거북받침돌과 머릿돌만 남아 있다. 네모난 바닥돌 위의 거북은 용의 머리를 하고, 여의주를 문 채 엎드려 있는 모습이다. 특히 오른쪽 앞발을 살짝 올리고 있어 흥미롭다. 머릿돌은 龍의 조각을 생략한 채, 구름무늬만으로 채우고 있다.

光州 말바우시장
(2022. 7. 10)

徐貴宗

사는 일은 밥처럼 물리지 않는 일이라지만, 때로는 허름한 식당에 가서 어머니 같은 시골 아낙이 끓여 주는 국수 한 그릇 먹고 싶다. 삶의 모서리에서 마음을 다치고 길거리에 나서면, 고향 장터에서 소 팔고 돌아온 사람처럼 뒷모습이 허전한 사람이 있다.

세상은 큰 잔치집 같아 흥청거리기만 할 것 같아도, 어느 곳에는 늘 울고 싶은 사람이 있는 것이다. 마음의 門은 닫히고, 어둠이 허기 같이 찾아 오는 저녁이다.

눈물 자국 때문에 속이 훤히 들여다 보이는 사람과, 따뜻한 국수 한 그릇 하고 싶다. '光州 말바우시장'의 '말바우 국밥집' 같은 곳에서, 국밥이든 국수든 다 좋다. 光州에서 제일 큰 전통 시장이다. 北區 동문대로 85번길이다.

□ 오늘 〈仁宰〉의 잔칫집에서 고기 한 덩어리 한입하고 왔다. '光州 말바우시장' 같은 곳에서, 고춧가루 살포시 뿌린 '장터국수' 한 그릇 하고 싶었다.

개미 있다
(2022. 8. 3)

徐貴宗

할머니 방에서 '홍어 애탕' 끓이는 냄새가 난다. 40에 혼자 되고, 다시 40 넘게 혼자 산 할머니. '애간장'에 피가 돌고 물컹한 것이 뚝배기에 떠 있을 때 면, 나는 코를 틀어막는다. '이 맛 모르면 세상 헛산 것이여.' 할머니가 어지간하게 취한 저녁이다.

수척한 달이 울대에 걸린 속엣말처럼, 가지 끝에 걸려 헛기침 소리만 담을 넘어간 다. 할머니 방에서 자주 살 삭는 냄새가 난다. 목이 쉰 기러기가 시김새 소리 물고 가는 가을 날, 속창까지 뒤집는 시큼한 냄새와 함께 할머니가 떠나간다.

가족이 모두 모인 장례식장, 때 늦은 저녁을 먹으며 곰삭은 '홍어 한 점'을 혀 끝에 올린다. '참말로 개미 있다, 개미 있어.' 넘기지 못하고 울컥거리는 날 것의 기억, 썩지도 못하는 것은 외롭다.

*개미 있다 : 오랜 시간 정성으로 곰삭아서 오묘한 감칠맛이 있을 때 쓰는 전라도 土俗語.

◇長城 마을 石柱, 上堂神石과 下堂神石

마을 天祭

(2022. 8. 3)

徐貴宗(글·사진)

'마을 天祭'는 매년 또는 일정 기간에 한 번, 祈雨 또는 疫疾 驅逐을 위해 지내는 祭儀다. 上堂과 下堂으로 구분된다. 下堂 祭儀인 '거리 고사'와, 상위 신령으로 모시는 天神을 위하는 上堂 祭儀다. 태백산 자락에 위치한 '마을 天祭'의 구조는 관계성이 있는 하위 마을을 관장하는 마을 신앙의 구심체로 기능을 했다.

'보해소주'가 있는 '長城 유탕리 마을'은, 코로나 퇴치를 위해 '마을 天祭'를 지낸다. '長城 유탕리'는 큰 저수지가 있고, 천혜의 무공해 좋은 물로 유명하다. 長城 영천리는 '옥정 약수터'가 있는 곳이다. 예전 '삼강산업(現 롯데삼강)'의 〈故 김은진 회장〉의 고향이기도 하다.

*참고 : 김도현 문화재청 江原道 문화재 전문위원, 「史料로 읽는 太白山과 天祭」, 2009.

단풍과 함께 춤을
(2022. 10. 15)

徐貴宗

늙기가 얼마나 싫으면 가슴 태우다 이렇게 붉게 멍이 들까. 한창 푸를 때는 늘 시퍼럴 줄 알았는데, 가을바람 소슬하니 하는 수 없이 너도 옷을 갈아 입는구나.

붉은 옷 속 가슴에는 푸른 마음이 미련으로 머물고 있겠지. 나도 너처럼 늘 青春일 줄 알았는데, 나도 몰래 나를 데려간 세월이 야속하다 여겨지네.

세월 따라 가다 보니 肉身은 야위어 가도 내 가슴은 二八青春 붉은 丹心인데, 몸과 마음이 따로노니 주책이라 할지라도 너나 나나 잘 익은 지금이 제일 멋지지 아니한가.

이왕 울긋불긋 색동옷을 갈아 입으니, 온 山野를 무대 삼아 실컷 멋진 춤이라도 추려무나. 신나게 추다 보면 흰 바위·푸른 솔도 손뼉치며 끼어들지.

기왕에 벌린 춤 온몸을 미련 없이 불사르고, 온 천지도 활활 불태워라. 눈보라 모진 삭풍 부는 겨울 오기 前에.

조왕신 의례
(2022. 11. 12)

徐貴宗(글·사진)

하루 세끼 새끼들 굶지 않게 해달라고, '조왕신(竈王神)'에게 간구하는 의례가 있다. '조왕神' 은 부엌을 맡은 神으로, 불의 神이라고 믿었다.

명절에 차례를 지내거나 집안이 평안하기를 기원하는 굿을 할 때 성주神에게 빌 듯이, '조왕神'에게도 조왕床을 차려 놓고, 집안이 잘되도록 해달라고 빌며 절을 한다.

새벽에 부뚜막 위에 깨끗한 물 (정안수)을 떠놓고, 집안의 무사함을 빌기도 했다.

◇井華水 떠 놓고, 자식새끼 잘되도록 치성 드리는 어머니

밴댕이회
(2022. 12. 30)

徐貴宗(글·사진)

'밴댕이회' 및 우럭 간국 전문 老鋪인 木浦 '만선식당'.

간판 글씨는 어디 가 버리고, 녹슬은 철판만 덩그러니 남아 있다. 木浦 수협 공판장 인근에 있는 '만선식당'은, 木浦의 美食家는 다 아는 '밴댕이회 전문 老鋪'다. 가서 '밴댕이회' 한 접시 하시게.

'밴댕이'는 前에는 仁川 江華島 등 西海岸에서 많이 잡혔지만, 요즘은 주로 新安 앞바다에서 잡힌다고 한다. 仁川 등지에서 먹는 '밴댕이'는 新安이나 忠武 앞바다에서 잡아 냉장 운반한 것이다. 세월 따라 물고기가 사는 곳도 바뀐다.

◇밴댕이회 전문 老鋪 木浦 만선식당.
간판 글씨는 어디 가고 녹슬은 철판만 덩그러니 남아있다.

■金漢聲

冬柏꽃이 후드득후드득
(2021. 4. 12)

〈木浦의 金漢聲〉은 '宋昌植 팬클럽의 이사장'이다. 금방이라도 비가 올 것 같은 찌뿌둥한 하늘, 〈宋昌植〉의 〈눈이 부시게 푸르른 날은〉과, '冬柏꽃'이 눈물처럼 후드득후드득 떨어지는 고창 〈禪雲寺〉 등의 불후의 명곡을 귀가 먹먹해지도록 듣고 싶다.

■金漢聲(글·사진)
'冬柏꽃'이 꽃째 후드득후드득 떨어진다. 집과 동네에 떨어진 꽃잎을 주워 모은다. 집 마당 한가운데 있는 수련 항아리에 담는다. 물 위에 둥둥 떠 무리진 모습이 어찌 이리도 멋질 수가 있을까. 宋昌植 샘의 〈禪雲寺〉라는 曲과 참 잘 어울린다.

宋昌植 작사·작곡·노래, 〈禪雲寺〉
禪雲寺에 가신 적이 있나요. 바람 불어 설운 날에 말이에요.
冬柏꽃을 보신 적이 있나요. 눈물처럼 후드득 지는 꽃 말이에요.

나를 두고 가시려는 님아, 禪雲寺 冬柏꽃 숲으로 와요.
떨어지는 꽃송이가 내 맘처럼 하도 슬퍼서,

당신은 그만, 당신은 그만 못 떠나실 거에요.
禪雲寺에 가신 적이 있나요.
눈물처럼 冬柏꽃 지는 그곳 말이에요.
눈물처럼 후드득 지는 꽃 말이에요. 나를 두고 가시려는 님아,
禪雲寺 冬柏꽃 숲으로 와요.

떨어지는 꽃송이가 내 맘처럼 하도 슬퍼서,
당신은 그만, 당신은 그만 못 떠나실 거에요.
禪雲寺에 가신 적이 있나요.
눈물처럼 冬柏꽃 지는 그곳 말이에요.

◇木浦市 충무동 高下島

木浦 高下島
(2021. 4. 15)

金漢聲(글·사진)

'木浦 高下島'는 木浦大橋와 유달산을 마주한다. 다도해의 경치가 어우러진 멋진 風光과, 유달산을 잇는 케이블카가 멋지다.

이곳에 5~6세경(1960년) 놀러온 기억이 있다. 木浦에 사는 부모님과 배를 타고와, 미니 골프연습장 같은 놀이터에서 논 추억이다.

1962~63년 아버지는 木浦시립병원(現 木浦市 의료원) 산부인과 과장으로 근무했다. 木浦를 일곱 살에 떠나 35년 만인 1986년, 부모님이 없는 이곳에서 開院했다.

■白福洙

'麗水~高興~寶城~長興~康津~海南~莞島~木浦~新安'의 1004개 섬 코스는 세계의 어느 관광지보다 낫다. 부분적으로는 가 보았는데, 금년中 1달쯤 계획으로 한 바퀴하는 것이 로망이다. 먹거리·눈요기, 風光, 남해 안의 절경 해안도로를 따라가는 드라이브, 트래킹은 最高다.

꽃·새·눈물
(2021. 4. 16)

金漢聲(글·사진)

〈台中〉은 〈宋昌植〉 사랑 팬클럽 사진 작가다. '昌植 사랑 정모' 때 〈宋샘〉의 전용 라이브 카페인 '쏭아무대'에서, 그가 〈昌植의 꽃·새·눈물〉을 부르고 〈漢聲〉이 반주를 한다.

최인호 작사, 宋昌植 작곡·편곡·노래, 〈꽃·새·눈물〉
그대의 눈에서 흐르는 눈물 한 방울 떨어져서 꽃이 되었네.
그 꽃이 자라서 예쁘게 피면, 한 송이 꺾어다가 창가에 앉아,

새처럼 노래를 부르고 싶어. 지는 봄 서러워 부르고 말아.
아아, 가누나 봄이 가누나. 아아, 지누나 꽃이 지누나.

◇昌植과 함께, 台中

◇時河 바다의 落照/ 사진 : 朴秉聖

時河 바다의 落照
(2021. 5. 26)

金漢聲

'海南 時河바다'의 석양과, 5月을 수놓은
아름다운 꽃과 함께 힐링하기 바란다.

워낙 경관이 좋은 곳이어서,
2007년 海南 화원면 매계리 매봉산 중턱
싼 땅을 매입하여 열심히 갈고 닦았다.

꽃이 자라는 토양이 아니어서
처음에는 애를 먹었지만,
지금은 제법 꽃이 핀다.

'時河 바다의 落照'가 일품이다.
'멋진 落照'는 날씨의 도움을 받는,
運이 좋은 날이나 가능하다.

時河 바다의 나그네
(2021. 7. 26)

金漢聲(글·사진)

'時河 바다'가 연출하는 다양한 표정의 노을이 자꾸 감성을 자극한다. 몇 년 前 부른 〈나그네〉를 붉은 夕陽에 덧입혀 올린다.

학창 시절 노래가 생각난다. 70이 2년 남았는데, '보컬 코드'가 느껴질 정도로 노화 中이라 안타깝다. 언제까지 소리를 낼 수 있을까 싶다.

본래 '濟州 우도 개인 버스킹'이 내년의 계획이었다. 코로나로 내년에는 木浦에서 동아리와 같이 버스킹을 하고, 내후년에 '70고희 기념'으로 '濟州 우도 버스킹'을 하는 것으로 준비하고 있다.

늙어 가는 게 아니라 익어 가는 것이다. 함께 멋지게 익어 가자. 점점 좁아지는 나이에 스스로 자기 자리를 찾는 노력과 용기가 필요한 것 같다.

宋昌植 작사·작곡, 노래 金漢聲, 〈나그네〉
지는 노을을 바라보며 한숨 짓는 나그네,
어제 떠나온 정든 사람이 그리워 한숨인가.

어두운 밤하늘 별빛을 보며 울고 있는 나그네,
멀리 두고 온 고향의 하늘이 그리워 흘리는 눈물인가.

그토록 그리운 고향집이라면, 정들었던 사람이라면,
발길 돌이켜 오던 길 가야지, 어이해 망설이나.

정든 옛집은, 정든 사람은 떠나온 後엔 그리운 것.
아, 사랑은 미련을, 또 미련은 괴로움을, 괴로움은 눈물을.

◇ 海南 화원면 매월리, 時河바다의 夕陽

김성순 선생님

(2022. 11. 9)

金漢聲

누구에게나 人生의 스승이 있을 것이다. 나에게 〈김성순 선생님〉이 그러하다. 高2 때 학급 일을 맡기도 했지만, 당시 선생님이 주신 여러 말씀과 교훈이 나에게 특별한 울림이 되어, 지금의 내가 완성되었다고 생각한다.

그때도 어려운 班員에게 특별한 관심을 기울이지만, 지금도 선생님은 '順天 저전동성당'의 사목회장을 하며, 亡者의 屍身을 닦아 모은 돈으로 '소화 데레사 賞'을 제정해, 불우 학생에게 매년 1백만 원의 상금을 주기도 한다. 또한 60세 이상의 노인으로 '요셉회'를 결성해, 불우 이웃 돕기도 하며 사회 봉사에 앞장서고 있다.

그동안 잊혀 지내다 15년 前 쯤 부부가 같이 찾아뵌 뒤로, 자주 뵙지는 못하지만 안부 연락은 쉬지 않는다. 찾아뵐 때 내 이름과 부모님을 확실하게 기억해 놀랐다. 지금껏 제 어머니에게도 건강을 묻는 전화를 하고 계신다.

2주 前쯤 부부가 찾을 때는 다리를 다쳐 목발을 하고 있었는데, 마음이 많이 아 다. 여러 의미가 있는 진실한 '高3 담임을 꼭 한 번 하는 게 소원이다'라는 말씀과, 손편지에 아직도 가슴에 울림이 남아 있다. 이러한 스승이 나에게도 있다는 자부심을 갖는다. 혹 선생님과 연락이 필요한 분은, '개인 톡'으로 연락 주면 좋겠다.

新安 어의도
(2021. 8. 20)

◇어의마을 智島초등학교 어의분교(폐교) 자리에 외롭게 남은 어린이동상

高光燮(글·사진)

새벽에 출발하여 車渡船을 타고 奧地의 섬 '어의섬'에 닿았다. 新安郡의 섬에 連陸橋가 많지만 아직 奧地인 섬도 많다. '어의도'는 명량해전 직후 〈이순신〉이 수군을 이끌고 전략적 후퇴하는 中 이틀간 정박한 곳이다.

〈이순신〉의 군사 대부분이 전라남도 해역에서 전시에 동원한 백성이다. 함께 순국한 대부분이 고향의 선조다. 筆者는 이들을 '작은 英雄'이라 부른다. 전쟁에서 장수만 중요한 것이 아니다.

왜구와 싸워 조선을 지킨 南道人의 구국 정신이 오늘에 이른다. 근원이라 할 수 있는 〈이순신〉의 막연한 영웅 정신이 아닌, 숭고한 구국의 정신에 가치를 두고 이를 재조명하고자 숨겨진 흔적을 찾아 奧地의 섬과 바다를 뒤지고 다녔다.

'長興·寶城·莞島·珍島·高興·麗水·新安·務安·海南' 등 전라남도 전역에 드

러나지 않은 〈이순신〉의 발자취를 재조명하기 위해 뛴 지 10여 년이 된다. 木浦에 와 전국 규모의 세미나를 개최하고, 道·郡 관계자에게 호남의 정신과 연 계한 문화 사업 관련 건의도 했다.

■金光暎

智島邑 '어의리'가 〈DJ〉의 진짜 출생지다. 힘 없고 워낙 외진 곳이라, 모친이 再嫁하여 〈DJ〉가 성장한 '하의도'의 집이 生家로 지정된다. 아직 '어의리'에 生家 터가 남아있는지는 알 수 없다. '어의리'는 논밭이 별로 없어 어업을 主로 하는 가난한 섬이다. 배를 타고 지도읍 五日場을 보러 온다.

'어의리'는 원래 '느리'라고 하는데, 日帝 때 한자 지명으로 등록하면서 '어의리'가 되었다. 칠산 바다쪽으로 大包作島와 小包作島라는 부속 무인도(?)가 있다. 임진왜란 때 대포를 만든 곳으로 추정된다. 晉州 姜氏 집성촌으로 알고 있다.

*包作島는 주민이 살고 있으나 무기를 만드는 곳은 아니다.

[徐貴宗] 小包作島는 新安郡 智島邑에 딸린 섬으로 생김새가 해산물을 보자기에 싸는 모양이라 하여 '보작도' 또는 '包作島'라 한다. 다른 유래는 두 개의 섬이 나란히 위치하고, 형태가 포알처럼 뾰족뾰족 나와 있어 큰 섬을 大包作島, 작은 섬을 小包作島라 한다.

*砲作島 : 砲를 만드는 섬, 包作島 : 물건을 싸는 모양인 섬.

新安 안좌도 퍼플교 TOUR
(2021. 8. 22)

高光燮

'新安 안좌도'는 〈亂中日記〉에 '안편도'로 기록되어 있다. 〈이은상〉이 〈亂中日記〉를 번역한 이래, 半世紀 이상 기존 史學者나 〈이순신〉 연구가들은 인근의 팔금도 또는 장산도라 추정했다.

그것을 筆者가 航海地理科學的으로 〈亂中日記〉를 분석한 결과 지금의 '안좌도'로 밝혀냈다. '안좌도'는 '명량해전' 後 〈이순신〉이 倭 水軍을 피해 40여 日間 西南 해역을 방황하다가, 18日間 머문 朝鮮 水軍의 임시 통제영이 있던 곳이다.

'안좌도'에서 유서 깊은 木浦 高賀島로 移陣하여, 朝鮮 水軍을 재건하고 다시 莞島 고금도로 移陣한다. 朝·明 연합 水軍과 함께 南海島의 '노량해전' 이라 는 마지막 海戰에서 戰死한다.

〈이순신〉이 오른 '안좌도' 매봉산에서 매년 10月 11日, 주민과 학생들이 올라 기념 행사를 한다. 〈이순신〉은 전라좌도 본영 근처까지 몰려

온 경상도 피난민을 군량으로 먹이기도 하고, 麗水 돌산 등지의 둔전을 일구게 한다.

특히 高興·新安 奧地의 섬에 경상도 주민이 터를 잡은 곳이 많다. 晉州 姜氏는 新安 '어의도'뿐만 아니라 '안좌도'에도 터를 잡는다.

〈이순신〉이 '명량해전' 後 18日間, '퍼플교' 西北쪽 1km 매봉산 주변에서 체류한 것을 筆者가 밝혀냈다. 新安郡에서 내년 初에 그곳에 '기념 표지석' 을 세운다는 연락을 받았다.

■徐貴宗

朝鮮시대 영남 지역의 백성이 먹고살기 위해, 호남 지역으로 많이 이주해 온다. 귀양 가는 양반도 먹고살 만한 호남으로, 유배갈 수 있도록 온갖 수를 썼다는 기록이 있다.

◇퍼플섬 힐링 걷기 행사, 퍼플橋·퍼플모자·퍼플지붕·퍼플텐트 등 온통 보라색 천지다.
/ 사진 : 林鍾植 (2022.11.19)

창살 없는 감옥
(2022. 4. 10)

高光燮

海士 1학년 1학기 동안은
외출이 없는 시기다.

벚꽃이 꽃비 되어,
캠퍼스 온 천지에 휘날린다.

게다가 軍港祭 관광버스가
캠퍼스를 휘젓고 다닌다.
창살 없는 감옥이다.

◇서울 어린이대공원/ 사진 : 柳秉完

◇이순신 통해관이 들어설 국립목포해양대학교

찾아가는 이순신 통해관
(2022. 4. 16)

高光燮

내년부터 가칭 '찾아가는 이순신 통해관'의 운영을 계획하고 있다. 이 과업은 〈이순신〉이라는 인물의 숭고한 가치와, 湖南의 정체성에 연계되어 있다. 筆者가 주관하고, 전국의 〈이순신〉 전문가와 협동하는 사업이다.

'통해관'이란 水軍을 교육하는 곳이다. 光州·全南·全北의 고교·대학생과 수도권 대학 및 出鄕民·동창회·향우회 등을 대상으로, '이순신의 정신·리더십 ·조선 水軍의 활동 및 서남 해역의 전략적 가치'에 대해 알릴 계획이다.

조선 水軍의 80%가 湖南에서 징발·동원되었으며 戰死者도 이에 비례한다. 그럼에도 불구하고 全南의 지자체 및 정치인들은 보여 주기식 구호성 행사 위주로 추진한다. 논리 부족·철학 미흡·연구 부족이 아쉽다.

全南은 〈이순신〉이라는 무형의 가치를 자산화하지 못하는 반면, 慶南은 이순 신 국제리더십센터, 大邱는 이순신 학과 운영, 忠淸은 이순신 연구소 운영 등, 각 지자체가 주도·협조하여 지역 가치 제고에 치열한 경쟁을 하고 있다.

존 덴버
(2022. 5. 28)

高光燮(글·사진)

◇눈 덮인 로키산맥

해발 3~4천 m 눈 덮인 '로키산맥'을 보며, '콜로라도 덴버'에서 7080 팝 歌手 〈존 덴버〉를 생각한다.

젊은 시절 추억의 노래 〈존 덴버의 Take home, contry road〉 등이다.

歌手 〈존 덴버〉는 로키산맥으로 둘러싸인 콜로라도州 덴버市의 풍광에 반해, 〈덴버〉로 改名한다.

덴버市는 〈존 덴버〉의 노래 〈Rocky Mountains high〉를 '콜로라도 州歌'로 사용하고 있다.

5月 初 이후 잠시 미국에 체류 中이다.

산새 한 마리
(2022. 6. 4)

高光燮(글·사진)

◇暴雪 속의 산새 한 마리

로키마운틴 방문 時 갑자기 暴雪이 내린 지난 週, 숙소 창문으로 날아온 산새 한 마리.

따뜻한 인간의 공간이 그리운 산새 한 마리. 홀연히 다시 山으로 날아간다.

살아야 할 곳으로 홀연히 떠나간 산새가 그립다.

▷ 여기는 리타이어한 원로 지식인이 사는 대학 타운이다. 어젯밤 변두리 교회에서 총기 사건이 났다. 5월 7일 출국 後 뉴욕州 버팔로(나이아가라 폭포 있는 곳), 텍사스州 멕시코 국경 小都市의 대형 총기 사건 등, 그래도 미국인의 총기 所持 不法化는 不可, 安全만큼은 한국이 최고인 것 같다.

마지막 졸업식
(2023. 1. 28)

高光燮(글·사진)

현역으로는 '마지막의 제자 졸업식'을 했다. 「졸업 날 殘像」은 제자에게 보낸 祝詩다. 筆者가 선정한 〈이순신〉의 12訓을 담은 액자는 '국립木浦해 양대학교 공학관'에 설치되었다.

停年이 없는 自然人, 가끔 漢陽都城 안에서 막걸리 한잔 할 여유가 생겨 좋다. 高校 졸업 後 工學者로 바람을 피웠지만, 다시 文科로 돌아왔다. 〈忠武公〉도 본래는 文科를 준비하다가, 寶城 군수인 장인이 武科 출신이라 그 영향으로 武科로 공직을 출발한다. 그것이 기반이 되어 『亂中日記』라는 명작을 남긴다.

해군본부에서 海士 교수 요원으로 발령내어, 불가피하게 '電子工學'을 했지만 '人文學'을 늘 그리워했다. 이제 그 길을 가고 있는 것 같다. 文·理科 융합의 시대에 나름대로 경계를 넘나들며 살았다고 할 수 있다.

졸업 날 殘像

눈보라 실은 겨울 바람은 高下島 용머리를 휘돌아 바다 건너 青春들의 요람에 잠시 머무는 듯 하더니, 오래 머물지 않고 그냥 그대로 유달산을 넘는다. 머나먼 공간으로 길을 떠난다.

땀과 열정, 때로는 번민의 가두리에서 切磋琢磨하며 꿈을 키우던 青春들도 바람처럼 이제는 캠퍼스를 떠난다. 오늘, 바람처럼 교문을 나선다.

바다의 벗들아, 青春들아, 잊지는 말거라. 不知不識間에 유달산 바위에 새기고 高下島 앞바다에도 맹세했을 青春의 꿈을 잊지 말거라.

힘들면 쉬어 가되 쓰러지지는 말고, 다시 일어나 길을 가거라. 포기는 말거라. 人生의 바닷길을 향해 지혜로운 航海를 하거라. 믿는다, 바다의 벗들아.

◇高光燮 교수가 선정한 이순신 12訓

■鄭光喆

동경대전
(2021. 5. 5)

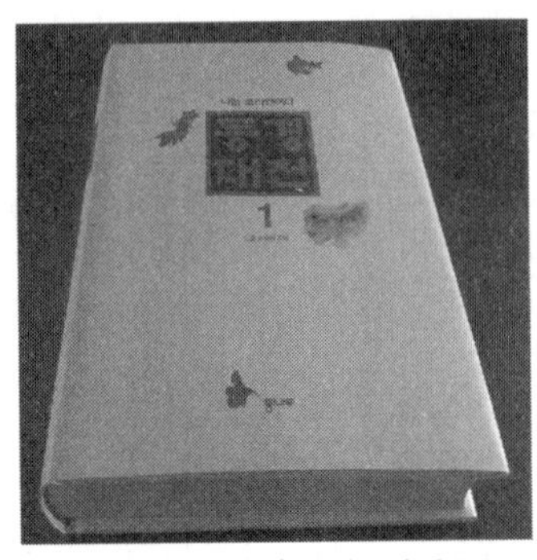

◇동경대전 제1권/ 사진 : 朴秉聖

『동경대전』은 2권으로 이루어진다.

제1권은 『동경대전』이란 무엇인가, '東學'을 창도한 〈수운 최제우〉는 어떤 사람인가. 제2권은 '포덕문·동학론·수덕문·불연기연' 등 경전을 주해한다.

이 책을 읽고 감동을 받아 제1권 100권을 구입하여, K골프 회원과 知人들에게 선물한다.

『동경대전』에 관심이 있는 분은 저의 사무실에 오시면, 점심을 대접하며 情談도 나누고 제1권을 선물로 드린다.

제1권만 선물한 것은 제1권을 읽어 보고 좋으면, 제2권은 직접 사서 읽어 보라는 뜻이다.

그대여 오라
(2021. 11. 18)

鄭光喆

지난 달 '소양강댐'과 '평화의 댐'에 同行한 〈仁川大 교수 弘燮〉이 보내준 책 中, 조상호의 〈나남출판사〉에서 출간한 『기다림이 힘이다』라는 詩集을 감상하고 있다.

그가 이렇게 멋진 詩를 쓰고, 유명 출판사에서 詩集을 펴낸다는 것이 친구로서 너무나 자랑스럽다. 詩集에 실린 여러 詩 中, 마음에 와닿는 「그대여 오라」라는 詩를 소개한다.

金弘燮, 「그대여 오라」
그대 며칠이 지나지 않았는데도 그립다.
그대의 목소리만으로는, 이메일만으로는
아직도 너무 부족하다. 허전하다.

그대 내 안의 그대,
내 눈 동공 속의 그대,

내 손이 닿는 곳에 언제나 있는 그대,

내 눈길 머무는 곳에 항상 있는 그대.
어서 오라 그대여, 내 영혼이여,
내 사랑이여.

기다림은 싫어.
밤그리매 울고 가는 혼자는 너무 싫어.
춤도 노래도 홀로는 이제 그만.
어서 오라 그대여.

명량해전
(2022. 2. 16)

鄭光喆

〈木浦海洋大 高光燮 교수〉가 지은 『우리가 몰랐던 이순신』을, 한 달여 前에 사서 오늘까지 읽었다. 아주 재미있고, 유익하며, 잘 쓴, 좋은 책이다.

「명량해전」은 그 책에 실려 있는 〈光燮〉의 自作詩다. 여러 해 前 이순신의 『亂中日記』 한글 번역본을 읽은 적이 있다. 너무 딱딱해서 무미건조하다는 느낌이었다.

'한산섬 달 밝은 밤에 수루에 홀로 앉아, 긴 칼 옆에 차고 깊은 시름하던 차에, 어디서 일성호가는 남의 애를 끊나니.'라는 詩가 어디쯤에서 나오나 하고, 인내심을 갖고 읽어 나갔으나 끝내 나오지 않았다.

高光燮, 「명량해전」
번개 같이 빠른 밀물을 타고 까마귀떼 몰려오듯 울돌목을 덮치는 헤아릴 수 없는 적선, 배수진이라 결사항전이라 물러설 곳 없는 海南 右水

營 바다,

보름달 훤히 비친 바닷가에서 죽기를 각오하고 싸우자고 하늘에 맹세한 장수와 병사들. 싸움은 시작되었건만 겁에 질려 진격을 못 하네.

대장선이 앞선다. 나를 따르라. 장군의 호령이 양도 앞바다에 울려 퍼지고, 하늘과 바다를 울리는 포격과 화염에 불타고 수장되는 적선은 不知其數.

수장되는 왜적 수백 수천이라. 하늘이 열리고 물길이 바뀌고 바닷물에 휩쓸려 허둥대고 부서지는 적선이 물러난 피로 물든 右水營 앞바다에.

하늘이여, 감사합니다. 하늘이여, 이 바다를 지켜주시어 감사합니다. 장군의 기도소리에 울돌목 거센 울음마저 그치는구나.

唐詩 100首
(2022. 4. 3)

鄭光喆

◇蘇東坡가 만들었다는 東坡肉

요즘 송재소 譯解, 『唐詩 100首』를 읽고 있다. 〈李白〉은 '詩仙', 〈杜甫〉는 '詩聖', 〈王維〉는 '詩佛'이라 하는데, 〈蘇 東坡〉도 '詩仙'인가.

■徐貴宗

'詩仙·詩聖·詩佛' 등은 각 시대의 인물평에 불과하다. 호방해 거칠 것 없는 〈李白〉은 '詩仙', 평생 불우한 〈杜甫〉는 '詩聖', 기괴하고 환상적인 詩를 쏟아내는 〈李賀〉*는 詩의 귀신, 詩에 그림을 품고 있다는 評을 받는 〈王維〉는 짙은 불교적 색채로 인해 '詩佛'이라 불린다. 모두 唐나라 사람이다.

〈李白〉은 唐의 제1, 〈蘇軾〉은 宋의 제1 詩人으로 모두 '詩仙'으로 추앙한다. 우리 선조에게 끼친 영향은 〈東坡〉가 크다. 〈蘇東坡 詩集〉에 수록된 2,800여 首의 詩와 書畵 분야에서, 宋代 최고봉으로 추앙받는 인물이다. 〈東坡〉가 만들었다는 〈東坡肉〉이 있다. 중국집에서 고량주 한 잔 하며 음미하고, 취중에 詩가 나오면 '詩仙'이다.

*李賀 : '詩鬼', 鬼氣 어린 詩를 많이 쓴다.

雙峰里 집 마당
(2022. 5. 19)

鄭光喆(글·사진)

아직 살아 계신 어머니가 사는, 和順郡 이양면 '雙峰里* 집 마당'에 핀 꽃이다. '어머니의 날'을 지키러 '雙峰里'에 왔다.

어머니는 氣力이 약해, 집 마당의 꽃에 물을 줄 형편이 못 된다. 어제 와이프가 집 마당의 꽃에 물을 주었다.

*和順郡 이양면 '雙峰里'는 '雙峰寺'가 마을 위쪽에 있고, 寶城郡과 인접해 있다.

◇光喆 어머니가 사는 雙峰里 집 마당

道德經 玄牝之門
(2023. 1. 29)

鄭光喆

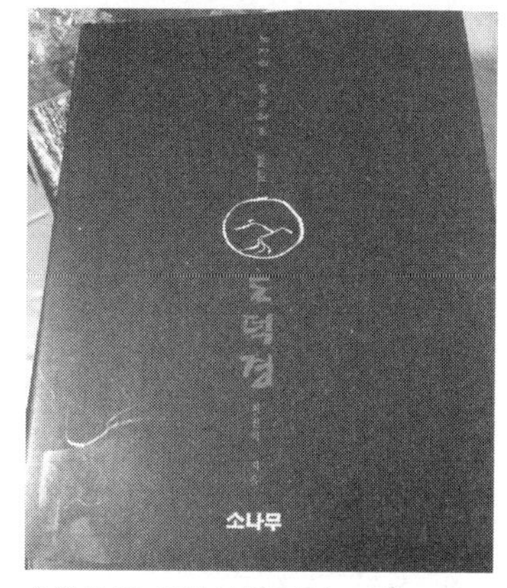

◇道德經 해설서/최진석 지음,소나무 출판사 刊/사진 : 金在模

'道'를 상징하는 것으로서 〈道德經〉 第1章의 마지막 行에 '衆妙之門'이 나온다. 또 第6章의 세 번째 行에 '玄牝之門(현빈지문)'이 등장한다. 그 門은 天地의 根源이라는 것이다.

1章의 門이나 6章의 門은 같은 여성의 성기관으로서 '道'를 상징한다. 谷神不死 계곡의 神은 죽지 않는다.

是謂玄牝 이를 일컬어 현빈(가믈한 암컷)이라 한다.

玄牝之門 현빈의 갈라진 아랫문 是謂天地根 이를 일컬어 天地의 根源이라 한다.

綿綿若存 면면히 이어지고 또 이어져 있는 것 같다.

用之不勤 아무리 써도 마르지 않는다.

■朴秉聖

'谷神不死 是爲玄牝'의 '谷字'와 '神字'에서 해는 지고, 미스터리인 '玄字'에서 낄낄대다가, '牝字'에서 숨이 턱에 걸려 한 구절도 못 넘어가고 자지러진다.

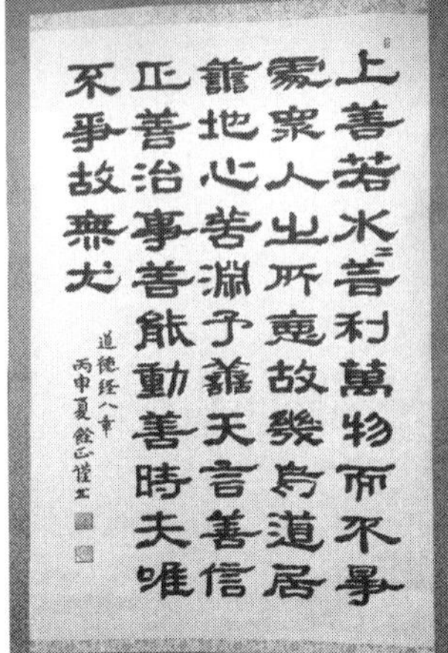

◇金在模가 직접 써 준 上善若水

道德經 上善若水

(2023. 1. 31)

鄭光喆(글·사진)

『道德經』 81章 中에서, 특히 좋아하는 章은 第8章 '上善若水'다. 그런 줄 아는 〈金在模〉가 붓글씨로 직접 써 선물로 주었다. (2016년)

사무실에 걸어 놓고 매일 보고 있다.

第6章에서 道를 상징하는 것으로 '물'을 말했는데, 第8章에서 『道德經』의 視角으로 '물'의 특성이 언급되고 있다. 道를 상징하는 것으로서 '물'이 가장 많이 등장한다. '물'이 생명의 根源이라 하고, 우리의 몸도 지구의 표면도 75%가 '물'이라고 한다.

□ 上善若水 가장 좋은 것은 '물'과 같다.
居善地 살아갈 때는 땅의 형편에 맞게 하기를 잘하고,
(머물 때는 자리를 가려서 앉고,)
動善時 '물'이 움직일 때는 때를 타기를 잘하라.)
(움직일 때는 時期를 가려서 하라.)

□ 夫唯不爭 故無尤 대저 오로지 다투지 아니하니 허물이 없다.

*夫 : 대저 무릇, 尤 : 과실 허물.

'희미하다'의 語源
(2023. 2. 8)

鄭光喆

『道德經』 제14장, 들어도 들리지 않는 것을 이름하여 '希(아득함)'라 하고, 만져도 만져지지 않는 것을 이름하여 '微(어렴풋함)'라 한다.

보아도 보이지 않고(視之不見), 들어도 들리지 않고(聽之不聞), 만져도 만져지지 않는 것(搏之不得),

곧 '道'는 결국 이 세계에 內在하면서, 이 세계 전체의 생성을 관장하는 힘이며 원리와 같은 것이다.

그것은 全體이기 때문에 부분적 인식밖에 가지고 있지 못하는 인간의 인식 체계로는, 구체적인 모습을 한정 지을 수 없다.

우리말의 '희미하다'라는 단어도 이 세 어귀의 뒤 끝 글자(名曰夷, 名曰希, 名曰微)를 딴 것이라고 한다.

道를 體得한 사람
(2023. 2. 16)

鄭光喆

〈道德經 제20장〉은 '道를 體得한 사람'의 모습을 그린다. 세상 사람 모두가 희희락락하고·화려하고, 어른스럽고, 똑똑하고, 분명하고, 쓸모 있고, 남음이 있고, 목적 의식이 투철하고, 희망으로 가득한 것 같다.

자기 혼자만 어린아이 같고·아리송한 것 같고· 멍청한 것 같고·맹맹한 것 같고· 촌스럽고·담담하고·답답하고·지쳐 보이고·돌아갈 곳이 없는 것 같다는 것이다.

이렇게 '道를 體得한 老子的 삶을 사는 사람'은 孤獨하게 사는 것 같다. 對人관계 경험상 어떤 사람을 만나 初期에 겉으로 볼 때는 허술하고 별 볼 일 없는 것 같이 보였는데, 시간이 가면서 內功이 있고, 깊이가 있고, 실력이 대단한 사람이라는 것을 알게 되는 경우가 있다. 이런 사람이 바로 '老子的 道에 가까운 삶을 사는 사람'이 아닌가 한다.

道德經 第47章
(2023. 3. 24)

鄭光喆

대문 밖으로 나가지 않아도 天下가 돌아가는 것을 알고, 창문으로 내다보지 않아도 하늘이 運行하는 道를 본다. 밖으로 멀리 나갈수록, 아는 것은 더욱 적어진다. 그러므로 聖人은 돌아다니지 않고도 알고, 보지 않고도 훤하고, 하지 않고도 이룬다.

▷ 이 얼마나 멋진 말인가. 이런 능력이 있다면 얼마나 좋을까. 〈老子〉는 이런 능력이 있어 〈道德經〉이라는 名著를 남겼을 것이다.

□ 굳이 밖으로 돌아다니지 않고 '카톡과 PC'만으로도, 天下가 돌아가는 것을 알 수 있는 세상이 되었다. 다만, 봄바람과 봄꽃 향기는, '카톡과 PC'로는 감히 犯接할 수가 없다.

◇아, 보리밭/ 사진 : 李啓杓

■閔丙三

永珍을 보내며

(2022. 10. 1)

閔丙三

〈永珍〉은 항상 염화시중의 미소를 보인다. 그 앞에 있으면 마음이 평안하다. 언젠가 송정리 집을 방문한 적이 있다. 어려운 살림에 잠시 아빠를 탓하는 듯하다가, 이내 체념하고 다시 미소를 지으며 멋적어한다. 세월이 가면서 가끔씩 바다와 같은 넓은 그 마음을 생각한다.

샛강처럼 팔랑거린 내가 부끄럽다. 그 넓은 바다에는 부처님 마음이 담겨 있는 것을, 캐나다에서 행복해 하는 모습이 좋았다. 妻를 사랑하고 애도 잘 자란다니, 〈永珍〉답다고 느꼈다. 소식 듣고 가슴이 먹먹하다. 그가 감내해야만 한 수많은 어려운 시절이 느껴지고, 그 순간에 위로다운 위로도 못한 게 미안하다.

친구야, 좀 더 머물며 행복을 만끽하며, 내년에는 밥이라도 한 끼 사고 가지 말이다. 삶에 부대끼며 저질러 놓은 자질구레한 일에, 날마다 반성문이나 날리며 살아가는 나를 더 부끄럽게 하는구나. 부디 天國에서 행복하여라. 소주 한잔 바치며.

〈From Raphael Jern, Walter's Son〉

Hello to anyone who is following this post. My name is Raphael Jern, I am Walter's Son. My father Walter has passed away due to covid complications today.

This was an unexpected news. He was sincere and a good man and a father. I really hoped to his patient's he helped has helped them to live a better life. I thank you all for all your support these years to my dad and my family. Thank you.

PS. Please get vaccinated for covid, my dad did not, due to heart condition.

■金弘燮

길과 숲
(2021. 6. 4)

◇이어지는 길과 숲

길은 우리에게 필수적이다. 공간적으로 나를 이어 주고 내가 가고자 하는 곳을 연결하는 통로이며 출구다. 길은 홀로 있을 때나 여럿이 조직을 이루어 살 때도 필요하다. 아예 갇혀 살거나 면벽수도하는 수도자에게 일시적으로 길이 필요 없을 수도 있으나, 궁극적으로 우리는 길과 이어져 있다.

길은 인간이 두 사람 사이의 관계이듯 사람 간의 소통과 연계의 상징이며 '이마주'다. 길은 물리적으로 육상 해상 항공의 길이 있고, 오늘날에는 지하와 우주의 길이 관심을 끌고 있다.

물론 현실적으로 체험 가능한 실제(off line)의 길과 假想(virtual reality, on line)의 길이 존재한다. 假想의 길도 그 특성에 따라 증강 현실(AR) 혼합현실(MR) 등 다양하게 확장된다.(後略)

*全文은 〈길과 숲, 당당뉴스〉참조.

※사진 제공 : 金弘燮(2021. 6. 4) 仁川大 명예교수이자 교회 장로인 〈弘燮〉이 숲으로 이어진 길을 가이드한다. 그 길은 우리의 살아온 길이기도 하고 앞으로 살아갈 길이기도 하다. 또 康津의 新作路 길인가 하면, 仁川의 성냥 공장 가는 길이기도 하다. 길을 가다가 땀이 나면, 숲을 만나 쉬어 가기도 하자. '산티아고 가는 길' 위의 修道者나 숲속의 산새 소리와도 같은 글이다.

파란 나뭇잎
(2022. 5. 19)

金弘燮

꽃보다 아름다운
새 잎이 나오고 있다.

"아야, 나뭇잎이
파랗게 나올 때가
제일 좋아야."
라고 어머님이 말씀하셨다.

□ 맞어 !

◇金弘燮

金鷄菊 꽃필 때
(2022. 6. 7)

金弘燮(글·사진)

너의 환한 얼굴이 나는 좋아.
너의 노오란 웃음이 나는 좋아.
함께 모여 흐드러진 너희들
조용한 노래가 나는 좋아.

햇살 이고 바람 어루만지며
내 설움도 연한 향기로 날려 보내는
네가 나는 좋아.

아무에게도 길들여지지 않는 바람처럼
자유로운 너의 영혼.
나비의 춤, 상쾌한 기분의 새소리
너의 꽃말이 나는 좋아.

◇金鷄菊 꽃핀 들길

■林鍾植

못 부친 편지
(2021. 2. 27)

『못 부친 편지』는 〈秉聖〉의 「5月 無等山에서」를 비롯하여, 〈한국작가회의 詩 분과위원회〉 회원 220명의 詩人이 한 편씩 쓴 詩集이다. 〈한국작가회의〉는 〈이성부·조태일·문순태〉 등이 회원으로 있다. 갓 출판된 따끈따끈한 詩集이다.

2020년 全 세계를 휩쓴 전염병으로 非對面의 일상화, 인간을 잠식한 무력감과 공포 속에서 詩人은 어떻게 일상을 견디어낼까. 무엇을 상상하고 기원할까. 과연 詩를 쓴다는 게 가능하긴 할까.

그럼에도 쓰지 않고서는 實存을 말할 수 없는 그들이 詩를 쓴다면, '20년 未曾有의 팬데믹 시대에 詩人은 과연 무엇을 쓰고 싶을까. 『못 부친 편지』는 이런 질문에 대한 응답이다.

詩人은 마음껏 만날 수 없고 마음껏 소리칠 수 없는 시절에 대한 비유를, '못 부 친 편지'라는 상징에 담아 詩로 썼다.

이 詩集 한 권 속에는 인간 본연으로서 쓸 수밖에 없는 '편지', 이 시대가 예술가에게 요구하는 '편지', 분단 조국 아래에서의 절절한 '편지', 그리고 사랑하는 사람을 향한 그리움이 가득한 '편지'가 220가지 색채로 담겨 있다.

羅州 勿哭辭 詩碑

(2021. 6. 25)

林鍾植(글·사진)

◇白湖 문학관 勿哭辭 詩碑

〈白湖 林悌 ;1549~1587〉가 39세 臨終 前 자녀에게 남긴 유언이 〈勿哭辭〉다.

'이런 짜잔한 나라에 살다 죽으니 哭하지 말라.'는 것이다.

羅州 다시면 會津里 白湖 문학관에 〈林悌〉의 '詩碑'가 있다. '羅州 會津 林氏' 中에 대단한 분이 많다.

〈勿哭辭〉
四夷八蠻皆呼稱帝 唯獨朝鮮入主中國
我生何爲我死何爲 勿哭.

세상 모든 오랑캐가 황제를 칭하는데,
朝鮮만 중국을 주인으로 모신다.
내가 살면 뭣하고 죽으면 무엇하리.
哭하지 말거라.

김범수 카카오 의장
(2021. 8. 10)

林鍾植(글·사진)

우리나라의 제1 부자
〈김범수〉 카카오 의장의 아버지가,
'潭陽 水北 出身'인 것을
오늘에야 알았다.

〈李光聖·宋正烈〉도 그곳 出身이다.

◇김범수 카카오 의장과 가족

相思花와 꽃무릇
(2021. 8. 18)

林鍾植

'相思花'는 꽃이 필 때 잎이 없고, 잎이 있을 때 꽃이 피지 않는다. 꽃은 잎을 그리워하고 잎은 꽃을 그리워하면서도, 끝내 만나지 못한다는 의미로 붙여진 이름이다. 꽃말은 '이루어질 수 없는 사랑'.

△ 相思花와 꽃무릇의 차이: '相思花'는 봄에 잎이 돋아나고, 여름에 꽃대를 올려 꽃을 피운다. '꽃무릇 (石蒜)'은 초가을에 꽃이 잎보다 먼저 피어난다. 꽃과 잎이 만나지 못하는 것은 '꽃무릇'이나 '相思花' 마찬가지다.

◇전북 부안 위도相思花

◇海南 大興寺 꽃무릇/사진:趙亮勳

병역 수첩

(2021. 8. 30)

林鍾植(글·사진)

집안을 정리하다 보니, 아직도 살아있는 『병역 수첩』이 나왔다.

■權寧範

『병역 수첩』을 지금까지 가지고 있다니. '병무박물관'에 기증해야겠다. 나보다 2달 빠른 3月 입대다.

■金權成

젊은 날의 초상들, 군대 생활 이야기의 재미가 솔솔하다. 3년 가까이 '연무대 논산훈련소'에서 조교·내무반장 생활을 하다 보니, 친구·선배·후배들 참 많이 만났다. 30교육연대 10중대 근무.

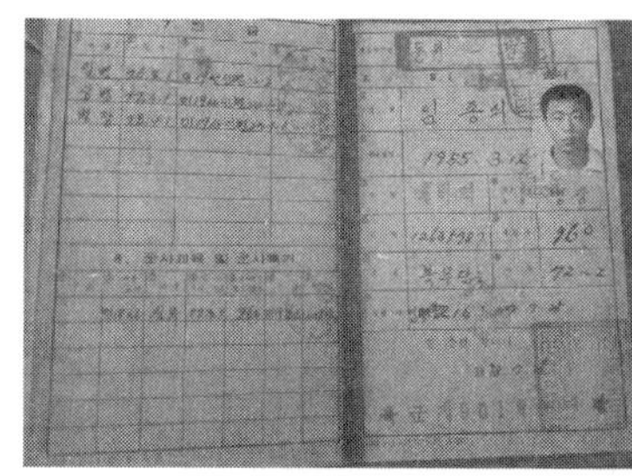

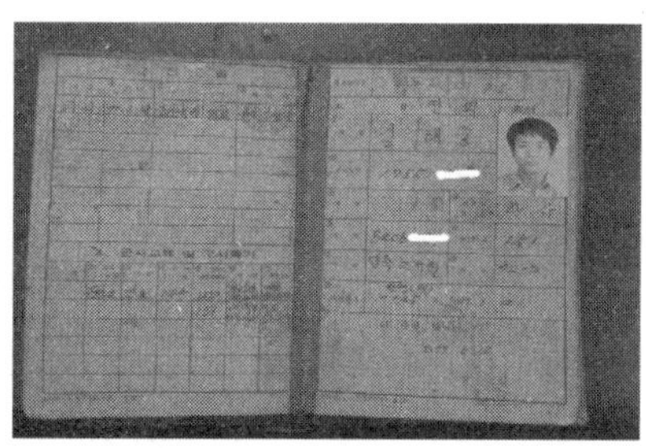

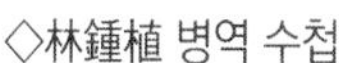

◇林鍾植 병역 수첩

◇金台中 병역 수첩

설악 山行
(2021. 10. 20)

林鍾植(글·사진)

날씨가 정말로 끝내준다. 바람도 약하고 온도도 적당하다. 전날 눈이 상당히 많이 와 일찍 눈 구경도 한다. 눈·단풍·雲霧로 눈은 호강하지만, 허리 아래는 개고생이다. 단풍은 보통 정도다.

백담사 가까이부터 어두워져 단풍을 못 봐서 아쉽다. 봉정암 주변 산세와 이어지는 계곡이 멋지다. 몸은 힘들고 시간은 늦어져 충분히 못 보고 조금밖에 못 찍어 서운하다. 오색~대청봉~중청봉~봉정암~백담사 코스.

△ 05:24, 전철로 평촌 출발 △ 06:30~09:00경, 동서울터미널~오색

△ 09:00~13:30, 오색~대청봉 고도 1300m 를 주구장창 빡세게 오른다. 힘이 빠져 속도를 내지 못해 일정이 30분 이상 늦다. 대청봉 최단거리 코스로 볼거리는 별로지만, 정상에 가까와지면 좋다.

△ 이후 중청 대피소에서 식사 後 下山 △ 서울·속초行 버스가 끊겨, 홍천을 거쳐 동서울터미널에 23時 지나 도착했다.

□ 東에 번쩍 西에 번쩍 어제는 '西北面, 통사모 모임(고양·서울 西北部)'에 얼굴이 보이더니, 오늘은 '東北面 모임'의 '대청봉'이다.

東에 번쩍 西에 번쩍, 내일은 또 어디로 튀려나. 朴 회장·林 총장 대단하다. 마치 鐵人三種 競技 선수 같다.

◇통사모 모임

◇東北面 모임, 대청봉

이혼 사유
(2021. 10. 27)

林鍾植(글·사진)

언론 기사에서 일부를 발췌했다.
'60대 아내의 이혼 요청 사유' 中의 하나가,
남편의 살이 닿기만 해도
사유가 된다고 한다.

또 70대 아내는
남편이 살아만 있어도,

'이혼 요청 사유'라는
설문 조사가 있다.
딱 내 처지다.

◇2015년 사진

영양팡 愼東秀
(2021. 11. 10)

林鍾植(글·사진)

맛 좋고 영양 좋은 '영양팡', 무설탕 쌀 뻥튀기가 눈길을 끈다. 高興에서 〈愼東秀〉가 올라와, 노원구 중계 근린공원에서 '高興장터'에 참가하고 있다. 고소하고 달지 않은 건강식 간식, 100% 국산 무설탕 현미 뻥튀기 '영양팡'을 직접 맛보기 바란다.

전남 高興郡의 지역 명물이자, 대표 먹거리로 꼽히는 무설탕 쌀 뻥튀기 '영양팡'의 온라인 판매도 시작한다.

◇청정 지역 특산물은 高興몰에서

베르니니의 로마
(2023. 5. 11)

林鍾植(글·사진)

〈이탈리아 여행 첫날〉

어젯밤 늦게 이탈리아에 도착하여, 지금은 아침이다. 첫 방문지인 '로마'의 5박 4일간은 '베르니니의 로마', 그리고 'SPQR'이다. '로마'는 거꾸로 읽으면, 'AMOR, 사랑의 도시'다.

5년 前 이틀간 준비 없이 점 찍듯이 '로마'를 여행하면서, '보르게세 미술관'을 관람하고, 〈조반니 로렌초 베르니니〉의 조각품들에서 받은 깊은 여운을 늘 잊지 못하고 있다.

돌을 종이처럼 다루는 남자, 바로크 예술을 대표하는 천재 조각가이자·건축가, 〈베르니니〉 없는 '로마', 〈베르니니〉 없는 '베드로 대성전'은 어땠을까. 여행 준비 과정에서 그를 조금 알게 되었다. 이번에는 성당에 있는 조각품 이나 분수 작품을 찾아보려는데, 혼자 다니는 것이 아니라서 가능할 것인지.

〈베르니니〉를 적극 지원하고 일을 맡긴 교황 〈우르바노 8세, 재위 1623~ 1644〉는, 'You are made for Rome, and Rome for you.'라고 했다. 반면에 〈우르바노 8세〉가 없었다면, 〈베르니니〉의 업적도 그리 많지 않을 것이다.

◇베르니니의 조각품 : 돌을 깎은 것이 마치 찰진 진흙으로 빚은 것 같다. 더듬는 손길이나 '볼기의 모습' 등이, 살아 있는 實物처럼 보인다.

■全永珍

Dr. Walter Jern
(2021. 8. 2)

全永珍(글·사진)

친구가 그립다. 친구도·친척도·아무도 없는 이곳에서 현대 의학으로 치료가 안 되는 불치·난치병 환자를 보면서, 효과적인 치료 방법을 찾기 위해 많은 시간을 보내고 있다. 외롭고 힘든 시간이다.

이제는 그 결과가 보이지만, 은퇴할 나이가 되었다. 藥을 대량으로 생산할 재력이 못 되는 한계가 있기 때문에, 일생 동안 因緣이 있는 사람만이라도 치료해 줄 생각이다.

환자 中 한 분이 이름을 바꾸면 인생이 바뀐다고, 자기 부인과 상의해 지어 준 이름이 〈Walter(월터)〉다. 그때부터 이 시골에서 유명해졌다. 이제는 법적인 이름이 되었다.

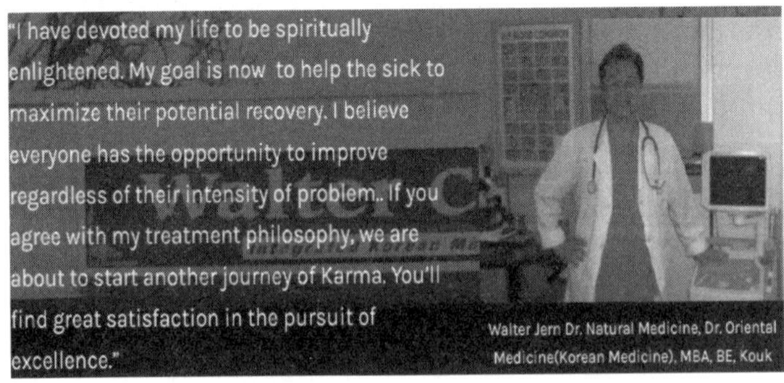

◇캐나다의 Walter Clinic, 全永珍

캐나다의 겨울
(2022. 2. 3)

全永珍(글·사진)

◇캐나다의 집앞 마당

봄 소식이 제일 반갑다. 캐나다는 너무 춥다. 'Extreme Cold Warning'이 내려졌다. 바깥 온도 -28°, 체감 온도는 -40°, 따뜻한 곳에 살고 싶다. 캐나다 는 여름은 덥지 않아 좋은데 겨울이 힘들다.

군대 시절 전방 철책 근무하면서 -20°라 불평했는데, 여기는 그게 겨울철의 평상 온도다. 젊을 때는 그냥 지나갔는데, 이제 老人이 되니 추위가 싫다. 봄이 그립다. 따뜻한 봄이. 추위도 이게 마지막이겠지. 대평원 지대에 살아 변변한 市場이 없어 한국 음식 먹기가 힘들다.

설날에 떡국 한 그릇으로 때웠다. 따뜻한 고향이 그립다. 韓國의 따뜻한 곳을 찾아, 겨울을 지내는 방법을 찾아 볼까 한다.

다른 나라에 살면 그 나라 말을 해야 하니 별로다. 우리집 앞마당 사진이다. 주차된 車가 모두 내 車같이 보인다. 이 추위에 생생거리며 달려 주는 車가 고맙다.

徐基南 선생님
(2022. 2. 20)

全永珍

◇徐基南 선생님

恩師 中에 참 멋있는 분이 많다. 〈徐基南 선생님〉이 수업 中에 '니들이 서울大 100명 합격하면, 나 보고 운동장에 나가 홀랑 벗고 춤추라고 해도 춤추겠다.'고 하셨다. 얼마나 우리와 학교를 사랑하면 그런 말을 하셨을까. 선생님의 기대에 못 미쳐 죄송하다.

■金權成

대단히 열정적으로 강의를 하셨다. 그 시간에는 눈과 귀가 밝아진다. 지금도 후배나 제자에게 존경하는 선생님으로 기억되고 있을 것이다.

■高光燮

高3 시절 이해하기 어려운 詩인데, 오랜만에 기억이 난다. 그때 〈徐 선생님〉이 이런 詩를 소개해 주셨다.

〈이상화, 빼앗긴 들에도 봄은 오는가 〉 '나는 온몸에 햇살을 받고 푸른 하늘·푸른 들이 맞붙은 곳으로, 가르마 같은 논길을 따라 꿈속을 가듯 걸어만 간다.'(後略)

스카시 百合·하늘 百合
(2022. 7. 14)

全永珍(글·사진)

韓國의 '百合'과 비슷한 꽃인데, 색깔은 노란색과 붉은색 두 가지다. 그냥 '百合'이라 불러도 되는가.

[金台中] Asiatic lily 種 中 하나로, 일본이 개량한 '스카시百合'이다. 하늘을 향해 피고, 꽃잎에 깨가 없으며, 香도 없다. 나도 노랑·빨강 두 가지를 키운다. 국내에서는 自生하는 '하늘나리'와 對比하여, '하늘百合'이라고도 한다.

■趙亮勳
'百合'이 屬 이름이지만, 種 이름으로도 괜찮다.
재배 품종이 많아 나열하기 힘들다.

◇스카시百合 하늘百合(노랑)

◇스카시百合 하늘百合(빨강)

■鞠基棟

柳漢柱 목사
(2020. 5. 24)

鞠基棟

◇水原 대영교회 柳漢柱 목사

3반 〈柳漢鉒 목사〉를 소개한다. 종교·정치를 말하자는 것이 아니고, 同名 異人의 두 목사에 대한 혼선과 오해가 있기 때문이다.

〈柳 목사〉는 K 23 졸업 後 高大 법대 시험에 실패, 농민 운동 (4H 활동)을 하던 中 失明을 하게 된다. 45년 前인 1975년의 일이다. 현대 의학으로는 회생이 불가능하다는 판정을 받고 실의와 좌절감에 눈물로 나날을 보내는 그에게 희망을 준 것은 종교의 힘과, 같은 마을 후배이며 평생의 동반자가 된 〈김윤숙 女史〉의 따뜻한 도움의 손길이다.

1983년 부인과 함께 고향을 떠나 '수도침례신학대학'에 입학한다. 낮에는 金 女史의 손을 잡아 등교하여 수업을 듣고, 저녁에는 집에서 카세트 테이프로 성경 공부를 하여 대학 4년 동안 All A학점에 首席으로 졸업한다.

1987년 水原에 개척 교회인 '대영교회'를 세우고, 33년째 목회 활동을 한다. 금년 3月 末 유튜브에 올라온 柳 목사의 설교 영상을 소개한다. 학창 시절 이후의 친구 모습을 반세기 만에 다시 볼 수 있다.

설교의 주제는 〈가짜 뉴스〉, 동영상의 녹화는 3無 촬영, 즉 '원고 없이·예행 연습 없이·NG 없는' 촬영이다. 설교 도중에 光州 학살의 진실을 전하다가 보수 성향의 일부 신도가 떠나기도 했지만, 그의 설교가 지역 사회에 큰 울림으로 작용, 21대는 물론 20대 총선에서도 水原市 지역구 국회의원 5명 모두 진보·민주 인사가 당선되었다.

無等山의 精氣가 식영정을 돌아 드넓은 평야 한가운데로 굽이굽이 흘러가는 풍광 좋은 潭陽 고서. 心性이 곱고 명석한 두뇌의 꿈 많은 〈漢柱〉는 그곳에서 나고 자랐다.

그런데 同名異人 4반 〈劉漢柱 목사〉가 가끔 단톡방에 글을 올린다. 올린 글에 대해 論하는 것은 피하기로 하고, 水原 대영교회의 〈劉漢柱 목사(3반)〉 과 4반의〈劉漢柱 목사〉는 다른 인물임을 알려드린다.

鞠 사장의 하루
(2020. 12. 27)

鞠基棟

'코로나 時局'에 小企業을 운영하는 일이 녹록지 않다. 우선 부품 수급이 원 활하지 못하다. 다행히 대체품을 찾는다고 해도 설계를 다시 하고 USER 의 검증 을 받아야 한다. 까다로운 USER는 기능 하나하나 세세히 CHECK 한다. 의문이 생기면 늦은 시간에도 국제 전화를 걸어온다.

짧은 영어 실력 밑천이 드러날 즈음 '이메일로 대화하자.'고 제안하고는 서둘러 전화를 끊는다. 그래도 요즘은 번역기가 있어 다행이다. COVID를 피하기 위해 서는 非對面도 필요하다.

직접 납땜 작업을 하는 경우는 금년이 처음이다. 작업이 더디고 인두기에 손을 데이기도 하지만, 점점 숙달되어 良品을 만들어내는 내 모습이 대견하고 뿌듯하다. 그동안 手作業者의 애로와 노고에 감사한다.

조립 작업이 끝나고 수정된 S/W 프로그램을 기억 장치에 입력하면 제작이 마무리 된다. 거의 두 달간의 일정이다. 정성스레 포장하여 貨

物로 운송하려는데, 이번에는 우체국 EMS가 발목을 잡는다. 목적지가 배송 불가능한 지역이라고 한다. COVID와 국제 배송, 어떤 관련성이 있는지 모르겠다.

우여곡절 끝에 수출이 이루어진다. 통장에 US 달러가 들어오니 아내가 '당신이 애국자네요.'라고 치켜세운다. '내가 무슨 독립 운동을 한 사람이냐, 호구지책이지.', 'IMF 때 金 모으기를 생각해 봐요. 달러를 벌어오는 사람이 애국자지. 6~70년대는 가발을 만들어 수출하는 사람이 애국자고.' '그런가, 내가 (?) 부가가치를 창출하고, 일자리도 만들고.'

지구촌 인류의 1% 이상이 COVID에 감염되고, 작금에는 영국형 초강력 변종 바이 러스마저 엄습하고 있다. 비록 소액이지만 이 달러가 백신을 사 오는데 작은 보탬이 될 수도 있겠구나 하고 위안해 본다.

메모리 容量
(2021. 11. 3)

鞠基棟

◇鞠基棟

潭陽의 시골 마을에 전기도 들어오지 않는 시절, 대나무 울타리의 경계선이 모호한 이웃집에 친구가 살았다. 초등·중학 9년을 같은 학교·같은 선생님에게 배웠다. 그 친구는 시험만 보면 항상 1등이다. 한 번도 그를 이겨 본 적이 없다.

학교가 파한 後 같이 놀고 저녁에 호롱불 밑에서 따로 공부한 것도 아닌데, 왜 그 친구만 항상 1등일까. 원인이야 뻔하다. 두뇌의 '메모리 容量'이 다른 것이 다. 高校부터 서로 길을 달리해, 그는 學者로서 某 국립대 약대 학장으로 정년 퇴직하고 나는 엔지니어다.

30년 前 직장에서 마이콤을 설계할 당시 '메모리 容量'은 '64K byte·Mega byte'를 거쳐, 지금은 'Giga byte'로 백만 배 커졌다. 5년 前 〈이세돌〉 과 〈알파고〉의 대결에서 불현듯 그 친구를 떠올렸다. 내 容量이 친구와 버금갈 수도 있겠다는 믿음이 들기 시작했다.

지금은 그 친구와 同等하다고 믿고 싶다. 두뇌 좋은 사람의 궤변·곡학아세로 가득찬 요즘 정치판을 보며, '메모리 容量'이 크다고 무조건 좋은 일은 아니다고 느낀다. 메모리에 무엇이 담겨 있느냐다.

부족한 머리를 대신해 줄 수 있는 메모리 스틱에 감성이 뛰어난 〈윤기수·李根洪 〉이 400여 曲을 選曲하여 다운로드했다. 'K 23 Golden Music'란 이름이다. 메모리 스틱이 얼마짜리냐는 질문도 있다. 저장된 음악은 전체 메모리 공간의 10% 도 채 되지 않는다.

나머지 90% 의 빈 공간을 채우는 것은 각자의 몫이다. 빈 공간을 채우고 나서 가 격을 책정해야 되지 않을까. 'Golden Music'에 추억의 사진·동영상·拙稿로 채워 나가고자 한다. 먼 훗날 기억이 점점 사라질 때, 손주에게 'Golden Music'을 자랑스럽게 들려 주고 싶다.

■梁春承

붉은머리 오목눈이
(2022. 6. 6)

梁春承(글·사진)

◇박덩굴 사이로 붉은머리 오목눈이의 새알

집 앞 꽃밭에 '붉은머리 오목눈이'의 새알이 숨어있다. '노박덩굴' 사이로 이처럼 정교하게 둥지를 튼다. '오목눈이'는 '設計 圖面'도 없이, 작품을 만드는 대단한 건축가다. 며칠 後에는 좋은 소식이 있을 것이다.

△ **뻐꾸기의 생존 방법** ※ 자료 출처 : EBS

1. '뻐꾸기'가 높은 나뭇가지에 앉아 알 낳을 둥지를 찾는다.
2. 자신이 스스로 둥지를 만들지 않는다.
3. '오목눈이'는 푸른 알과 흰 알을 낳는데, '뻐꾸기'는
 자신의 알 色과 비슷한 초록알 둥지를 찾아 알을 낳는다.
4. 자신이 키우지는 않지만 최적의 조건에 알을 낳으려 한다.
5. '오목눈이'는 '뻐꾸기'의 알을 눈치채지 못하고 알을 품는다.
6. '오목눈이'는 '뻐꾸기'를 자신의 새끼로 알고 키운다.
7. '뻐꾸기'는 '오목눈이'보다 1~2일 먼저 알을 깨고 나와 성장 속도가 빠르다.
8. '뻐꾸기' 새끼는 먼저 깨어나서 둥지 안에 있는 모든 것을 밖으로 밀어낸다.
9. 어미를 지지대로 삼아 어미가 있을 때만 밀어내기를 한다.

■丁龍夏

◇도향 丁龍夏

도향 丁龍夏
(2022. 2. 14)

丁龍夏

小僧 이야기를 좀 해 볼게요. 中2 때 '順天 선암사'와 인연을 맺은 것으로, '태고종'에 가게 될 줄은 몰랐지요. 高1 사춘기 때 人生의 본질 문제로 지독한 방황을 하다가,

〈尹東永〉의 만류에도 불구하고, 50세에 대학원 진학을 합니다. 그리고 끝없는 지식욕에 '比丘'가 됩니다. 지금은 '蔚山'의 보잘것없는 토굴에 머물며 精進하고 있답니다.

道教란
(2023. 2. 2)

丁龍夏

'道教'는 자연주의 철학이며, 서민 문화의 한 軸입니다. 小僧은 '道教'의 氣功學 박사입니다. '道教'는 신선·옥황상제를 이끌어 내고, 실행의 원동력은 '氣功'입니다.

'道教'의 '氣功'은 요가처럼 철학보다는, 건강 체조로서 자연을 기반으로 합니다. 우리의 단전 호흡이나 태권도의 기마 자세는, 중국의 '氣功'과 출발은 달라도 大同小異합니다.

'道教'는 無爲自然을 모토로 하고, 신선이 되는 이상을 꿈꿉니다. 이를 위해 養生術을 개발하고, 그 기법의 일종을 '氣功' 이라고 합니다. '소주천'이니 '대주천'이니 하는 복식 호흡이 알려져 있습니다. 여기에는 心身一如 사상이 깃들여져 있습니다.

黃巾賊의 五斗米教나 東學革命은 무능한 정치에 대한 저항 운동이며, 이러한 저항 은 주류 정치의 탄압 대상임은 현재도 유전합니다. 저항과 탄압은 '恨과 業障'을 만들어 냅니다.

■鄭光喆

黃巾賊의 亂이나 東學革命은 무능하고 부패한 정치에 대한 민중의 저항 운동이고, 저항은 주류 정치의 탄압 대상이며, 그것은 현재도 유전한다는 지적에 共感한다.

〈道德經〉 제10장: 是謂玄德 이런 것을 일컬어 '玄德 (가믈한 德)'이라 한 다. 알 것 같으면서도 모르는 것 같고, 알았는데도 다 안 것이 아닌 것이다.

〈三國志〉의 주인공 〈劉備〉의 字가 〈玄德〉인데, 〈道德經〉에서 따왔다고 한다.

○ 名 : 出生 時 짓는 이름 ○ 字 : 成人으로 인정받는 관례를 치르고 짓는 이름 ○ 號 : 친구끼리 친근하게 부르거나, 예술 활동 時 藝名으로 쓰는 등 보다 가볍고 친숙하게 부르는 이름. '雅號'라고도 하며 여러 개를 갖는 경우도 있다.

■李啓杓

三峰 鄭道傳
(2021. 6. 25)

◇鄭道傳이 귀양살이한 곳

李啓杓(글·사진)

羅州 백동마을(고려 末, 거평부곡)은 〈三峰 鄭道傳〉이 귀양살이한 곳이다. 그곳에서 민생을 살피며 기층민의 건강한 삶을 발견한다. 귀양이 풀리자 東北面 咸興 軍幕으로 〈이성계〉를 찾아간다. 그와 羅州에서의 '새나라 구상'을 공유한다.

〈鄭道傳〉은 귀양살이 시절, 처음에는 '도깨비 같은 세상'이라고 한탄만 하다가, 나중에는 마을 주민과 어울리게 된다. 술도 같이 마시고 아이에게는 글 을 가르친다. 그들에게서 사람 사는 세상이 무엇인지 그리고 예전보다 잘 사는 것이 무엇인지 배운다.

〈鄭道傳, 그 사람을 찾아감〉
墟煙暗淡樹高低 草沒人蹤路欲迷
行近君家猶未識 田翁背指小橋西
안개 자욱 산기슭에 나무는 높고 낮고,
풀이 길을 덮어 내 갈 길이 헷갈리네.
그대 집 코앞에서 그대 집을 못 찾는데,
밭늙은이 등뒤로 다리 서쪽 가리키네.

*원제 : 訪金益之·金益之 를 찾아감.

曲江 최부의 길
(2021. 7. 3)

李啓杓(글·사진)

羅州學會 제3회 〈羅州學의 길〉 학술 답사차, 羅州 동강면 '우습제 생태공원'과 '느러지 전망대' 등을 둘러보았다.

1914년 지방 제도 개편으로 생긴 '동강면 은 '豆叱洞面+曲江面'이다.

羅州 동강면 하면, 16세기의 호남 士林을 대표하는 〈금남 최부 선생〉을 빼놓을 수 없다. 그는 〈표해록〉을 짓고, 〈동국통감·신증동국여지승람〉의 편찬에도 참여했다.

◇표해록을 따라 걷다

羅州學會
(2021. 10. 31)

李啓杓

'羅州學會'는 지역학 전문 연구 단체다. 지역 사회의 正體性 확립에 노력하고 있다. 羅州市長 후보 〈윤병태〉도 종신 회원이다.

△ 제6회 월례 集談會
(가칭) '羅州 원예고' 설립과 연혁 ~일시 : 2021년 11월 6일
-주최 : '羅州學會'·光州敎大 역사문화교육연구소
-장소 : 羅州 시민회관 ~발표 : 학교 연혁에 대한 유형별 고찰

김덕진 (光州敎大 교수)
-토론 1 : '羅州 원예고' 설립에 관한 소고
한규무 (光州大 교수)·임선화 (전남대 강사) ~
-토론 2 : '암태初' 사례를 통해 본 학교운영위원회
이계형(국민대 교수)·임종남(암태初교사) ·신선화(세지初 교감)

○ 좌장 : 李啓杓 ('羅州學會' 부회장)
○ 사회 : 김봉곤 (원광대 교수)
○ 토론 : 한규무·이계형·신선화

榮山江 주변 樓亭
(2022. 4. 18)

李啓杓(글·사진)

'榮山江邊 樓亭'을 산책한다. 羅州 다시면 榮山江 石串亭나루의 '石串亭'과, 江 건너 동강면(두동+曲江) 중간에 榮山江이 굽이쳐 흐른다. 地名 그대로 '曲江'이 景勝이다. 榮山江도 8景이 있다. 榮山江 하구언쪽이 제1경이다. 이곳은 예전에 드넓은 바다였다. 낚시 많이 가는 곳이다.

羅州의 '逍遙亭'과 羅州 농촌의 봄 풍경이다. 온 나무가 푸른 옷으로 갈아입었다. '逍遙亭'은 羅州 다시면 죽산리 죽지마을에 있다. 조선 중기에 병조참판을 지낸 〈李宗仁, 1458~1533〉이 건립했다.

■徐貴宗

'榮山江 주변 樓亭'이 530여 개나 된다. 士禍가 시작되면서 정치에 염증을 느낀 지방 출신 선비가 미련 없이 관직을 버리고, 고향으로 돌아와 자연을 벗하며 제자를 기르는 일을 樂으로 삼은 데 기인한다. 언젠가 한 번 돌아볼까 하는데, 樓亭이 생각보다 많다.

◇石串亭나루에 있는 石串亭

◇羅州 다시면 逍遙亭

千年頑骨 石碑
(2022. 9. 17)

李啓杓(글·사진)

◇千年頑骨 石碑와 학동 느티나무

]

조선 후기 光州邑城의 남문인 진남문 밖에서, 和順 너릿재로 나가는 길목에 느티 나무 숲이 있었다. 지금은 전남대 의과대학 안에, '千年頑骨 石碑'와 '학동 느티나무'만 남아 있다.

이 碑는 1645년 光州목사 〈동강 신익전〉의 '선 정비'로 세워졌다.

'千年頑骨 石碑'라는, 공덕을 찬양하는 '선정비'로는 독특한 뜻을 담고 있 다. '천 년 동안 오래도록 완고하고 뼈대있게 살아 달라.'는 뜻이 아닐까 한다.

潭陽 南極樓
(2023. 2. 18)

李啓杓(글·사진)

'潭陽 南極樓'는 潭陽 昌平에 있는 樓閣이다. '樓'는 宴會의 공간. 1830년대 〈고광일〉 등 '昌平'의 원로들이 東軒 옆에 지은 것을, 1919년 현재의 자리로 移築했다. '南極樓'는 노인의 長壽를 기원하는 의미다. '南極星'은 사람의 壽命을 관장하는 별로, 이 별을 바라보면 長壽한다고 한다. 노인들의 편안한 여생과 즐거운 생활을 기원하며 지었다. 아름다운 마을 공동체의 모습이 떠오른다. 현대판 '養老院'이라 할 수 있다.

* '덤벙주초에 그랭이질'을 하여 기둥을 세운 모습과 난간 등에서 匠人의 솜씨 를 느낀다. 潭陽郡 향토문화유산 제3호. 역시 전통이 살아 있는'昌平'이다.

* 주춧돌은 자연석을 가공하지 않고 그대로(덤벙주초), 목조 기둥은 주춧돌에 맞게 깎아 맞추는 기법(그랭이질)

◇潭陽 南極樓

◇덤벙주초에 그랭이질

■李吉宰

谷城 섬진강
(2021. 11. 20)

李吉宰(글·사진)

'谷城 섬진강'에는
'수달'이 첨벙첨벙,

벌판에는 갈대 부대끼는 소리만
살랑살랑,
오직 자연의 소리만 들리는
이곳은, 고향 마을 '谷城'이다.

겨울이 더 아름답다.
멋진 곳이다.

◇谷城 섬진강 수달

■高在南

우크라이나 음악
(2022. 2. 23)

高在南

◇STOP WAR in UKRAINE
/사진:李啓杓

'우크라이나 사태'가 예측할 수없이 급박하게 진행되어, 말하기 두려운 시간이다. 〈푸틴〉이 우크라이나 공격을 위한 手順을 밟고 있다. '돈바스 전쟁'의 결과 등장한 두 개의 叛軍 정부를 승인하고, 우호 협력과 상호 조약 까지 체결했다. 治安을 내세워 러시아軍을 투입할 수 있는 구실을 만든다. 우크라이나를 공격하기 위한 事前 段階다. 그런 만큼 全面戰의 가능성이 더 커졌다.

이참에 '우크라이나 음악'이나 한번 들어 보자.

◇ 카자크 발라드, 두마 Дума

△ 태양은 산 너머로 지고 Сховалось Сонце За орою
-따라스 꼼빠니첸코

△ 사부르 모갈라에 대한 두마
-호레야 꼬자찌까 (춤추는 카자크)

△ 오 모로제 모로젠쿠 Ой Морозе Морозенку

△ 때가 올 거야 Прийде ще Час
~오레스트 찜발라 & 스테파니야 로마뉴크

■羅昌燁

무료 밥집 봉사 활동

(2023. 6. 11)

羅昌燁

오늘 '명동성당'에서 노숙인 등 무료 급식을 필요로 하는 사람들을 위해, 매주 水·金·日요일에 식사를 대접하는 행사가 있다길래, 거기 봉사 활동에 참여하고 왔다. 회사에 봉사 모임이 생긴 이래 첫 봉사 활동이라, 반강제적으로 참여하게 되었다.

봉사랍시고 몸은 부렸지만, 오히려 더 큰 영혼의 힘을 얻게 된 하루였다고 할 수 있다. 무료 급식을 먹기 위해 '무료 밥집(명동밥집)'에 들른 인원이 무려 '747명'이라고 한다. 정말 어디서 그 많은 사람들이 찾아오는지, 오전 11시부터 오후 4시까지 끊임없이 찾아온다.

비록 정성을 들여 만들었다고 하지만 성찬이라고 할 것도 없는 소박한 한끼 식사인데, 그 식사를 정말 꼭꼭 씹어가면서 음미하듯 먹고 가는 사람, 사람들. 그들에 게 이 한끼의 의미가 무엇인지 절로 느껴지는 순간이었다. 한끼라도 해결해 주겠다고 이 봉사 활동을 이끄는 분들의 숭고

한 뜻에 절로 고개가 숙여진다.

오늘 멋모르고 참여한 봉사 활동이었지만, 앞으로 일부러라도 시간을 내 이런 활 동에 참여해야겠다고 느꼈다. 그들을 위한 봉사이기도 하겠지만, 가난한 내 영혼을 위한 봉사인 것 같았다.

이 세상에는 나의 작은 정성이라도 필요로 하는 부분이 있다는 것, 그 정성이 의 미를 갖는 부분이 있다는 것, 한번쯤 직접 체험해 보니 평소 느끼지 못한 감상이 있었다.

◇노숙인을 위한 명동밥집

■金坪載

病牀日誌·뇌경색에게 일격을 당하다
(2022. 10. 31)

金坪載

지난 달 28일 오전 8시 쯤, 아침 식사 두 숟가락째 먹으려 하는데 갑자기 구토가 시작되었다. 화장실로 뛰어가 토하고 나서도 계속 구토가 나왔다. 2~3시간 後 녹청색 담즙까지 토하고 어지러워 기어다니는 것마저 어렵다.

젊을 때 술을 많이 마신 後 토한 경험은 있지만, 술도 마시지 않은데 심한 구토가 있고 몸을 가눌 수조차 없는 상태는 처음이다. 시간이 좀 지나면 괜찮아지겠지 하고 5-6시간을 버티다가, 119 에 신고하여 오후 2시쯤 구급차로 중앙대병원 응급 실에 갔다.

오후 3시쯤 의사가 증상을 들은 後 검사를 시작했다. 'CT·조형제 CT·MRI·X- 레이, 이비인후과 이석증 검사' 등을 5시간 정도 받고, '소뇌 급성 뇌경색'이라는 진단이 나왔다.

밤 12시쯤 뇌졸중 집중 치료실에 입원했다. 6인실에 입원하여 주위가 산만하고, 1시간마다 혈압을 체크하여 잠을 잘 수 없다. 食前 30분 소화제 1알, 食後 30분 아스피린 등 3알이 들어있는 약 복용 外 다른 조치는 없다.

처음에 담즙까지 다 토하고 토할 것이 없으니 헛구역질을 많이 하여, 위가 아플 정도고 어지러워 걸을 수조차 없다. 119 구급차를 타는 순간, 구토는 멈추고 어지러움은 조금 있다. 실핏줄에 처음 '혈전'이 막혔는데, 119 구급차 탈 때 쯤 뚫린 것이라고 했다.

그 혈전은 녹든지 날아가 버리든지 한다. MRI 사진을 보니 왼쪽 소뇌의 약 5분의 3이 하얗게 되어 있다. 5~6시간 동안 실핏줄에 혈전이 막혀 피가 흐르지 못해, 해당 부분의 뇌가 산소와 영양을 공급받지 않아 손상이 왔다고 한다.

그리고 손상 부위는 재생이 안 되고, 주변 실핏줄이 대신 역할을 한다. '뇌졸중' 집중 치료실에서 하루를 지나고 10월 1일 오전 11시쯤 일반실로 옮겼다. 수술이나 물리 치료 등은 하지 않았다.

아침 食前 30분 소화제와 食後 30분 혈전 용해제 복용 外에는 특별한 조치가 없고, 안정을 취하며 10월 6일 퇴원할 때까지 검사만 했다. 일반실로 옮긴 다음날부터 계속 검사다.

피 검사는 5차례 정도 하고 조형제를 넣은 MRI 검사, 걷기 검사, 정밀 심전도 검사, 종아리 허벅지 등 하지 정맥류 검사, 뇌혈류 검사, 골다공증 검사, 심장초음파 내시경 검사, 걷기 검사 등이다. 검사를 많이 한 이유는 혈전이 어디서 만들어지는지 찾아내기 위해서다.

혈전은 어디서든 만들어질 수 있는데, 뼈·종아리·등·근육·혈관·심장에서도 만들어질 수 있다. 나의 경우는 심장에서 소뇌측으로 올라오는 척추 동맥의 시작 부분에 혈관 경화 현상이 보이는데, 거기에서 혈전이 만들어졌을 거라고 판단한 것이다.

그렇게 원인을 찾아내고 입원 8일째인 10월 6일 오후 퇴원을 했다. 14일 後인 20일에 외래 진료와 14일분 약(지금까지 먹은 약과 똑같음)을 주었다. '뇌경색'이 오면 팔·다리 등이 마비되고 말도 잘 못하는 등 후유증이 있다는데, 아직까지 아무런 이상이 없다.

갑자기 일어나서 걷기를 하면 좀 어지러운 증상은 있는 것 같다. 시간이 지나면 괜찮아질 것 같다. 평소 건강 관리를 잘해 왔다고 생각한다. 퇴직 後 술도 많이 줄고 담배는 처음부터 피우지 않으며, 음식도 야채·과일·생선 위주로 하고 운동도 하루 1만 步 정도 꾸준히 했다.

당뇨·고혈압도 없고 체중 68kg 정도로 정상이다. 건강 검진 결과도 나쁘지 않고 중성 지방 수치가 좀 높다. 그런데도 '뇌경색'이라는 병에 노출되니 황당하다. '뇌졸중'의 원인은 다양하다.

'나이·가족력·당뇨·혈압·고지혈증' 등이다. '뇌경색'에 대해 전혀 몰라 이렇게 늦게 조치를 취한 것이 후회가 된다. 전조 현상이 있을 때 빨리 응급실에 가야 된다는 것을 알려 주고 싶다.

■尹汝正

◇母校 舊 본관

보고 잡다 칭구야
[寶庫雜多 稱九夜]
(2023. 2. 28)

尹汝正(글·사진)

※2011. 3. 18, 〈K 23 카페〉에 게재한 글.

계림동산 아카시아 늘어지게 피었을 때,
까까머리 光高生들 담 너머로 귀경할 제
계림국교 애린 학생 느그하고 같이 커야.

그런 말을 들은 지가 아니 벌써 40여 년,
그네들도 지금쯤은 50 넘은 中年 되어
오살나게 빨리 가는 세월 탓만 헐 것이네.
그 세월을 더듬어서 추억 여행 떠나 봄세.

光州高에 붙었다고 동네방네 소문 내고,
맛난 것도 묵어 보고 용돈깨나 받아 썼지.
모표·뺏지 받아 들고 교복 재고 명찰 팠제.
눌린 모자 각을 세워 거울 앞에 흔들흔들.

東中 나온 자동빵들 理科 갈래 文科 갈래,
어떤 분이 담임일까, 새 교실이 가슴 벅차
앉을 자리 정해 놓고 출석부로 불러 내니,
지금에도 잊지 못할 몇 번이고 외운 번호.

1반에서 10반까지 600명도 넘는친구
키 큰 놈덜 따로 놀고, 공부헌 놈 끼리끼리.
시험 보는 날도 많아 밑줄 쫙쫙 암기하며
중얼중얼 끄덕끄덕 허벌나게 공부했네.

쉬는 시간 걸레 축구헐 때마다 발 까져도,
종치기만 기다려라 이번에는 안 지겠다.
소풍 한 번 갔다 오면 일 년 가고 후배 늘고,

운동장 곁 울타리에 꽈배기며 샌베이랑
버스한 번 안 타겠다 십 원짜리 모타가꼬,
수업 시간 종 울리면 부리나케 달려갔제.
교문 앞에 단팥빵집 어울려서 사 묵으면
허기진 배 든든해져 걸어가도 좋았었제.

계림시장·사직공원 얼싸덜싸 귀경하고,
제일극장 개봉 영화 계림극장 동시 상영
선생 몰래 보러 갔다 아이쿠나 걸렸구나.

거짓말도 안 통해서 반성문에 유기 정학,
전당포에 손목시계 헌책방에 새 책 팔아
영화 보고 까묵을 땐 기분 좋게 웃었지만,
부모님께 들킬까 봐 손 감추고 슬금슬금.

몇 일 모튼 용돈으로 맡긴 시계 되찾고선
앞으로는 안 허겄다 다짐 또한 해 봤었지.
책가방에 숨긴 사복 몰래 입고 빵집으로
全女高生 만나 놀고 光女高生 어울렸제.

왕자관의 짜장면도, 학생회관 튀김 골목
영하당의 토끼탕은 어찌 그리 맛났던고.
무협 소설 숨겨 보며 不死鳥를 꿈꾸었고
만화책을 빌려 와서 멋진 동작 그렸었지.

방송국의 심야 방송 예쁜 엽서 보내 놓고
그 사연을 들을라고 밤 공부는 헛것 했네.
팝송·샹송판을 모아 야전에다 걸어 놓고,
DJ 를 흉내내며 꼬부랑혀 굴려댔제.

증심사를 옆에 두고 새인봉길 돌아서면,
중머리재 바람 맞고 입석대에 우뚝 섰제.
서석대를 휘돌아서 규봉암을 안고 가면,
원효암과 산장길은 갈 때마다 목이 탔제.

체육 대회 가장 행렬 너도 나도 멋졌지만,
학도 호국 총검술에 교련 선생 싫었었제.
소풍 갈 때 교복 대신 교련복에 각반 차고
폼생폼사 다리 떨며 사진 찍어 추억 삼고
찐 계란에 사이다가 그렇게도 맛났던고.

삼양버스·천일여객 송정리도 다녔었제.
羅州에서 和順에서 기차 통학 하던 친구,
舊驛에선 걸었는디 新驛에선 버스 탔제.
3원인가 5원인가 시루마냥 실어 놓고,
차장 누나 배로 밀며 들어가라 소리쳤제.

3학년이 되아 불자 예비고사 본 답시고,
도서관이 미어지고 교실 불도 안 꺼졌지.
커트라인 있어 나서 떨어질까 노심초사
선생님들 안절부절 누구 하고 묶어 줄까.

본고사가 닥쳐 오자 누군 서울大 누군 陸士,
실력 없어 낙방해도 재수 없어 떨어졌네.
재수해서 가야 허니 부모님께 좌불안석.

대학 가서 공부하고 군대 가서 뺑이치고,
직장 잡아 결혼하고 자식 낳고 길러 보고,
일에 치여 피곤해도 먹고 살 길 이 길밖에
앞만보고 달려왔다 잠시 멈춰 돌아보니,

귀밑머리 희캐지고 다리 심도 후들후들.

평생 직장 될 것이라 무지막지 일했건만
45살 나가시오, 50살은 필요 없네.
노후 대책 못 세우고 자식 결혼 눈앞인데
이렇게도 처량할까. 베이비붐 세대들아,

이제부터 믿을 것은
내 몸 하나 건사하여, 일에 지쳐 찌든 삭신
건강 찾고 취미 살려 보람으로 아침 먹고
만족으로 저녁 허세.

반려자와 맺은 언약 믿음으로 지켜내어,
두 손 잡고 거닐면서 청춘으로 돌아가세.
만나 보면 맛나다네, 친구니까 그렇다네.
인생살이 안주 삼아 쐬주 한잔 기울이고,

노후 건강 염려하며 서로간에 情 채울 제
아름다운 友情이라. 모타 보세 모타 보세.

만나기가 힘들거덩 동창 카페 자주 들려,
친구 이름 불러 보고 댓글 한 줄 남겨 보세.

사랑방이 별것인가 자주 오면 情든다네.
단톡방이 열려 있네. 어서 오게 어서 오게.

나무초리의 봄
(2023. 3. 13)

尹汝正(글·사진)

◇말초 신경처럼 보이는 나무초리

나무의 끝을 부르는 우리말은, '우듬지'와 '나무초리'다. '우듬지'는 나무의 맨끝에 있는 줄기로, 나무에는 하나만 있다. '나무초리'는 나무 줄기의 가느다란 끝 부분으로 나무에는 수없이 많다.

'초리'는 길고 가느다란 물체로 회초리·눈초리로 쓰인다. 한자로는 '梢(나무 끝 초)'. 사물의 끝부분 또는 나뭇가지 끝에서 갈려 나간, 가는 가지다.

한의학 용어로는 땅에 묻혀 있다가 봄이 되어 땅 위로 올라온 부분을 '뿌리'라 하고, 땅속으로 내리는 부분을 '梢'라고 한다. 모양이 비슷하다.

'말초 신경'이란 말도 있다. 지금쯤 큰 나무를 보면 '나무초리'들이 마치 '말초 신경'처럼 보여진다.

대지가 녹아 봄이 되면 물이 오른다고 한다. '나무초리'까지 밀어 올리는 것인가. '나무초리'가 뽑아 올리는 것인가.

봄에는 내 마음 속 그 무엇이라도 밀어올려 보내야, 내 몸의 '말초 신경'들이 생명을 얻고 활기를 줄 것이다. 그래서 봄은 위대하다.

세 폭의 풍경

(2023. 6. 16)

◇세 폭의 풍경

尹汝正(글·사진)

'亭子'에 가면, 꼭 마루나 방안으로 들어앉아 風光을 맞이하려고 노력한다. 그 시절 선비들처럼, 우선 한 칸을 통해 산자락의 경계를 찾는다.

그리고 또 한 칸의 모습을 읽어 보고, 다음에는 통째로 한 畫面으로 넓게 보려고 한다.

다 다르게 보이고, 느낌도 모두 다르다. 아하, 이럴 때에야 비로소 詩 한 수가 나오는구나. 만족이다.

일부러 느리게 살 필요는 없다. 이렇게 보고 느끼는 것이 느리게 사는 것이다. 닫혀 있는 '亭子'에는 가지 말 것이다.

■申鉉君

習靜養拙
(2021. 4. 22)

徐貴宗

최근에 『이솝 우화』를 읽고 있다. '논증·논변'에 빠진 사람보다, '이야기'하는 사람의 영혼이 한 뼘 더 높다. 치밀하게 짜여진 논변의 숲에서 사람은 자신을 잃는다.

논증적인 글은 영혼이 건조하고, 자신감을 잃는다는 말 같다. 그래서 〈장자〉를 좋아한다. 대부분이 '우화'이기 때문이다. 며칠 前부터 '習靜養拙'이라는 四字成語를 마음에 품고 있다.

'고요함을 익히고 古拙함을 기른다.'는 말이다. '기교는 없으되, 예스럽고 소박한 멋이 있다.'는 것이다. 논리적인 글보다, 이야기 속에 그런 古拙스러움이 있다.

도자기 가게에 가면 기계에서 찍어 나온 듯 흠잡을 데 없이 반듯반듯하고, 완벽한 구도를 가진 도자기는 너무 상식적이라 눈길이 안 간다. 뭔가 균형이 잡히지 않은 것 같고 어딘가 거칠고 투박하지만,구수하고 은근하며 정답고 살아 숨 쉬는 듯한 것이 마음이 편하다.

이것이 '養拙'이다. 논증적인 글보다, '이야기' 속에 그런 '拙'이 있다. 〈이솝우화〉 속에는 그런 멋이 있다. 대부분의 '이야기'가 그렇다. 이 길에는 이정표가 없다.

이정표가 없는 곳에 가면 두렵고 불안하다. 가끔은 길을 잃어 볼 일이다. 그렇게 떨고 무서워해야 살아있는 것이기 때문이다.

■申鉉君

'논증·논변'적인 글에서, 영혼이 건조하고 자신감을 잃는다는 글을 읽고 나름의 글을 올린다. 『이솝 우화』는 인간의 삶에 대한 성찰과 고뇌 속에서 '은유법'으로 표현한 지상 최고의 詩다.

〈장자〉가 대부분 '우화'로 표현한 것은 일생 동안 권세·부귀·명예를 마다하고, 安貧樂道의 삶으로 가꾸어 완성한 철학을 나름대로의 방법으로 표현하는 기술이다.

'논증·논변'도 또한 자연의 이치다. 예로 〈조지훈〉의 「승무」를 보면, 하늘로 훨훨 나르는 듯 속세의 번뇌를 잊는 비구니의 고운 자태를, '파르라니 나빌레라.'라고 했다. 凡人은 도저히 만들어낼 수 없는 아름답고 찬란한 우리말이다. 어쩌면 기교를 부린 말로 표현하고 있다.

그러나 본뜻을 완벽하게 살리고 있다. 이처럼 본 내용과 이를 표현한 언어, 삶과 그것을 표현한 '은유법'은 다르지 않고 동일한 것이다. 이정표 없는 길, 그 길이 우리 人生의 길이다.

술 한잔
(2021. 7. 17)

申鉉君

꽃은 피고 시들어도
변치 않은 모습으로 그대로 피우건만,
우리네 해마다 그대로가 아님이니
애처롭기만 하다.

〈謙齋〉는 왜 바위를
흰색으로 표현할까.
발상의 전환인가.

1+1=1이요, 1+5+9=1이니
숫자 생각 버리고,

술잔에 添酌하면 하나가 아니겠나.
그때를 기다린다.

立春
(2023. 2. 4)

申鉉君

봄이 온단다.
찬 서리·칼추위에 梅花 떨어진다.
변함 없는 새 生命,
벌·나비가 꽃을 찾아 날아든다.

너와 나, 우리는 옛 모습 어디로 갔나.
꽃과 나무가 되고 싶다.

찬 서리 견딘 菊花,
추운 겨울 변치 않는 대나무,
香氣 널리 퍼지는 蘭,
아래만 바라보는 梅花가 되고 싶다.

봄 되면 다시 여름·가을·겨울이 된다.
개나리·진달래 피면,
꽃잎 살포시 따다 잘 익은 술잔에 띄워 놓으리.

그 꽃에 벌·나비,
어서어서 날아와 ,
내 마음 달래 주려무나.

■李仁宰

가시나무·가시나무 새
(2020. 10. 12)

조성모·장한이, 〈가시나무〉는 '내 안에 내가 너무나 많아', 즉 자기 안에 있는 自我가 너무나 많고 강해, 상대방이 불편해 하지 않을까 하는 배려심을 표현 하고 있다. 또한 우리들의 영원한 가수 〈패티金〉은 날을 수 없는 슬픈 전설 을 갖고 있는, '가시나무 새'의 애절한 사랑 이야기를 가슴을 쥐어짜면서 노래해 준다.

'가시나무 새'라는 새가 따로 있는 것은 아니고, '가시나무'속에서 살아가 는 새를 말한다. 光陽의 〈李仁宰〉로부터 전화가 왔다. 〈詩人과 村長, 조성모·장한이의 가시나무〉 노래와, 소설·아일랜드 傳說 및 〈패티金의 가시나무 새〉 노래를 혼동하지 말라는 것이다.

■李仁宰

켈틱 傳說의 '가시나무 새'는 가시에 찔려 죽을 때, 가장 아름다운 소리를 낸다는 슬픈 운명의 새다. 일생에 한 번 올까 말까 한 애절한 사랑과, 못 이룬 사랑에 대한 아쉬운 운명의 소리인 것이다.

이것을 〈패티金〉이 〈가시나무 새〉라는 노래로 우리에게 가슴 절절히 들 려 준다. 또〈조성모·장한이〉의 〈가시나무〉는 종교적 성찰이 강한 조용한 노래다. 이 노래를 들으면 왠지 숙연해지는 느낌이다. 低音에 강한 〈조성모〉의 목소리에 딱 어울리는 曲이기도 하다.

원곡 詩人과 村長, 노래 조성모·장한이, 〈가시나무〉

내 속에 내가 너무나 많아 당신이 쉴 곳 없네.
내 속에 헛된 바램들로 당신이 편할 곳 없네.
내 속에 내가 어쩔 수 없는 어둠
당신의 쉴 자리를 뺏고,
내 속에 내가 이길 수 없는 슬픔
무성한 가시나무 숲 같네.
바람이 불면 그 메마른 가지
서로 부대끼고 울어대고,
쉴 곳을 찾아 지쳐 날아온 어린 새들도
가시에 찔려 날아가고,
바람만 불면 외롭고 또 괴로워
슬픈 노래를 부르던 날이 많았는데,
내 속에 내가 너무나 많아서 당신은 쉴 곳 없네.

패티金 노래, 〈가시나무 새〉

황혼이 밤을 불러 달이 떠도 고독에 떨고 있는 가시나무 새,
어둠이 안개처럼 흐르는 밤에 환상의 나래 펴네.
그대 곁에 가고파도 날을 수 없는 이 몸을 그대는 모르리라.
가시나무 새 전설을.

가시나무 새, 가시나무 새, 날을 수 없네, 날을 수 없네,
서글픈 가시나무 새.
찬 바람 이슬 내린 가지 위에 외롭게 떨고 있는 가시나무 새.
한숨이 서리 되어 눈물 흘려도 님 찾아 날을 수 없네.

李洙美
(2021. 9. 4)

李仁宰

고교 졸업 때쯤 유행한 〈내 곁에 있어 주〉를 부른 가수, 靈岩 출신 〈李洙美〉가 폐암으로 별세했다. 그녀의 노래를 들으니 옛 생각이 난다.

李洙美 노래, 〈내 곁에 있어 주〉
나는 네가 좋아서 순한 羊이 되었지.
풀밭 같은 너의 가슴에
내 마음은 뛰어놀았지.

내 곁에 있어 주,
할 말은 모두 이것뿐이야.

내 곁에 있어 주,
내 너를 위하여 미소를 보이잖니.

손목을 잡으며 슬픔을 감추며
내 곁에 있어 주.

新安 임자도
(2021. 5. 2)

辛永壹

◇新安 임자도 앞바다/ 사진 : 趙亮勳

'新安 임자도 전장포'가 그립다. 45년 前 戰警隊 복무 때, 〈文學徒 박석구〉와 같이 해안 경비를 한 곳이다. 배 입출항 時 검문 가면 고기 몇 마리씩 얻어 오고, 초소 작전 구역에서 그물질해서 회쳐 먹던 시절이다.

5月 새우잡이가 시작되면 밤바다는 不夜城을 이루고, 육지 쪽 해협에서는 밤낮으로 작업을 했다. 알고 보니 新安 해저 유물 인양 작업이었다.

여름에는 '전장포'와 '대광리 해수욕장'에서 놀았다. 올해 다리가 개통되었다는데, 조만간 추억 여행을 한번 가 봐야겠다.

白雲臺에 올라
(2021. 8. 19)

辛永壹(글·사진)

◇白雲臺에 올라

淸溪山에 이어 '白雲臺' 山行이다. 뒷방 영감의 놀이터로 山만 한 곳이 없다. 우이驛을 출발 쉬엄쉬엄 올라오는데도, 1시간 半이면 올라온다.

올라오면서 마스크를 썼다 벗었다 하기가 좀 귀찮지만, 그 정도의 불편함이야 서로를 위해 즐거운 마음으로 Pass. 두 달 만에 올라온 '白雲臺'가 몰라보게 깨끗하고 싱싱해졌다. 그것은 여름 綠陰과 날씨 덕이다.

건너편 仁壽峯에 다닥다닥 붙어 암벽 등산하는 사람을 구경한다. '白雲臺'를 점 찍고 능선을 타, 大東門을 거쳐 소귀천 계곡까지 깃발을 꽂을 예정이다. 이 아름다운 山이 咫尺에 있는 것이 참으로 고맙다.

鳴聲山 山井湖水
(2021. 10. 25)

辛永壹(글·사진)

◇鳴聲山 억새바람길

'鳴聲山 山井湖水'를 다녀왔다. 鳴聲山은 포천과 철원에 걸쳐 있는 山이다.

〈마의태자〉가 新羅의 몰락을 한탄하며 울었다는 說과, 〈궁예〉가 〈왕건〉에 함락당하면서 울었다는 說이 있는 '울음의 山'이다.

山井湖水~득룡폭포~삼각봉~鳴聲山~신안고개~山井湖水 코스. 억새도 보고 〈궁예〉의 흔적도 보았다.

두타산 오르기
(2021. 11. 1)

◇백두대간 두타산 정상

辛永壹(글·사진)

삼척과 동해시에 걸쳐 1,353m나 돼 오르기 힘들어, '두타산'을 일명 '골때리는 山'이라고도 한다. '두타'는 '속세의 집착을 버리고 佛道에 전념한다.'는 의미다.

'무릉계곡·용추계곡'의 아름다움과 함께, 정상에 오르면 東海 바다가 한눈에 들어온다. 東海市까지 KTX가 운행하게 되어, 당일치기 山行이 가능하다. 대신 빨리 타야 한다.

묵호에서 1泊하면 여유 있는 山行을 즐길 수 있다. 山行을 끝내고 바다 회에 술 한잔 걸치면 부러울 게 없다. 당일치기여서 青玉山 용추계곡 쪽을 못 간 것이 아쉽다.

*山行 코스 : 삼화사~무릉계곡~두타산성~깔딱고개~두타산 정상.

■趙亮勳

노루귀·발 조심
(2021. 3. 5)

趙亮勳(글·사진)

엊그제 봄비가 내리니, 온갖 봄꽃이 인사한다.

■金光暎

봄이 오니,
〈亮勳〉이 山에 나타났다.

'노루귀'는 그의 '발'에 밟힐까 봐,
'발 소리'에 귀를 쫑긋거린다.

◇노루귀·발 조심

좀어리연과 무당개구리
(2021. 6. 26)

趙亮勳(글·사진)

집 마당의 연못에 제주 원산의 '좀어리연'과 '노랑어리연',
재배 품종인 '열대 수련'이 있다.
'좀어리연'은 꽃의 크기가 5mm밖에 안 되어
잘 보이지 않는다.

■金台中
수련꽃 소식은 없고, '무당개구리'만 덩그렇다.
'무당개구리'가 왈짜다.
유월이 넘도록 밤마다 휘파람으로 암컷을 꼬드겨,
한 알 두 알 알을 낳게 만드는 왈짜 中의 왈짜다.

◇좀어리연

◇무당개구리

꿀벌 기다리는 紅蓮
(2021. 7. 1)

趙亮勳(글·사진)

마당 연못의 '紅蓮',
샛노란 연꽃 암술머리는
꽃밥을 가져다 줄 꿀벌만 기다린다.

드디어 꿀벌이 나타났다.

어제 꿀벌이 다녀간 옆 '紅蓮'은
이제 꽃잎도 꽃밥도 버리고,
열매만을 키우기 시작한다.

◇꿀벌만 기다리는 紅蓮

씨드 볼트
(2021. 8. 13)

趙亮勳(글·사진)

야생 식물의 '노아의 방주' 에 해당하는,
씨앗 보관소 를 '씨드 볼트'라 한다.
서양에 1개, 동양에 1개가 있다.

△ 2021년 種子

1. 개밀 2. 속털개밀 3. 지리실청사초 4. 골풀 5. 남산제비꽃 6. 잔디 7. 꿀풀 8. 소사나무 9. 강아지풀 10. 히어리 11. 아왜나무 12. 바랭이 13. 댕댕이덩굴 14. 예덕나무 15. 중대가리풀

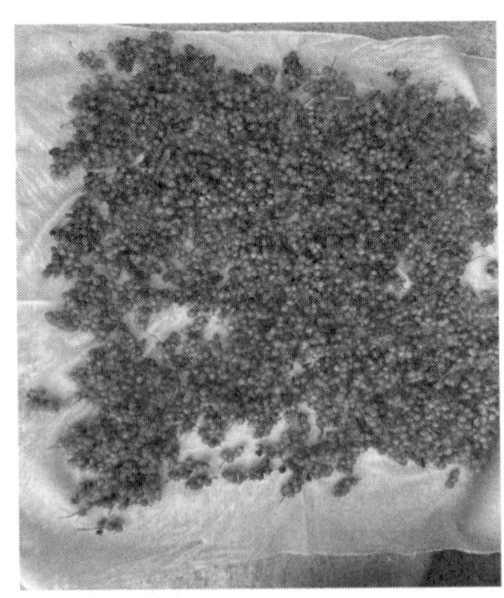

◇히어리 씨앗

고구마
(2021. 10. 25)

趙亮勳

영양분을 고르게 전달받은 '고구마'와,
獨食해 버린 '고구마'.

■金光暎(글·사진)
많이 달린 녀석(위)과,
'심장' 모양으로 열린 녀석(아래).

◇영양분을 고르게 전달받은 고구마(위)와 ◇獨食한 고구마

할미꽃 피다
(2022. 3. 16)

趙亮勳(글·사진)

'할미꽃'이 며칠을 몽그리더만 드디어 활짝 피었다.
하늘을 향해 당당하게 피는가 아닌가는 인간의 관점이다.
추운 날 벌이 찾아와 따뜻하게 수정하라고,
아래로 핀다는 說이 있다.

■金台中
하늘을 향해 당당하게 피는 '동강할미꽃'도 있다.

◇할미꽃

潭陽 昌平
(2022. 3. 18)

趙亮勳

◇潭陽 昌平 高재선 가옥/ 사진 : 白福洙

조선 시대 '潭陽 昌平현'은 지금의 '潭陽 故西'에 있었다. '故西'란 옛 부터 '昌平'의 서쪽이라는 뜻이다. 55년 前 〈高재선〉 가옥 아래채 대문안 문간방이 내가 자란 곳이다. 얼마씩 사글세를 주고 살았던 것 같다.

'潭陽 昌平'이 이제는 '슬로시티'와 고즈넉한 '돌담 카페' 동네가 되었다. 집성촌이라고 하여 사는 사람들이 '창녕 高氏'가 아니라, '제주 高씨→장흥 高씨→昌平 高씨'로 本을 바꾸어 가며 살았다.

[高光燮] 본래 '昌平 高씨'란 존재하지 않았다. 筆者의 門中 〈제봉 高경명〉의 차남이 '昌平'에 터를 잡으면서 그렇게 부른 것이다.

이제는 '제주 高씨'와 통합되었다. 光州·全南이 본거지인 '장흥 高씨'를 '제주 高씨 장흥 백파'로 부르기도 한다. 근래는 소수 계보 모두를 '장흥 백파'로 한다.

〈의병장 경명〉은 임진왜란이 발발하자 〈아들 인후〉와 의병 6천여 명을 이끌고, 忠南 錦山(당시 전라도)에 출전하여 아들과 함께 전사한다. 〈장남 종후〉도 진주 촉석루에서 전사한다.

筆者는 〈경명〉의 22세 孫이고 〈在南·在應〉은 조카뻘이다.

소나기 그친 연꽃
(2022. 6. 23)

趙亮勳(글·사진)

◇소나기 그친 연꽃

갑작스런 소나기에 창문 밖을 보니,
'연꽃'이 수북이 올라오고 있다.
소나기가 잠깐 멈추길래 마당에 나가 보니,
온갖 화초가 계절을 말해 준다.

노오란 딱지꽃 뭉치·갓 피어난 백운산 원추리· 봉숭아·갯까치 수영·철 늦은 마삭줄까지.

■徐貴宗
타는 목마름으로 비를 기다리는 사이,
'十方花草'*가 갈증을 解消했나 보다.

*十方 : 여러 방면, 불교 '四方·四隅·上下'를 통틀어 이르는 말.

■宋正烈

무조건 光州로
(2022. 1. 10)

宋正烈 추천

요즘 光州에서 김연자 노래, 〈무조건 光州로〉가 화제다. 이 노래 는 순수하게 시민의 힘과 노력으로 탄생했다. 光州를 대표할 만한 대중 가요가 없다는 데 共感한 지역의 문화 예술계·법조계·경제계·의료계 인사 20여 명이, 2년 前부터 光州의 노래 제작 민간 문화 운동을 전개해 온 결과물이라는 것이다.

작사자·작곡가·가수 모두 光州·全南 출신 인사다. 작사자 〈지형원〉은 지역에서 오랜 기간 문화·예술계에 종사하고 있다. 작곡가 〈공정식〉은 和順 출신 유명 대중가요 작곡가다. 가수 〈김연자〉는 光州 출신으로, 트로트의 女王으로 평가받는다. 제작비는 행정 관청의 지원 없이 市民이 십시일반 모은 성금으로 충당했다고 한다.

한 유명 화가는 자기 작품을 내놓으며 제작비에 활용해 달라고 했다. 가히 市民이 만든, '市民의 노래'라고 할 수 있다. 노래에는 市民의 삶과 정신이 잘 담겨있다. '無等山처럼 넓은 가슴에 火山을 품고 사는 곳, 사랑도 내 삶도 일편단심, 모 아니면 도, 젊음(예술)을 노래하던 錦南路의 青春이여.' 등의 노랫말이 대표적이다.

曲은 경쾌하고 쉬운 리듬의 '세미 트로트'로, 누구나 쉽게 따라 부를 수 있다. 불과 10여 日 前에야 공개된 音源이, 정식 음반이 나오지 않았는데도 페이스북·카톡·유튜브 등으로 널리 확산되고 있다.

김연자 노래, 〈무조건 光州로〉
사랑을 찾아 光州로 갈거야.
무조건 光州로.
사랑을 위해, 사랑을 찾아, 무조건 光州로 갈 거야.
無等山처럼 넓은 가슴에 火山을 품고 사는 곳.
사랑도 내 삶도 일편단심, 모 아니면 도.
젊음을 노래하던 錦南路의 青春이여.
自由를 노래하던 친구여.
光州로, 光州로, 무조건 光州로.
사랑을 찾아 무조건 갈 거야.

■曺炳五

新安 비금도
(2021. 6. 2)

曺炳五

'新安 비금도 하트 해변'에 갔다.
자전거로 '비금도·도초도·하의도·상태도·장산도' 등
5개 섬을 도는 코스 中 하나다.

참말로 깨끗하고 숨겨진 절경이 많다.

■金光暎
옛날 신민당 〈유옥우〉가 그곳 염전을 바탕으로 큰소리를 좀 치던 고장이다.

◇新安 비금도/ 사진 : 趙亮勳

3月 하순의 눈과 비
(2022. 3. 19)

曺炳五

3月 하순에 엄청시리 눈이 내린다.
가는 겨울이 아쉬운 것인가.

줄기차게 내리는 3月 눈발은 몸짓이
가볍지 못하고 무겁게만 느껴진다.
수분을 많이 머금은 탓이리라.

人生도 그와 같을 것이니,
안에 머금은 것이 많으면
무거워지고 칙칙해져,
땅으로 떨어지는 것에
다급해지는 것이 아니겠는가.

서둘러 땅으로 떨어진들
무엇이 바뀌겠는가.

■尹漢錫

길냥이
(2022. 3. 6)

尹漢錫(글·사진)

◇ 아파트 정원수 위의 길냥이

새는 자기 새끼를 보호하기 위해, 새끼의 배설물을 입으로 받아 물고 다른 곳으로 날아간다. 野生 고양이는 자기를 보호하기 위한 본능으로, 땅을 파헤치고 배설을 한 後 뒷발로 덮어 버린다.

野生도 지구상의 一員이니 인정하고 보호해 주는 것이 어떤가. 새끼 때부터 케어 해 주고 있는 우리 아파트 野生 고양이, 나만 보면 힘 자랑을 한다. 지금도 내 곁에 있다.

퇴근 시간이 되면 놀이터에서 기다리고 있다. 우리집 베란다에도 꽃이 피고 새가 노닌다. 베풀면 반드시 댓가가 올 것이다.

[金台中] 작년에 '길냥이'가 정원의 대형 '福壽草'를, 자기 똥을 덮느라고 뒷발로 파 버렸다. 괭이가 파 먹은 게 아니라 배변 흔적을 덮느라, 땅을 파는 습성 탓에 뿌리가 파헤쳐진 것이다.

'길냥이'를 쫓으면 동물 학대라니 어찌지도 못한다. '길냥이' 역시 애시당초 인간에게 버림받은 개체로부터 비롯된 것인데 안타깝다. 그래도 깨끗한 화단을 죄다 파헤치니 미워하지 않을 수 없다.

母校에 웬 胸像이
(2021. 4. 3)

李哲宰

母校 〈양회종 교장 선생님〉의 功績碑를 놓고 설왕설래하는 이야기를 의미 깊게 읽고 몇 字 적는다. 서울 생활을 끝내고 귀향하여 母校가 어떻게 변했는지 궁 금하여 가 보니, 옛 본관 앞에 어떤 분의 '胸像'이 건립되어 있다.

아마 母校 교장선생님이나 선생님 中에 훌륭한 분이 계셔서 제자가 세운 동상인 줄 알고 어느 분인가 궁금하여 읽어 보니, '호반건설 회장'으로 현재 생존해 있고 母校 부설 방송통신고를 졸업한 분이었다.

功績을 보니 서울 동창회관을 건립할 때 4~5억 기부했다는 것이다. 일부에서는 이 정도의 功績이면 교정에 '胸像'을 세울 만하다 하는지 모르겠지만, 나는 어이가 없다. 나중에 알아 보니 서울 회관을 마련할 당시 회장단이 '胸像'을 세웠다고 하는데, 이런 의식을 가진 사람들과 같은 학교를 나왔다는 것이 솔직히 창피하다.

돈 몇 푼에 母校의 상징으로 길이 남을 '胸像'을 세운다는 것은 도저히 납득이 안 간다. 그 뒤로는 계림동을 지나면서도 학교에 들러 보는 것을 포기한다. 이 일에 대해 잘 알고 있는 친구가 있으면 알려 주기 바란다.

■林鍾植

△ 동문 장학회 관련 사항

이사장 구승룡 (20회), 상임이사 박주훈, 이사 김원준·김재영, 감사 박봉식, 23회가 운영의 핵심이다. 장학회 발족 時 규정에 10억 원 이상 기탁자에게는 '胸像'을 제작해서 뜻을 기리도록 되어 있어, 총동문회가 아닌 장학회에서 규정에 따라 〈김상열〉의 '胸像'을 설치한 것으로 본인도 불편해 한다.

〈김상열〉은 장학회 10억, 4·19 기념관 건립 4억, 母校에 1억, 총 15억을 기부했다. 작년 재경 총동문회에 2천만 원, 몇 해 前 재경 총동문 골프대회의 全 비용을 찬조했다.

31회와 같은 해에 졸업, 현재는 같은 나이에 해당하는 28회에서 활동하고 있다. '방통고'는 1975년 개교, 光州에는 光高와 전남여고에 설치되어 있으며, 올 1月 44회 32명이 졸업하여 누계 졸업생이 4,172명에 이른다.

형편이 어려운 同年期 학생이 主였으나, 요즘은 50~60대가 많다고 한다. 총동문회 규정에 光州東中과 방송통신고 졸업자는 正會員 자격이 있다.

*23회 동문 장학회 기탁자

김낙현·김병국·김재영·박주훈·배재일·서정관·장길동·정명균·鄭濟玉·조양훈·최기석·최성철(이상 12명, 동창회 경비 부담 포함 총 2,010만 원)

*장학회와 관련하여 자세한 사항은 〈박주훈 상임이사〉에게 문의하기 바란다.

■鄭濟玉

가거도
(2021. 10. 3)

'가거도·소흑산도' 무자게 반갑다. 1982년 '공중 보건의' 때, 木浦港에서 만제도와 '가거도'를 거쳐, 12시간 만인 밤 10시에 黑山島港에 도착했다.

"홍도야 우지 마라 '태도'가 있다, 상태도·하태도의 남쪽으로 '가거도'가 있다."

지독히 먼 거리다. 그때는 참 젊었다. 기억이 새록새록하다. 〈이청조〉의 兄 〈국일〉이 이곳에서 최초로 의사로 근무했다.

◇국가어항(K-PORT)가거도港
/ 사진 : 趙亮勳

■權寧範

海南 時河 바다
(2021. 8. 23)

◇ 海南 매월리 時河바다/ 사진 : 金漢聲

'海南 화원반도 앞 時河 바다'가 어딘가. '時河 바다'가 보이는 화원면 장수리 마을은 건강 장수로 방송 예능 프로에 소개되면서, 또 하나의 땅끝마을로 알려 졌다.

영산호를 따라 내려오는 淡水와, 木浦 앞바다의 간수가 만나는 지점은 씨알이 굵은 고기가 많이 잡힌다. 씨알이 굵다 하여 '씨알 바다'로 부르다가, '時河 바다'가 되었다는 說이 있다.

기계船이 없던 때는 돛을 단 風船은 울돌목의 거센 물살을 함부로 지날 수 없다. 물살의 흐름을 기다리다가 '썰물(河) 때(時)'에 맞춰 지난다 하여, '時河 바다'라 부른다고도 한다.

마을 사람들은 위의 '씨알 바다' 유래를 듣고 박장대소한다. '그거는 아니여, 저기 언덕배기에 가서 봐.' 하며 손짓한다. 바다 가운데 두 개로 나누어진 섬이 보인다.

작은 섬은 실을 거는 곳이고, 큰 섬은 씨아(목화씨를 빼내는 기구)다. 물레에 실을 걸고 목화 씨를 빼내는 씨아를 닮아 '씨아島'라 한다. '씨아島'가 있는 바다가 '씨알 바다'다.

權寧範 법무사
(2021. 9. 10)

權寧範

돈보다 재능을 기부하는 봉사 차원에서, 서울시장으로부터 위촉받아 공익 법무사(노인복지센터), 마을법무사(洞 주민센터)로 상담과, 서울지방검찰청 검사장으로부터 위촉받아 서울지검 옴부즈만, 서울가정법원장으로부터 선임되어 '成年後見人'으로 활동하고 있다.

친구들 본인 사건에 대해서는 무료 또는 보수의 50%만 받고 있네.

법무사 업무와 관련된 일이 있으면, 언제든지 연락 주시면 성실히 처리해 드리겠네.

◇權寧範 법무사

■林敬虎

은퇴는 없다
(2021. 12. 29)

肉身은 은퇴가 있어도,
감정과 사랑은 은퇴가 없다.

가슴에 감각을 불어 넣으면,
그 사람은 70, 80이 되어도
靑春이다.

마음만은 언제나
젊고 즐겁게 살아요.

◇고기가 좀 잡혀야 할 텐데…/ 사진 : 李濟興

목소리 문집 우리들의 이야기

찍은날 2024년 1월 20일
펴낸날 2024년 1월 25일
지은이 송만기
펴낸이 박몽구
펴낸곳 도서출판 시와문화
주 소 13955 경기 안양시 동안구 경수대로883번길 33,
103동 204호(비산동, 꿈에그린아파트)
전 화 (031)452-4992
E-mail poetpak@naver.com
등록번호 제2007-000005호(2007년 2월 13일)
ISBN 978-89-94833-98-9(03810)

정 가 15,000원